30장면으로 끝내는

스크린 영어회화

KB072516

스크린 영어회화 – 코코
Screen English - Coco

초판 1쇄 발행 · 2018년 2월 20일
초판 6쇄 발행 · 2023년 9월 21일

해설 · 라이언 강
발행인 · 김경숙
발행처 · 길벗이지톡
출판사 등록일 · 2000년 4월 14일
주소 · 서울시 마포구 월드컵로 10길 56(서교동)
대표 전화 · 02)332-0931 | **팩스** · 02)323-0586
홈페이지 · www.eztok.co.kr | **이메일** · eztok@gilbut.co.kr

기획 및 책임 편집 · 김지영(jiy7409@gilbut.co.kr), 신혜원 | **표지 디자인** · 황애라 | **본문 디자인** · 조영라
제작 · 이준호, 손일순, 이진혁 | **마케팅** · 이수미, 장봉석, 최소영 | **영업관리** · 심선숙 | **독자지원** · 윤정아

편집진행 및 교정 · 오수민 | **전산편집** · 조영라 | **오디오 녹음 및 편집** · 와이알 미디어
CTP 출력 · 상지사 | **인쇄** · 상지사 | **제본** · 신정문화사

▶ 잘못된 책은 구입한 서점에서 바꿔 드립니다.
▶ 이 책에 실린 모든 내용, 디자인, 이미지, 편집 구성의 저작권은 길벗이지톡과 지은이에게 있습니다.
  허락 없이 복제하거나 다른 매체에 옮겨 실을 수 없습니다.

ISBN 979-11-5924-142-0 03740 (길벗 도서번호 000941)

▶ 이 도서의 국립중앙도서관 출판예정도서목록(CIP)은 서지정보유통지원시스템 홈페이지(http://seoji.nl.go.kr)와
  국가자료공동목록시스템(http://www.nl.go.kr/kolisnet)에서 이용하실 수 있습니다. (CIP제어번호: CIP2017027314)

정가 18,000원

독자의 1초를 아껴주는 정성 길벗출판사

(주)도서출판 길벗 | IT실용, IT/일반 수험서, 경제경영, 취미실용, 인문교양(더퀘스트) www.gilbut.co.kr
길벗이지톡 | 어학단행본, 어학수험서 www.gilbut.co.kr
길벗스쿨 | 국어학습, 수학학습, 어린이교양, 주니어 어학학습, 교과서 www.gilbutschool.co.kr

페이스북 · www.facebook.com/gilbutzigy
트위터 · www.twitter.com/gilbutzigy

30장면으로 끝내는

스크린 영어회화

해설 라이언 강

재미와 효과를 동시에 잡는 최고의 영어 학습법!
30장면만 익히면 영어 왕초보도 영화 주인공처럼 말한다!

재미와 효과를 동시에 잡는 최고의 영어 학습법!

영화로 영어 공부를 하는 것은 이미 많은 영어 고수들에게 검증된 학습법이자, 많은 이들이 입을 모아 추천하는 학습법입니다. 영화가 보장하는 재미는 기본이고, 구어체의 생생한 영어 표현과 자연스러운 발음까지 익힐 수 있기 때문이죠. 잘만 활용한다면, 원어민 과외나 학원 없이도 살아있는 영어를 익힐 수 있는 최고의 학습법입니다. 영어 공부가 지루하게만 느껴진다면 비싼 학원을 끊어놓고 효과를 보지 못했다면, 재미와 실력을 동시에 잡을 수 있는 영화로 영어 공부에 도전해보세요!

영어 학습을 위한 최적의 영화 장르, 애니메이션!

영화로 영어를 공부하기로 했다면 영화 장르를 골라야 합니다. 어떤 영화로 영어 공부를 하는 것이 좋을까요? 슬랭과 욕설이 많이 나오는 영화는 영어 학습에는 별로 도움이 되지 않습니다. 실생활에서 자주 쓰지 않는 용어가 많이 나오는 의학 영화나 법정 영화, SF영화도 마찬가지죠. 영어 고수들이 추천하는 장르는 애니메이션입니다. 애니메이션에는 문장 구조가 복잡하지 않으면서 실용적인 영어 표현이 많이 나옵니다. 또한 성우들의 깨끗한 발음으로 더빙 되어있기 때문에 발음 훈련에도 도움이 되죠. 이 책은 디즈니–픽사의 최신작 〈코코〉의 대본을 소스로, 현지에서 사용하는 신선한 표현을 배울 수 있습니다.

전체 대본을 공부할 필요 없다! 딱 30장면만 공략한다!

영화 대본도 구해놓고 영화도 준비해놨는데 막상 시작하려니 어떻게 공부를 해야 할 지 막막하다고요? 영화를 통해 영어 공부를 시도하는 사람은 많지만 좋은 결과를 봤다는 사람을 찾기는 쉽지 않습니다. 어떻게 해야 효과적으로 영어를 공부할 수 있을까요? 무조건 많은 영화를 보면 될까요? 아니면 무조건 대본만 달달달 외우면 될까요? 이 책은 시간 대비 최대 효과를 볼 수 있는 학습법을 제시합니다. 전체 영화에서 가장 실용적인 표현이 많이 나오는 30장면을 뽑았습니다. 실용적인 표현이 많이 나오는 대표 장면 30개만 공부해도, 훨씬 적은 노력으로 전체 대본을 학습하는 것만큼의 효과를 얻을 수 있죠. 또한 이 책의 3단계 훈련은 30장면 속 표현을 효과적으로 익히고 활용하는 데 도움을 줍니다. ❶ 핵심 표현 설명을 읽으며 표현에 대한 전반적인 이해를 하고 ❷ 패턴으로 표현을 확장하는 연습을 하고 ❸ 확인학습으로 익힌 표현들을 되짚으며 영화 속 표현을 확실히 익히는 것이죠. 유용한 표현이 가득한 30장면과 체계적인 3단계 훈련으로 영화 속 표현들을 내 것으로 만드세요!

이 책은 스크립트 북과 워크북, 전 2권으로 구성되어 있습니다. 이 책은 스크립트 북으로 전체 대본과 번역, 주요
단어와 표현 설명이 포함되어 있습니다. 각 Day마다 가장 실용적인 표현이 많이 나오는 장면이 표시되어 있습니다.
이 장면을 워크북에서 집중 훈련합니다.

> **Day 06**
> # A Rivera, a Shoemaker
> 리베라 자손은 신발 장인
>
> 🎧 06.mp3
>
> **INT. OFRENDA ROOM**
>
> Mig... **backs out** of the courtyard and into the family ofrenda room.
> ...ed, he **ushers** Dante past a sleeping Mamá Coco. He
> ...g and the guitar under the ofrenda table.
>
> ...**get under, get under!**
>
> ...**ELITA (O.S.)** Miguel!
>
> Miguel **straightens up** to notice the doorway of the ofrenda room
> darkened by three **figures**.
>
> **MIGUEL**　Nothing!
>
> His Abuelita and parents stare straight at him. **A pit grows in his
> stomach;❶** he's been caught.
>
> **MIGUEL (CONT'D)** Mamá – Papá, I –
>
> Papá lifts his finger to silence his son.
>
> *바로 이 장면!*
>
> ...iguel... (beat) Your Abuelita had the most
> ...onderful idea!
> ...beat) We've all decided – it's time you joined
> ...s in the workshop!
>
> ...s Papá a leather apron, which he hangs over Miguel's
> shoulders.
>
> back out 물러서다, (일에서) 빠지다
> cornered 구석에 몰린, 친퇴양난의
> usher 안내하다, 좌석 안내원
> stash (안전한 곳에) 넣어두다, 숨기다
> get under 밑에 들어가다, 밑에 숨다
> straighten up ~을 정리하다, 자세를 똑바로 하다
> figure 인물, (흐릿하게 보이는) 사람, 형상
>
> ❶ **A pit grows in his stomach.**
> 그가 점점 더 긴장한다.
> 원래 pit of one's stomach이라는 표현이
> 있는데 '두려움이나 긴장감을 느끼는 곳'이라고
> 해석할 수 있어요. 이 문장에서는 원래의
> 표현을 약간 변형해서 pit이 자라나고 있다고
> 표현했네요.
>
> 내부, 오프렌다
>
> 마구엘이 뜰에서 나...
> 거의 구성으로 돌아...
> 는 단테를 데리고 ...
> 제단 테이블 밑으로...
>
> 마구엘 밑으로 들...
>
> 할머니 (화면 밖) ...
>
> 마구엘이 세 사람의...
> 구 옷을 보기 위해...
>
> 미구엘　아무 것도 아니에요!
>
> 그의 할머니와 부모...
> 들킨게 뭐 긴장한...
>
> 미구엘 (계속)　엄마 - 아빠, 저는 ...
>
> 아빠가 그의 아들에게 손가락질 둘어 조용히 하라
> 는 명령을 한다.
>
> 아빠　마구엘 – (청정 할머니가 정말 멋진 아이디
> 어를 내셨단다. (청정) 우리 모두 결정했어 – 이젠
> 너도 공방에서 일할 때가 되었단다!
>
> 찰머니가 아빠에게 가죽 앞치마를 건네고, 그가 그
> 것을 마구엘의 어깨에 걸친다.

영화의 전체 대본을 실었습니다.

이 장면을 워크북에서 훈련합니다.

오디오 파일로 발음을 확인할 수 있습니다. 오디오 파일에는 대사만 녹음되어 있습니다. 길벗 홈페이지(gilbut.co.kr)에서 '코코'를 검색 후 자료실에서 다운로드할 수 있습니다.

전체 번역을 실었습니다.

주요 표현과 단어를 풀이했습니다.

36

미구엘 Miguel

뮤지션을 꿈꾸는 소년. 기타 치며 노래할 때가 가장 행복하다. 집안의 반대를 무릅쓰고 장기자랑에 나가려고 델라 크루즈의 기타에 손을 댔다가 '죽은 자들의 세상'에 입성한다.

헥터 Héctor

미구엘이 '죽은 자들의 세상'에서 만난 의문의 남자. 미구엘의 도움이 없으면 영영 사라질 수도 있기 때문에 미구엘과 모종의 협약(?)을 맺고 서로를 돕는다.

에르네스토 델라 크루즈 Ernesto de la Cruz

전설의 뮤지션이자, 미구엘의 우상. 공연 중 거대한 종에 깔려 죽었다. '죽은 자들의 세상'에서도 이생 못지않은 인기를 누린다.

마마 이멜다 Mamá Imelda

미구엘의 고조할머니. 남편이 좋아하는 음악을 하겠다고 떠난 뒤로, 절치부심하여 리베라 가문을 일으켜 세웠다.

마마 코코 Mamá Coco

미구엘의 증조할머니. 97세의 나이로 기력이 쇠약하지만, 아빠와 함께 부르던 노래가 나오면 즐거워한다.

단테 Dante

미구엘을 잘 따르는 강아지.

차례

Contents

A Walkaway Musician

도망가버린 음악가

🎧 01.mp3

EXT. MARIGOLD PATH – DUSK
A path of **marigold petals leads up to** an **altar** lovingly arranged in a **humble cemetery**. An old woman lights a candle as the smoke of burning **copal** wood dances **lyrically** upward...

CARD - DISNEY PRESENTS
CARD - A PIXAR ANIMATION STUDIOS FILM

The smoke lifts up toward lines of **papel picado** – cut paper banners – that **sway** gently in the breeze.

PAPEL PICADO CARD - "COCO"

외부. 금잔화 길 – 땅거미
작은 묘지 안에 애정을 담아 마련해 놓은 제단 쪽으로 천수국의 꽃잎들이 길을 만들며 늘어서 있다. 한 노인이 촛불을 켜자 코펠 나무의 연기가 춤을 추듯 열정적으로 타오른다…

카드 – 디즈니 제공
카드 – 픽사 애니메이션 스튜디오 작품

여러 줄의 파펠 피카도가 산들바람에 약하게 흔들리고 그 방향으로 연기가 피어오른다.

파펠 피카도 카드 – "코코"

바로 이장면!*

MIGUEL (V.O.) Sometimes I think I'm **cursed**... 'cause of something that happened before I was even born.

A story begins to play out on the papel picado.

MIGUEL (V.O.) See, a long time ago there was this family.

The images on the papel picado **come to life** to **illustrate** a father, a mother, and a little girl. The family is happy.

MIGUEL (V.O.) The papá, he was a musician.

The papá plays guitar while the mother dances with her daughter.

미구엘 (목소리만) 때때로 난 내가 저주받았다는 생각을 해요… 내가 태어나기도 전에 일어났던 어떤 일 때문에 말이에요.

이야기가 파펠 피카도 위에서 펼쳐지기 시작한다.

미구엘 (목소리만) 자, 아주 옛날에 말이죠, 어떤 한 가족이 살고 있었어요.

파펠 피카도 위의 그림들이 살아 움직이면서 아빠, 엄마, 그리고 작은 소녀의 모습을 보여 준다. 행복한 가족이다.

미구엘 (목소리만) 아빠, 그는 음악가였어요.

아빠가 기타를 팅기고 엄마는 딸과 함께 춤을 춘다.

---

marigold 금잔화, 천수국 (국화과의 꽃)

dusk 황혼, 땅거미

petal 꽃잎

lead up to ~에 차츰 다가가다, ~로 향하게 하다

altar 제단

humble 겸손한, 변변치 않은, 초라한, 작은

cemetery 묘지

copal 코펠나무, 코펠 (천연 수지, 니스의 원료)

lyrically 서정적으로, 열렬하게

papel picado 멕시칸 민속 예술 중의 하나로, 종이를 오려서 만드는 아름답고 정교한 디자인의 장식공예

sway (전후, 좌우로 천천히) 흔들다

cursed 저주받은

come to life 활기를 띠다, 소생하다, 생기가 돌다

illustrate (책 등에) 삽화를 쓰다/넣다

MIGUEL (V.O.) He and his family would sing, and dance, and **count their blessings**... (**beat**) But he also had a dream... to play for the world. (beat) And one day he left with his guitar... and never returned.

미구엘 (목소리만) 그와 그의 가족은 노래를 부르고 춤을 추며 하늘에 감사하며 살고 있었죠... (정적) 하지만 그에게는 또 다른 꿈이 있었어요... 세상을 위해 연주하는. (정적) 그리고 어느 날 그는 기타를 들고 떠나었어요... 다시는 돌아오지 않았죠.

The man walks down a road, guitar **slung** on his back. In another **vignette** his daughter stands in the **doorway**, watching her papá leave. Two feet step up next to her. It is her mamá, hardened.

남자가 등 뒤로 기타를 둘러메고 길을 걸어가고 있다. 또 다른 삽화 속에는, 그의 딸이 문 앞에 서서 아빠가 떠나는 모습을 보고 있다. 두 걸음 앞으로 나와 그녀의 옆에는 엄마가 굳은 표정으로 서 있다.

She shuts the door.

그녀가 문을 닫는다.

MIGUEL (V.O.) And the mamá...? She didn't have time to **cry over** that **walkaway** musician! (beat) After **banishing** all music from her life...

미구엘 (목소리만) 그리고 엄마...? 그녀는 가족을 나 몰라라 하고 떠나 버린 음악 때문에 울고 있을 시간이 없었어요! (정적) 그녀의 인생에서 음악을 모두 없애 버린 후에...

The woman gets rid of all of her husband's instruments and records.

여자는 그녀 남편의 악기와 음반들을 모두 버린다.

MIGUEL (V.O.) She found a way to provide for her daughter... (beat) She **rolled up her sleeves** and she learned to make shoes. (beat) She could have made candy!

미구엘 (목소리만) 그녀는 딸을 먹여 살릴 방법을 찾았어요... (정적) 두 팔을 걷어붙이고 신발 만드는 법을 배워 답니다. (정적) 사탕을 만들 수도 있었는데!

Amongst the papel picado, a stick **swings at** a **strung up pináta** which **bursts** with candy...

파펠 피카도 안에서, 공중에 매달려 있는 피냐타를 향해 막대기를 휘두르자 사탕이 '펑' 하면서 터져 나온다.

MIGUEL (V.O.) Or fireworks!

미구엘 (목소리만) 아니면 불꽃놀이 폭죽들!

Fireworks go off in the background...

뒤 배경으로 불꽃놀이 폭죽들이 터진다...

MIGUEL (V.O.) Or sparkly underwear for wrestlers!

미구엘 (목소리만) 아니면 레슬러들의 반짝반짝 빛나는 속옷!

Sparkly underwear and a **luchador** mask hang on a line amongst other linens...

반짝거리는 속옷과 멕시칸 레슬러의 마스크가 다른 빨래들 사이로 줄에 널려있다.

MIGUEL (V.O.) But no... she chose shoes...

미구엘 (목소리만) 하지만 그러지 않았죠... 그녀는 신발을 택했죠...

---

count one's blessings (힘들 때) 좋은 일들을 회상하다, 감사하며 살다

beat (영화) 잠시 정적

sling (느슨하게) 매다/걸다/달다 (sling – slung)

vignette 비네트 (상황 설명하는 작은) 삽화/사진

doorway 출입구

cry over ~을 한탄/탄식하다

walkaway (힘든 상황, 관계를 외면하고) 떠나 버리다

banish 추방하다, 사라지게 만들다, 제거하다

roll up one's sleeves 팔을 걷어붙이다, 소매를 걷고 나서다

swing at ~을 향해 휘두르다

string something up ~을 매달다 (string – strung)

pinata 피냐타 (스페인어권 문화; 아이들이 파티 때 눈을 가리고 막대기로 쳐서 넘어뜨리는, 장난감과 사탕이 가득 든 통)

burst 터지다, 파열하다

sparkly 반짝반짝 빛나는

luchador 멕시코 레슬러 (주로 마스크를 쓴 경우가 많음)

On the papel picado, the little girl becomes a young woman.

MIGUEL (V.O.) Then she taught her daughter to make shoes. And later, she taught her **son-in-law**.

She introduces a **suitor** to the family business.

MIGUEL (V.O.) Then her grandkids got **roped in**. As her family grew, so did the business.

In the next vignette, **a bunch of goofy** grandchildren join in the **shoemaking**. The shoe shop is full of family!

MIGUEL (V.O.) Music had **torn** her family **apart**, but shoes held them all together. (beat) You see, that woman was my **great-great grandmother**, Mamá Imelda.

TILT DOWN from the papel picado to the OFRENDA ROOM – DAY Where a photo sits at the top of a beautiful altar. The photo **features** MAMÁ IMELDA – serious, **formidable**. She holds a baby on her lap. Her husband stands beside her, but his face has been torn away.

MIGUEL (V.O.) She died WAY before I was born. But my family still tells her story every year on **Día de los Muertos** – the Day of the Dead… (beat) And her little girl?

Fade from the face of the little girl to present day MAMÁ COCO (97), a living raisin, **convalescing** in a **wicker** wheelchair.

MIGUEL (V.O.) She's my **great grandmother**. Mamá Coco.

A boy (12) walks into frame and kisses her on the cheek. This is our narrator, MIGUEL.

MIGUEL   Hola, Mamá Coco.

파펠 피카도 위에서, 작은 소녀가 숙녀가 되었다.

미구엘 (목소리만) 그리고 그녀는 딸에게 신발 만드는 법을 가르쳤어요. 그리고 그 후에는, 사위에게도 가르쳤지요.

그녀가 구혼자에게 기업을 소개한다.

미구엘 (목소리만) 그 후 자손도 끌어들였죠. 가족이 늘어나면서, 사업도 같이 커졌답니다.

다음 삽화에는, 껄렁껄렁한 손주들 한 무리가 신발 제조에 동참한다. 신발 가게가 식구들로 가득 찼다!

미구엘 (목소리만) 음악이 그녀의 가족을 갈가리 찢어 버렸지만, 신발은 그들을 모두 뭉치게 했죠. (정적) 있잖아요, 그 여인이 바로 우리 고조할머니, 이멜다 할머니였어요.

카메라가 파펠 피카도에서 수직으로 밑을 향하여 움직이며 오프렌다(제단실) – 낮 아름다운 제단의 가장 높은 곳에 사진이 놓여 있는 곳을 비춘다. 이멜다 할머니의 사진 – 근엄하고 강한 모습. 그녀는 무릎에 아기를 안고 있다. 옆에는 남편이 서 있는데, 얼굴이 찢겨 보이지 않는다.

미구엘 (목소리만) 그녀는 제가 태어나기 훨씬 전에 돌아가셨죠. 하지만 우리 가족은 여전히 매년 디아 데 로스 무에르토스(죽은 자의 날)가 되면 그녀의 이야기를 한답니다. (정적) 그리고 그녀의 어린 딸은?

어린 소녀의 얼굴이 차차 희미해지며 현재의 코코 할머니(97세) 모습이 나타난다. 살아있는 건포도처럼 주름 가득한 모습. 고리버들 휠체어에 앉아 요양하고 있다.

미구엘 (목소리만) 제 증조할머니예요. 코코 할머니.

한 남자아이(12세)가 화면 안으로 걸어 들어와 그녀의 볼에 키스한다. 이 아이가 우리의 내레이터, 미구엘이다.

미구엘 안녕하세요, 코코 할머니.

---

son-in-law 사위

suitor 〈구식〉 구혼자 (남자)

rope in ~을 설득하다

a bunch of 다수의

goofy 바보 같은, 얼빠진, 껄렁껄렁한

shoemaking 구두 만들기/고치기

tear apart ~을 갈가리 찢어/뜯어 버리다 (tear – torn)

great-great grandmother 고조할머니

feature 특별히 포함하다, 특징으로 삼다

formidable 가공할, 강인한

Día de los Muertos 죽은 자들의 날 (조상을 기리는 멕시코의 전통 행사, 제사)

fade (색깔/빛이) 바래다, 희미해지다

convalesce (아프고 난 후) 요양하다, 회복기를 보내다

wicker 고리버들

great grandmother 증조할머니

MAMÁ COCO How are you, Julio?

MIGUEL (V.O.) Actually, my name is Miguel. **Mamá Coco has trouble remembering things...**[1] But it's good to talk to her anyway. So I tell her **pretty much** everything.

QUICK **CUTS** of Miguel with MAMÁ COCO:

EXT. COURTYARD

MIGUEL I **used to** run like this...

Miguel **pumps** his arms with his hands in **fists**. Then he switches to flat palms.

MIGUEL But now I run like this way faster!

마마 코코 잘 지냈니, 훌리오?

미구엘 (목소리만) 사실, 제 이름은 미구엘이에요. 코코 할머니는 기억력에 문제가 있으세요… 하지만 그녀와 대화하는 건 즐거워요. 그래서 저는 그녀에게 웬만한 이야기는 다 한답니다.

코코 할머니와 같이 있는 미구엘 모습으로 빠르게 장면 전환:

외부. 뜰

미구엘 난 원래 이렇게 뛰었었는데…

미구엘이 주먹을 쥐고 팔을 굽혔다 폈다 한다. 그러고 나서 손을 편다.

미구엘 그런데 지금은 이렇게 엄청 더 빠르게 달릴 수 있다고요!

---

pretty much 거의 완전히
cut 장면 전환
courtyard (성이나 저택 등의 건물에 둘러싸인) 뜰/마당/안뜰
used to ~하곤 했었다
pump (아래위, 안팎으로 빠르게) 흔들다/움직이다
fist 주먹

❶ **Mama Coco has trouble remembering things.**
코코 할머니께서는 기억을 잘 못하신다.
〈Have trouble + doing something〉은 '~을 하는 데 어려움을 겪다', 곧 '~을 잘 못하다, ~ 하기를 힘들어하다'라는 의미로 쓰이는 숙어예요. 예를 들어, I had trouble sleeping last night. '어젯밤에 잠을 잘못 잤어' 이렇게 쓰이지요.

No Music!
음악만은 안돼!

🎧 02.mp3

CUT TO:
INT. MAMÁ COCO'S ROOM
Miguel, in a luchador mask, climbs onto the bed, arms raised.

장면 전환:
내부. 코코 할머니의 방
레슬링 선수 마스크를 쓴 미구엘이 두 팔을 들고 침대로 올라간다.

MIGUEL   And the winner is... Luchadora Coco!

미구엘 승자는… 레슬러 코코!

Miguel **leaps off** the bed onto a **pile** of pillows that bursts, sending **feathers** onto Mamá Coco who wears a mask of her own.

미구엘이 겹겹이 쌓여있는 베개를 위로 뛰어내리자 베갯속이 터지면서 마스크를 쓰고 있는 마마 코코 위로 깃털들이 날아간다.

CUT TO:
EXT. DINING AREA

장면 전환:
외부. 식당

바로 이장면!*

Miguel **leans** toward Mamá Coco at the dinner table.

미구엘이 식탁 옆에 앉아있는 코코 할머니 쪽으로 몸을 기울인다.

MIGUEL   I have a **dimple** on this side, but not on this side. Dimple. No dimple. Dimple. No dimple—

미구엘 전 이쪽에 보조개가 있어요. 하지만 이쪽에는 없고요. 보조개 있고, 보조개 없고, 보조개 있고, 보조개 없고—

ABUELITA   Miguel! Eat your food.

할머니 미구엘 밥 먹어라.

Miguel's ABUELITA (70s) runs the table like a ship captain. She **gives** Mamá Coco **a kiss** on the head.

미구엘의 할머니(70대)는 식탁에서 마치 선장처럼 이끈다. 그녀가 코코 할머니의 머리에 키스를 한다.

MIGUEL (V.O.) My **Abuelita**? She's Mamá Coco's daughter.

미구엘 (목소리만) 우리 할머니요? 그녀는 코코 할머니의 딸이에요.

Abuelita piles extra **tamales** on Miguel's **plate**.

할머니가 미구엘의 접시에 타말레를 더 얹는다.

ABUELITA   Aw, you're a **twig**, mijo. Have some more.

할머니 에구 얘야, 너 완전 말라깽이로구나. 어여 더 먹어.

INT. 내부 (=interior)
leap 뛰다, 뛰어오르다
pile (위로 차곡차곡) 쌓은 것, 쌓다/포개다
feather 깃털, 털
lean 기울다/기울이다. (몸을) 숙이다/굽히다
dimple 보조개, 보조개를 보이다
give someone a kiss ~에게 키스/입맞춤을 하다
abuelita [스페인어] 할머니

tamale 타말레 (옥수수 가루, 다진 고기, 고추로 만드는 멕시코 요리)
plate 접시, 그릇
twig (나무의) 작은 가지, 잔가지
mijo [스페인어] Mi + hijo (영어로는 my son; 얘야, 이놈아)

MIGUEL   No, *gracias*.

미구엘 아니에요, 충분해요.

ABUELITA   I asked if you would like more tamales.

할머니 타말레 더 먹지 않겠냐고 물었다.

MIGUEL   S-*sí*?

미구엘 네-네?

ABUELITA   That's what I THOUGHT you said.

할머니 이 할미는 네가 그렇게 말한 걸로 알아들었지 뭐니.

MIGUEL (V.O.) Abuelita runs our house just like Mamá Imelda did.

미구엘 (목소리만) 할머니는 이멜다 할머니하고 똑같은 방식으로 집안을 꾸려가셔요.

CUT TO:
INT. OFRENDA ROOM – DAY

장면 전환:
내부, 오프렌다 – 낮

Abuelita **adjusts** the photo of her beloved Mamá Imelda. Then she **perks** her ear at a **hooting** sound.

할머니는 그녀가 사랑하는 이멜다 할머니의 사진 위치를 조정하고 있다. 어디선가 들려오는 '부웅~' 하는 소리에 그녀가 귀를 쫑긋 세운다.

INT. KITCHEN – MOMENTS LATER
Miguel **idly** blows into a glass soda bottle, Abuelita takes the bottle away.

내부, 주방 – 몇 분 후
미구엘이 탄산음료 병에 입을 대고 한가로이 불고 있는데, 할머니가 그 병을 빼앗아 간다.

ABUELITA   No music!

할머니 음악은 안 돼!

INT. MAMÁ COCO'S ROOM – DAY
Miguel listens as a truck drives by the window, **blaring** radio **tunes**. Abuelita angrily slams the window shut.

내부, 코코 할머니의 방 – 낮
트럭이 지나가는데, 미구엘은 창가에서 (트럭에서) 흘러 나오는 라디오 음악 소리에 귀를 기울인다. 할머니가 역정을 내며 창문을 쾅 닫아버린다.

ABUELITA   No music!!

할머니 음악은 안 돼!!

EXT. STREET – EVENING
A trio of gentlemen **serenade** each other as they **stroll** by the family **compound**.

외부, 길거리 – 저녁
남자 셋이 주택지를 거닐다가 세레나데를 연주한다.

MUSICIANS   (singing) AUNQUE LA VIDA—-

악사들 (노래) 아운께 라 비다—

Abuelita bursts out of the gate and **chases** them **away**.

할머니가 문을 박차고 나와서 그들을 쫓아낸다.

ABUELITA   NO MUSIC!!!

할머니 음악은 안 돼!!!

---

gracias [스페인어] 감사합니다
Sí [스페인어] 네 (=yes)
adjust (약간) 조정/조절하다
perk (up) 귀, 꼬리 등이 쫑긋 서다, 뽐내다
hoot (자동차 경적) 빵빵거리다, 울리다
idly 한가하게, 아무 일도 안 하고
blare (소리를) 요란하게 쾅쾅 울리다
tune 곡, 곡조, 선율, (악기의) 음을 맞추다, 조율하다

serenade 세레나데 (소규모의 기악 모음곡), 세레나데를 부르다/연주하다
stroll 거닐다, 산책하다
compound 복합체, (화학적) 화합물, (큰 건물이나 시설 따위의) 구내
AUNQUE LA VIDA [스페인어] 비록 그녀의 삶일지라도
chase away ~를 쫓아내다

Terrified, the musicians stumble as they run away.	깜짝 놀라며, 악사들이 도망가다 발이 걸려 휘청거린다.
MIGUEL (V.O.) I think we're the only family in México who hates music...	**미구엘 (목소리만)** 아마도 멕시코에서 음악을 싫어하는 가족은 우리 집밖에 없을 거예요.

INT. RIVERA WORKSHOP – DAY
We see the Rivera family **tinkering** in the shoe shop, no music to be heard. Miguel jogs past them.

내부. 리베라 작업장 – 낮
리베라 가족이 신발 가게에서 일하는 모습이 보이는데, 음악은 들리지 않는다. 미구엘이 그 옆으로 뛰어간다.

MIGUEL (V.O.) And my family's fine with that...❶

미구엘 (목소리만) 그리고 우리 가족은 그것에 대해서 별 불만이 없지만요…

He grabs his **shine box**, and heads out of the shoe shop.

그가 구두닦이 통을 들고 신발 가게에서 나온다.

MIGUEL (V.O.) But me?

미구엘 (목소리만) 그런데 저는 어떠냐고요?

MAMÁ   Be back by lunch, mijo!

엄마 점심때까지는 들어와라, 아가!

MIGUEL   Love you, Mamá!

미구엘 사랑해요, 엄마!

Once outside, Miguel **makes his way through** the small town of SANTA CECILIA – MORNING

일단 밖에 나오자, 미구엘은 산타 세실리아의 작은 마을을 헤치며 나아간다 – 아침

MIGUEL   I am NOT like the rest of my family...

미구엘 전 다른 가족들하고는 많이 달라요…

He passes a woman sweeping a **stoop**.

그가 현관 입구 계단을 쓸고 있는 여인을 지나간다.

WOMAN   Hola, Miguel!

여인 안녕, 미구엘!

MIGUEL   Hola!

미구엘 안녕하세요!

He passes **a band of** musicians playing a tune. Miguel joins with some air guitar and the further down the street he goes, the more instruments and sounds layer in. The bells of the church chime in harmony, a radio blares a **cumbia** rhythm.
Running past a food stand, Miguel grabs a roll of **pan dulce** and tosses the **vendor** a coin.

그가 음악을 연주하고 있는 악사들 옆으로 지나간다. 미구엘이 기타를 치는 것 같은 포즈를 취하며 계속 걸어가는 동안 더 많은 악기들과 소리들이 겹쳐진다. 교회 종소리도 화음을 맞춰 울리고 라디오에서 쿰비아 리듬이 큰 소리로 울려 퍼진다. 미구엘이 뜀박질을 하며 식품 가판대를 지나면서 판 둘체 한 조각을 집어 들고 행상에게 동전을 던진다.

---

tinker 어설프게 손보다/고치다
shine box 구두닦이 통
make one's way through ~를 나아가다
stoop 현관 입구의 계단
a band of 한 무리의
cumbia 쿰비아 (라틴 춤 음악)
pan dulce 판둘체 (중남미 빵의 종류)
vendor 행상인, 노점상

❶ **My family's fine with that.**
우리 가족은 그것에 대해 별 불만이 없다.
~에 대해서 이래도 좋고 저래도 좋고 별 불만이 없을 때 〈be동사 + fine with + 명사(절)〉의 형태로 표현을 합니다. 예를 들어, I'm fine with that. '난 그것에 대해 불만/문제없어, 괜찮아' 이렇게 쓰이지요. 이 경우, That's fine with me.라고 할 수도 있답니다.

MIGUEL   Muchas gracias!

<u>STREET VENDOR</u>   **De nada**, Miguel!

As Miguel passes all these scenes, the music synthesizes and **he can't help but**❶ tap out rhythms along a table of **alebrijes**. The fantastical wooden animal sculptures each play a different tone like a marimba. Miguel finishes with a SMACK on a trash can, out of which a pops up a **scrappy** hairless **Xolo** dog. The dog, DANTE, barks and jumps up to lick Miguel, who laughs.

MIGUEL   Hey, hey! Dante!

Miguel holds the pan dulce over Dante's head.

MIGUEL   Sit down. Roll over. Shake. Fist bump.

Dante obeys to the best of his ability.

MIGUEL   Good boy, Dante!

Miguel tosses the pan dulce to his furless friend who **topples** back into the trash can.

미구엘   대단히 감사합니다!

행상인   천만에, 미구엘

미구엘이 이 모든 것들을 지나고 있을 때 음악 소리가 조화를 이루자 그는 주체하지 못하고 알레브리헤스 탁자를 두드리며 리듬을 탄다. 환상적인 목재 동물 조각품들이 각자 마림바를 연주하는 듯한 소리를 낸다. 미구엘이 쓰레기통을 찰싹 때리며 끝마치는데, 지저분한 털 없는 강아지가 튀어나온다. 단테라고 불리는 이 강아지가 멍멍 짖으며 뛰어올라 미구엘을 핥고, 미구엘이 웃는다.

미구엘   야, 야! 단테!

미구엘이 단테의 머리 위로 빵을 들어 올린다.

미구엘   앉아. 굴러. 흔들어. 주먹 인사.

단테가 최선을 다해 시키는 대로 한다.

미구엘   잘했어, 단테!

미구엘이 털 없는 그 친구에게 빵을 던지자 그가 넘어지며 쓰레기통 속으로 빠진다.

Muchas [스페인어] 많은, 매우, 아주

De nada [스페인어] 천만에요

alebrije 알레브리헤; 종이 반죽이나 목각을 이용해 만든 동물 인형 (멕시코 민속 공예품)

scrappy 허접스러운, 산만한

xolo 멕시코산 몸에 털이 없는 품종의 개 (=xoloitzcuintli)

topple 넘어지다

❶ **주어 + can't help but ~**
~하지 않을 수 없다
〈can't help 동사-ing〉형태로도 많이 쓰이는데 '~하지 않을 수 없다', '어쩔 수 없이 ~할 수밖에 없다'는 의미로 쓰입니다. 예를 들어, I can't help but laugh. '웃지 않을 수가 없다' 이렇게 말이에요.

Seize Your Moment!

너의 순간을 붙잡아라!

🎧 03.mp3

CUT TO:
MARIACHI PLAZA – MOMENTS LATER

Miguel **rounds** the corner toward the town square. Vendors sell **sugar skulls** and marigolds, and musicians fill the square with music.

MIGUEL (V.O.) I know I'm not supposed to love music – but it's not my fault!
(beat) It's his: Ernesto de la Cruz...

Miguel approaches a **statue** of a handsome mariachi **at the heart of** the **plaza**.

MIGUEL (V.O.) ...The greatest musician **of all time**.

A tour group and their TOUR GUIDE are gathered around the base of the statue.

TOUR GUIDE And right here, in this **very** plaza, the young Ernesto de la Cruz **took his first steps** toward becoming the most beloved singer in Mexican history!

CUT TO:
CLIPS of de la Cruz in his **heyday**: playing as a young man in the plaza, serenading **bystanders** in a train car...

MIGUEL (V.O.) He **started out a total nobody** from Santa Cecilia, like me. But when he played music, he made people fall in love with him.

장면 전환:
마리아치 광장 – 잠시 후

미구엘이 모퉁이를 돌아 마을 광장으로 향한다. 행상인들이 설탕 해골들과 금잔화를 팔고 있고 악사들이 음악으로 광장을 채우고 있다.

미구엘 (목소리만) 전 음악을 사랑하면 안 된다는 걸 알아요 – 하지만 제 잘못이 아니에요!
(정적) 바로 그때문이죠: 에르네스토 델라 크루즈···

미구엘이 광장의 정 중앙에 있는 잘생긴 마리아치 (멕시코 전통 음악을 연주하는 유랑 악사) 동상을 향해 다가간다.

미구엘 (목소리만) ···역대 가장 위대한 음악가.

관광객 무리와 여행 가이드가 동상 주변에 모여 있다.

여행 가이드 자 바로 여기, 바로 이 광장에서, 젊은 에르네스토 델라 크루즈가 멕시코 역사상 가장 사랑받는 가수가 되는 첫걸음을 내디뎠어요.

장면 전환:
델라 크루즈의 전성기 시절 영상: 젊은 에르네스토가 광장에서 기차에 타고 있는 구경꾼들에게 연주하며···

미구엘 (목소리만) 그는 전혀 주목받지 못하고 하잘것없는 산타 세실리아에서 시작했어요, 저처럼요. 하지만 그가 음악을 연주하면 모두가 그와 사랑에 빠지게 되었죠.

---

round (모퉁이, 커브 등을) 돌다
sugar skull (멕시코 전통/민속) 밝은색으로 색칠을 해서 축제 기간 망자의 삶을 기리기 위해 무덤 위에 올려놓는 해골 모양의 설탕 조각
statue 조각상
at the heart of ~의 핵심부/중심에
plaza (스페인어권에서) 광장
of all time 역대, 지금껏
very 〈형용사〉 다름 아닌 바로 그/이

take one's first step 첫발을 내디디다
clip (영화) 클립 (장면 일부)
heyday 전성기, 한창때
bystander 구경꾼, 행인
start out (특히 사업, 일을) 시작하다
a total nobody 완전히 보잘것없는 사람

MORE CLIPS from de la Cruz's films. He leaps from a tree branch onto a **galloping** horse. He plays his **signature** skull guitar with **flourish** and **flair**.

델라 크루즈 영상이 계속 나온다. 그가 나뭇가지에서 뛰어내려 달리는 말로 옮겨 탄다. 그가 멋진 동작과 솜씨로 그의 상징과도 같은 해골 기타를 연주한다.

MIGUEL (V.O.) He **starred in** movies. He had the coolest guitar... He could fly!

미구엘 (목소리만) 그는 영화에도 나왔어요. 세상에서 제일 멋진 기타를 가졌었고… 하늘을 날기까지 했어요!

A CLIP **features** de la Cruz dressed as a **hovering** priest, held up by strings, in front of a cycling **sky flat**.

델라 크루즈가 줄들에 매달려, 빙빙 돌고 있는 고층 건물 앞에 둥둥 떠 있는 사제처럼 옷을 입고 있는 모습이 영상에 나온다.

MIGUEL (V.O.) And he wrote the best songs! But my **all-time** favorite? It's—

미구엘 (목소리만) 그리고 그는 최고의 노래들을 만들었어요! 하지만 그중에서도 제가 가장 좋아하는 노래는? 그건—

A CLIP of de la Cruz performing in a fancy nightclub.

화려한 나이트클럽에서 공연하고 있는 델라 크루즈의 영상.

DE LA CRUZ   (singing)
REMEMBER ME
THOUGH I HAVE TO SAY GOODBYE
REMEMBER ME
DON'T LET IT MAKE YOU CRY
FOR EVEN IF I'M FAR AWAY
I HOLD YOU IN MY HEART
I SING A SECRET SONG TO YOU
EACH NIGHT WE ARE APART
REMEMBER ME
THOUGH I HAVE TO TRAVEL FAR
REMEMBER ME
EACH TIME YOU HEAR A SAD GUITAR
KNOW THAT I'M WITH YOU THE ONLY WAY
THAT I CAN BE...

델라 크루즈 (노래)
날 기억해줘
난 안녕이라고 말할 수밖에 없지만
날 기억해줘
이것 때문에 울지는 말아줘
왜냐하면 난 비록 멀리 있을지라도
널 내 마음속에 간직하고 있으니까
난 그대에게 비밀스레 노래를 부르지
매일 밤 우리는 떨어져 있지
날 기억해줘
난 멀리 떠나야만 하지만
날 기억해줘
슬픈 기타 소리를 들을 때마다
내가 항상 너와 함께 있다는 걸 알아줘 그것만으로
내가 할 수 있는…

MIGUEL (V.O.) He lived the kind of life you dream about... Until 1942 ...

미구엘 (목소리만) 그는 누구나 꿈꾸는 삶을 살았죠… 1942년까지…

As the audience **swoons over** de la Cruz, an **absent-minded stagehand** leans on a lever. Ropes and **pulleys** go flying.

관객들이 델라 크루즈에게 넋을 잃고 있을 때, 얼빠진 무대 담당자가 레버에 기댄다. 로프들과 도르래들이 사방을 날아다닌다.

---

gallop (말 등이) 전속력으로 달리다, 질주하다

signature (~를 잘 나타내주는, ~만의) 특징

flourish 번창하다, 과장된 동작

flair (타고난) 재주/재능

star in ~에 주연을 맡다

feature ~을 특별히 포함하다, ~의 특징을 이루다

hover (새, 헬리콥터 등이 허공을) 맴돌다

sky flat 고층 아파트/맨션

all-time (명사 앞) 시대를 초월한, 사상 (최고/최저의)

swoon over ~에 정신을 빼앗기다

absent-minded 딴 데 정신이 팔린, 건망증이 심한

stagehand 무대담당자

pulley 도르래

DE LA CRUZ UNTIL YOU'RE IN MY ARMS AGAIN REMEMBER ME!

데라 크루즈 그대가 내 품에 다시 안길 때까지 날 기억해줘!

De la Cruz is **subsequently** crushed by a giant bell.

그리고는 델라 크루즈가 거대한 종에 깔려 버린다.

MIGUEL (V.O.) When he was crushed by a giant bell.

미구엘 (목소리만) 그가 거대한 종에 깔려 버릴 때까지.

CUT TO:
MARIACHI PLAZA – DAY

장면 전환:
마리아치 광장 – 낮

Miguel gazes up at the statue of de la Cruz **in awe**.

미구엘이 경외감에 가득 찬 표정으로 동상을 올려다본다.

MIGUEL (V.O.) I wanna be just like him.

미구엘 (목소리만) 저도 진짜 그와 같이 되고 싶어요.

CUT TO:
EXT. CEMETERY – MOMENTS LATER

장면 전환:
외부. 묘지 – 잠시 후

Miguel **weaves** up to de la Cruz's **mausoleum** and peeks in the window. He catches a glimpse of de la Cruz's signature skull guitar.

미구엘이 사람들 사이를 헤치며 델라 크루즈의 묘로 다가가 창문 안을 엿본다. 델라 크루즈의 상징인 해골 기타가 미구엘의 시야에 들어온다.

MIGUEL (V.O.) Sometimes, I look at de la Cruz and I get this feeling... like we're connected somehow. Like, if HE could play music, maybe someday I could too...

미구엘 (목소리만) 때때로, 전 델라 크루즈를 보면 이런 기분이 들죠... 우리가 어떻게든 연결된 것 같다는. 마치, 그가 음악을 할 수 있었던 것처럼. 아마도 언젠가는 나도 할 수 있을 것이라는...

EXT. MARIACHI PLAZA – DAY

외부. 마리아치 광장 – 낮

MIGUEL (CONT'D) ...**If it wasn't for my family.**❶

미구엘 (계속) ...우리 가족만 아니라면 말이죠.

PLAZA MARIACHI (playful) Ay, ay, ay, **muchacho**.

광장의 악사 (장난스럽게) 어이, 어이, 어이, 꼬마.

MIGUEL Huh?

미구엘 네?

PLAZA MARIACHI I asked for a shoe shine, not your life story.

광장의 악사 구두를 닦아 달랬지, 누가 자네 인생사를 듣고 싶다고 했나.

Miguel comes out of his **reverie** and looks up at the PLAZA MARIACHI whose shoes he is shining.

미구엘이 몽상에서 깨어나 그가 구두를 닦아 주고 있던 광장의 악사를 올려다본다.

---

subsequently 그 뒤에, 나중에
mariachi 마리아치 (멕시코 전통 음악을 연주하는 유랑 악사)
in awe ~을 경외하여
weave 비틀비틀하다, 좌우로 흔들리다
mausoleum (중요 인물, 가문의) 묘/능
muchacho [스페인어] 소년, 젊은이
reverie 〈격식〉 몽상

❶ **If it wasn't for my family...**
우리 가족 때문/덕분이 아니었다면...
〈If it wasn't for + 명사(절)〉 혹은 〈If it weren't for + 명사(절)〉은 '~덕분/때문이 아니었다면'이라는 뜻으로 쓰이는 숙어적 표현이에요. 예를 들어, If it weren't for you, I wouldn't have finished writing the book. '당신 덕분이 아니었다면 난 책을 끝내지 못했을 거예요' 이렇게 쓰지요.

MIGUEL   Oh, yeah, sorry.

미구엘 오, 네, 죄송해요.

He goes back to scrubbing the man's shoe. As Miguel shines, the mariachi **plucks** his guitar idly.

그는 다시 구두를 닦기 시작한다. 미구엘이 구두를 닦는 동안, 악사가 한가히 그의 기타를 퉁긴다.

바로 이장면!*

MIGUEL   I just can't really talk about any of this at home so...

미구엘 이런 얘기를 집에서는 절대 할 수가 없는 처지라...

PLAZA MARIACHI Look, **if I were you,**❶ I'd march right up to my family and say, "Hey! I'm a musician. Deal with it!"

광장의 악사 봐봐, 내가 자네라면 말이지, 가족에게 당당하게 나서서 이렇게 말할 거야, "이것 보세요! 난 음악가라고요, 받아들이시라고요!"

MIGUEL   I could never say that...

미구엘 전 절대 그렇게는 말 못 할 거예요...

PLAZA MARIACHI You ARE a musician, no?

광장의 악사 너 음악가 맞지, 아니니?

MIGUEL   I don't know. I mean... I only really play for myself—

미구엘 글쎄요, 사실은… 제가 연주를 혼자 있을 때만 해봐서—

PLAZA MARIACHI Did de la Cruz become the world's best musician by hiding his sweet, sweet skills? No! He walked out onto that plaza and he played out loud!

광장의 악사 델라 크루즈가 자신의 그 소중하디소중한 능력을 숨겨서 세상에서 가장 위대한 음악가가 됐겠니? 아니지! 그는 광장으로 당당히 걸어 나와 큰 소리로 연주를 했다고!

The mariachi gets an idea. He points to the **gazebo** where organizers are setting up for a show. They **unfurl** a canvas poster which reads "TALENT SHOW."

악사에게 순간 아이디어가 떠오른다. 그가 사람들이 쇼를 준비하고 있는 정자를 가리킨다. 그들이 캔버스 포스터를 펼치니 "장기자랑"이라고 쓰여 있다.

PLAZA MARIACHI (CONT'D)   Ah, **mira**, mira! They're setting up for tonight. The music **competition** for Día de Muertos. You wanna be like your hero? You should sign up!

광장의 악사 (계속) 아, 봐, 봐! 저 사람들이 오늘 밤을 위해 준비하고 있네. 죽은 자들의 날을 위한 음악 경연대회. 자네의 영웅처럼 되고 싶지 않니? 신청하라고!

MIGUEL   Uh-uh, my family would **freak**!

미구엘 어-어, 우리 식구들이 난리가 날 거예요!

---

pluck (기타 등의 현을) 뜯다, 퉁기다
gazebo (정원의) 정자
unfurl (동그랗게 말린 것이) 펼쳐지다
talent show 탤런트 쇼 (장기자랑)
mira [스페인어] 보는 것, 의도, 봐라!
competition 경쟁, 대회, 시합
freak 기겁을 하다

❶ **If I were you...**
네가 네 입장이었다면/네가 너였다면...
사자성어 중에 '역지사지'라는 말이 있죠.
처지를 바꾸어 생각한다는 바로 그 말처럼,
'내가 만약 너였다면, 네 입장이었다면'이라는
표현을 쓸 땐 위의 문구를 이용해 주세요. 예를
들어, If I were you, I would have stayed
home. '네가 너였다면 난 집에 그냥 있었을
거야'. 이렇게요.

PLAZA MARIACHI Look, if you're too scared, then, well... have fun making shoes.

Miguel considers this.

PLAZA MARIACHI (CONT'D) C'mon. What did de la Cruz always say?

MIGUEL ...Seize your moment?❶

광장의 악사 그래. 자네가 그렇게도 두렵다면. 그러면, 뭐... 신발이나 만들면서 즐겁게 살라고.

미구엘이 고민한다.

광장의 악사 (계속) 아 정말, 델라 크루즈가 늘 뭐라고 하던가?

미구엘 ...너의 순간을 붙잡아라?

The mariachi **appraises** Miguel, then offers his guitar.

PLAZA MARIACHI Show me what you got, muchacho. I'll be your first audience.

Miguel's brows rise, surprised. He reaches to take the instrument, regarding it as if holding a holy **relic**. Miguel spreads his fingers across the strings **anticipating** his chord and...

ABUELITA (O.S.) MIGUEL!

Startled, Miguel **impulsively** throws the guitar back onto the mariachi'S lap. He turns to see Abuelita marching toward him. Miguel's **TÍO** BERTO (40s) and **PRIMA** ROSA (16), follow with supplies from the market.

MIGUEL Abuelita!

ABUELITA What are you doing here?

MIGUEL Um...uh...

Miguel quickly packs away his shine rag and polishes. Abuelita barrels up to the mariachi. She hits his hat with her shoe and waves him away.

그 악사가 미구엘을 찬찬히 살펴본 후, 그의 기타를 건네려 한다.

광장의 악사 자네 능력을 보여줘 봐, 젊은이. 내가 자네의 첫 관객이 되겠네.

놀라서 미구엘의 눈썹이 올라간다. 그가 마치 성스러운 유물을 잡듯이 그 악기를 잡으려고 손을 내민다. 미구엘이 화음을 기대하며 기타 줄을 손가락으로 튕기는데...

할머니 (화면 밖) 미구엘!

미구엘이 깜짝 놀라 혼비백산하며 기타를 악사의 무릎 위로 다시 던진다. 돌아보니 할머니가 그에게 다가오고 있다. 미구엘의 베르토 삼촌(40대)과 사촌 로사(16세)가 시장에서 산 공구들을 들고 할머니 뒤를 따른다.

미구엘 할머니!

할머니 너 여기서 뭐 하고 있는 거니?

미구엘 음...어...

미구엘이 재빠르게 구두닦이용 천과 광택제 짐을 꾸린다. 할머니가 악사에게 쏜살같이 달려든다. 그녀가 신발로 그의 모자를 때리고 저리 가라며 손을 흔든다.

---

appraise 살피다, 뜯어보다
relic 유물, 유적
anticipate 예상/예측하다
startle 깜짝 놀라게 하다
impulsively 충동적으로
tío [스페인어] 삼촌
prima [스페인어] (여성) 사촌

❶ **Seize your moment! 네 순간을 잡아라!**
'죽은 시인의 사회'라는 영화에 'Carpe diem'이라는 명대사가 있어요. 원래 이 문구는 호라티우스의 라틴어 시 한 구절로부터 유래한 말로 '현재를 잡아라'라는 뜻이죠. 영어로는 'Seize the day!' 혹은 'Seize your moment!'라고 말하고요. 지금 바로 이 순간 자신에게 주어진 시간 또는 기회를 소중히 여기며 최대한 누리라는 쓰임입니다.

ABUELITA	You leave my grandson alone!		할머니 우리 손자 좀 가만히 내버려 둬!

PLAZA MARIACHI Doña, please – I was just getting a shine!

광장의 **악사** 부인, 제발 – 전 그냥 구두를 닦으려고 왔을 뿐이에요!

ABUELITA I know your tricks, mariachi! (to Miguel) What did he say to you?

할머니 네가 뭔 수작을 하는 건지 다 알아, 악사 놈아! (미구엘에게) 이놈이 너보고 뭐라고 하디?

MIGUEL He was just showing me his guitar.

미구엘 아저씨는 그냥 저한테 기타를 보여 주고 있었을 뿐이에요.

Gasps from the family.

가족들이 '헉' 하며 놀란다.

TÍO BERTO Shame on you!

베르토 삼촌 어떻게 그런 짓을 할 수가!

Abuelita **lords over** the mariachi, shoe aimed directly between his eyes.

할머니가 악사의 두 눈 사이로 신발을 조준하며 그에게 호령하듯 말한다.

ABUELITA My grandson is a sweet little **angelito querido cielito** – he wants no part of your music, mariachi! You keep away from him!

할머니 우리 손자는 귀엽고 예쁘고 사랑스럽기 그지없는 작은 천사라고 – 네 음악 따위는 원하질 않는다고. 이 악사 놈아! 이 아이 근처는 얼씬거리지 마라!

The mariachi **scrambles** away, snatching his hat off the ground before he goes. Abuelita hugs Miguel **protectively** to her **bosom**.

악사가 바닥에 떨어져 있던 그의 모자를 챙기며 잽싸게 줄행랑을 친다. 할머니가 미구엘을 보호하듯 가슴으로 끌어안는다.

ABUELITA Ay, **pobrecito! Estás bien**, mijo?

할머니 아이고, 불쌍한 것! 얘야, 괜찮니?

She peppers him with kisses then releases him from the embrace. He gasps for air.

그녀가 그에게 뽀뽀 세례를 퍼붓고 꼭 안았던 그를 놔준다. 그가 숨을 헐떡거린다.

ABUELITA (distressed) You know better than to be here in this place! You will come home. Now.

할머니 (속상해하며) 여기에 오면 안 되는 거 너도 잘 알잖니! 집으로 와. 지금 당장.

Abuelita turns toward home. Miguel sighs and gathers his shine box. Then, seeing a flyer for the plaza "TALENT SHOW", he can't help but pocket it. He follows Abuelita.

할머니가 집으로 향한다. 미구엘은 한숨을 쉬며 그의 구두닦이 통을 꾸린다. 그리고는, 광장에서 열리는 "장기자랑" 전단을 보고 뿌리치지 못하고 한 장을 뜯어서 주머니에 챙긴다. 할머니를 따른다.

---

doña (여성 격식 호칭) 여사님, 사모님

gasp 헉하고 숨을 쉬다

Shame on you! 어떻게 그런 못된 짓을! 부끄러운 줄 알아라!

lord over ~에게 호령/지배하다, 으스대다

angelito [스페인어] 작은 천사 (영어의 little angel)

querido [스페인어] 사랑/친애하는 (영어의 dear, beloved)

cielito [스페인어] 사랑하고 친애하는 사람/아이에게 쓰는 호칭 (영어의 sweetheart)

scramble 재빨리 움직이다

protectively 보호하려고 드는, 방어적인

bosom (여자의) 가슴

pobrecito [스페인어] 불쌍한/딱한 것 (영어의 poor thing)

Estás bien [스페인어] 괜찮니? (영어의 Are you okay?)

EXT. STREET – MOMENTS LATER
Miguel catches up to his family.

TÍO BERTO How many times have we told you –
that plaza is **crawling with** mariachis!

MIGUEL Yes, Tío Berto.

Dante **ambles** up to Miguel, **sniffing** and **whining** for a treat.

MIGUEL No, no, no!

Abuelita **shoos him away**.

ABUELITA Go away, you! Go!

Dante **darts off**, scared.

MIGUEL It's just Dante...

Abuelita throws her shoe at the dog.

ABUELITA Never **name** a **street dog**. They'll follow you
forever. (beat) Now, go get my shoe.

CUT TO:
INT. RIVERA WORKSHOP

The Rivera workshop is **abuzz** with family making shoes.
WHOMP! Miguel is **plopped** onto a **stool**, ready for a **lecture**.

ABUELITA I found your son in Mariachi Plaza!

외부. 거리 – 잠시 후
미구엘이 식구들을 따라잡는다.

베르토 삼촌 우리가 도대체 몇 번을 말했니 –
그 광장엔 악사들이 득실거린다고!

미구엘 네, 베르토 삼촌.

단테가 미구엘에게 느긋하게 다가서서 코를 킁킁
거리며 먹을 것을 좀 달라고 보채고 있다.

미구엘 안 돼, 안 돼, 안 돼!

할머니가 그를 '훠이' 하며 쫓아 보낸다.

할머니 저리 가, 이놈아! 개!

단테가 겁을 먹고 줄행랑친다.

미구엘 단테한테까지 그러실 필요는 없는데…

할머니가 강아지에게 그녀의 신발을 던진다.

할머니 길거리 개에게는 절대 이름을 지어주면
안 돼. 평생 따라다닌다고. (정적) 자 이제, 가서 내
신발 가져와.

장면 전환:
내부. 리베라 작업장

리베라 작업장은 가족들이 신발 만드는 소리로 떠
들썩하다. 탁! 미구엘이 설교를 들을 준비를 하며
스툴에 털썩 올라앉는다.

할머니 내가 마리아치 광장에서 네 아들을 찾았
다!

---

crawl with ~으로 가득하다
amble 느긋하게/천천히 걷다
sniff 코를 훌쩍이다, (코를 킁킁대며) 냄새를 맡다
whine 징징/칭얼거리다
shoo someone/something away (파리나 참새 등을 쫓듯) '쉬이' 하며
팔을 휘저으며 쫓다
dart off 줄행랑을 치다
name 이름을 지어주다

street dog 집/주인 없는 개
abuzz 윙윙거리는, 떠들썩한
whomp 탁/탕하고 나는 소리
plop 퐁당 소리, 툭 하고 떨어지다, 털썩 주저앉다
stool (등받이와 팔걸이가 없는) 의자, 스툴
lecture 강의, 강연, 잔소리(설교)

PAPÁ	(disappointed) Miguel...	아빠 (실망하며) 미구엘…

바로 이장면!*

MAMÁ	You know how Abuelita feels about the plaza.	엄마 할머니께서 광장에 대해서 어떻게 생각하시는지 너도 잘 알잖니.
MIGUEL	I was just shining shoes!	미구엘 전 그냥 신발을 닦고 있었다고요!
TÍO BERTO	A musician's shoes!	베르토 삼촌 음악가의 신발이었지!

Gasps from the family. **PRIMO** ABEL [19] is so shocked he **loses his grip on** the shoe he is polishing, which **zips** away from the **polisher** and **lodges** itself in the **roof**.

가족들이 '헉' 소리를 낸다. 사촌 아벨(19세)은 너무 놀라서 광내고 있던 신발을 놓치고, 그 신발이 날아올라 지붕에 꽂힌다.

MIGUEL	But the plaza's where all the **foot traffic** is.	미구엘 하지만 광장에 나가야 유동인구가 많다고요.
PAPÁ	If Abuelita says no more plaza, then no more plaza.	아빠 할머니께서 더 이상 광장에 나가지 말라고 하시면, 이제 광장은 안 되는 거야.
MIGUEL	(**blurting**) But what about tonight?	미구엘 (불쑥 내뱉으며) 하지만 그럼 오늘 밤은 어떻게 해요?
PAPÁ FRANCO	What's tonight?	프랑코 할아버지 오늘 밤에 뭐가 있는데?
MIGUEL	Well, they're having this talent show-	미구엘 장기자랑이 열린단 말이에요–

Abuelita perks her ear, **suspicious**. Miguel **squirms**, deciding whether to go on.

할머니가 의심스러워하며 귀를 쫑긋한다. 미구엘이 말을 계속해야 할지 몰라 난처해 한다.

MIGUEL	And I thought I might...	미구엘 제 생각엔 제가…

Mamá looks at Miguel, **curious**.

엄마가 호기심 어린 눈빛으로 미구엘을 본다.

MAMÁ	...Sign up?	엄마 …참가하려고?
MIGUEL	Well, maybe?	미구엘 글쎄요, 아마도요?

---

disappointed 실망한, 낙담한
primo (남자) 사촌
lose one's grip on (꼭 붙잡고 있던 손을) ~로부터 놓치다
zip (차, 총알 등이) 핑 소리 내며 나아가다/움직이다
polisher 닦는/윤내는 기구
lodge ~에 꽂히다/박히다
roof 지붕
foot traffic 유동인구, 인파

blurt 불쑥 내뱉다/말하다
suspicious (불법, 부정행위) 의혹을 품는, 수상쩍어하는
squirm (불안하게 몸을) 꿈틀대다, 꼼지락거리다
curious 궁금한, 호기심이 많은

PRIMA ROSA	(laughing) You have to have talent to be in a talent show.	사촌 로사 (웃으며) 장기가 있어야 장기자랑에 나가든지 말든지 하지.
PRIMO ABEL	What are YOU going to do, shine shoes?	사촌 아벨 나가서 뭘 한 건데, 구두 닦으려고?

The shoe from the ceiling falls back down on Abel's head.

전장에 꽂혀있던 신발이 아벨의 머리에 다시 떨어진다.

ABUELITA　It's Día de los Muertos – **no one's going anywhere.❶** Tonight is about family.

할머니 오늘은 죽은 자의 날이야 – 절대 어디 갈 생각도 하지 마라. 오늘 밤은 가족과 함께해야 해.

She **deposits** a pile of marigolds in Miguel's arms.

그녀가 미구엘의 팔 위로 금잔화를 한 뭉치 놓는다.

ABUELITA　Ofrenda room. **Vámonos.**

할머니 오프렌다(제단)로 와. 어서.

CUT TO:
INT. OFRENDA ROOM – MOMENTS LATER

장면 전환:
내부. 오프렌다 – 잠시 후

Miguel follows his Abuelita to the family ofrenda, holding the pile of flowers as she arranges them on the altar.

미구엘이 꽃을 한 뭉치 들고 제단을 준비하고 있는 할머니를 따라 가족 오프렌다로 간다.

ABUELITA　Don't give me that look. Día de los Muertos is the one night of the year our ancestors can come visit us. (beat) We've put their photos on the ofrenda so their spirits can **cross over**. That is very important! If we don't put them up, they can't come! (beat) We made all this food – **set out** the things they loved **in life**, mijo. All this work to bring the family together. I don't want you sneaking off to **who-knows-where**.

할머니 그런 눈으로 보지 마. 죽은 자의 날은 일 년 중에 유일하게 우리 조상님들께서 우리를 보러 오실 수 있는 날이란다. (정적) 그분들의 영혼이 이쪽 세상으로 건너오실 수 있도록 오프렌다에 조상님들의 사진을 걸어놓았단다. 그게 정말 중요한 거야! 사진을 걸어놓지 않으면 그분들이 오실 수가 없다고! (정적) 우리가 이 모든 음식을 만들고 – 그분들이 생전에 좋아하시던 것들을 차려놓았지, 아가야. 가족을 한자리에 모이게 하려고 이 모든 일을 한 것이야. 그러니 어디 이상한 곳으로 몰래 도망가면 안 된다.

She looks up to find Miguel sneaking away.

그녀가 얼굴을 들자 미구엘이 몰래 빠져나가려고 하고 있다.

ABUELITA (CONT'D)　Where are you going?

할머니 (계속) 어디 가는 거냐?

MIGUEL　I thought we were done...

미구엘 말씀 끝나신 줄 알고…

---

deposit (특정한 곳에) 두다/놓다

vámonos 가자 (영어의 Let's go)

cross over ~를 건너다

set something out ~을 정리/진열하다

in life 생전에, 이승에서

who-knows-where 어디인지 누가 알겠어? (문맥상 어디에 가는지 의심스럽다는 뜻)

❶ **No one's going anywhere.**
아무도 아무 데도 못 가.
아무도 절대 어디에 가지 말고 머물러 있으라고 할 때 쓰는 표현이에요. '어딜 가려고! / 네가 가긴 어딜 가!'라고 할 때는 You're not going anywhere! 이라고 말하기도 한답니다.

ABUELITA	Ay, **Dios mío**... Being part of this family means being HERE for this family... I don't want to see you **end up** like—

Abuelita looks up to the photo of the faceless musician.

MIGUEL	Like Mamá Coco's papá?
ABUELITA	Never **mention** that man! **He's better off forgotten.**❶
MIGUEL	But you're the one who—
ABUELITA	Ta, ta, ta-tch!
MIGUEL	I was just—
ABUELITA	Tch-tch!
MIGUEL	But—
ABUELITA	Tch!
MIGUEL	I—
ABUELITA	Tch-tch!
MAMÁ COCO	Papá?

They look to find Mamá Coco **agitated**.

MAMÁ COCO (CONT'D)	Papá is home...?
ABUELITA	Mamá, **cálmese**, cálmese.
MAMÁ COCO	Papá is coming home?

할머니 아, 맙소사… 이 가족의 일원이 된다는 건 이 가족을 위해 여기에 함께 있겠다는 거야… 난 네가 나중에 저 사람처럼 되는 걸 보고 싶지는 않아—

할머니가 얼굴 없는 음악가의 사진을 올려다본다.

미구엘 코코 할머니의 아빠처럼요?

할머니 저 사람 얘기는 꺼내지도 마! 저런 사람은 잊는 게 나아.

미구엘 하지만 할머니가 먼저-

할머니 떼, 떼, 떼치!

미구엘 전 그냥-

할머니 쉿-쉿!

미구엘 하지만—

할머니 쉿!

미구엘 전-

할머니 쉿-쉿!

코코 할머니 아빠?

코코 할머니가 불안해하는 모습을 보인다.

코코 할머니 (계속) 아빠가 집에 왔어…?

할머니 엄마, 진정해요, 진정해.

코코 할머니 아빠가 집에 온다고?

---

dios mío [스페인어] 맙소사! (영어의 Oh my God)
end up 결국 ~이 되다, 결국 (어떤 처지에) 처하게 되다
mention 말하다, 언급하다
agitated 불안해하는, 동요된
cálmese [스페인어] 진정해 (영어의 Calm down)

❶ **He's better off forgotten.**
그는 차라리 잊혀지는 게 더 낫다.
〈be동사 + better off〉는 '~하는 편이 더 낫다/이득이다'라는 의미로 쓰이는 숙어예요. 예를 들어, You're better off without him. '너에겐 그가 없는 게 더 낫다' 이렇게 쓰이지요.

ABUELITA No Mamá. It's okay, I'm here.	할머니 아니에요 엄마. 괜찮아요. 제가 여기 있잖아요.
Mamá Coco looks up at Abuelita.	코코 할머니가 할머니를 올려다본다.
MAMÁ COCO Who are you?	코코 할머니 누구세요?
Sadness rises in Abuelita; she **swallows** it down.	슬픔이 할머니를 엄습한다: 그녀가 슬픔을 마음속으로 삭힌다.
ABUELITA Rest, Mamá.	할머니 쉬세요, 엄마.
Abuelita returns to the ofrenda.	할머니가 제단으로 돌아온다.
ABUELITA (CONT'D) I'm **hard on** you because I care, Miguel. (beat) Miguel... Miguel?	할머니 (계속) 다 너를 사랑하기 때문에 이렇게 엄하게 하는 거란다. 미구엘. (정적) 미구엘… 미구엘?
She looks around the room. **Miguel is nowhere to be found.**❶ Abuelita **steps up to** the ofrenda.	그녀가 방 안을 둘러본다. 미구엘이 방 안에 없다. 할머니가 제단으로 올라선다.
ABUELITA (CONT'D) (sigh) What are we going to do with that boy...?	할머니 (계속) (한숨 쉬며) 저 아이를 어떻게 해야 할까요…?
She looks to the photo of Mamá Imelda. Abuelita's eyes **brighten** with an idea.	그녀가 이멜다 할머니의 사진을 보며 생각에 잠긴다. 불현듯 생각이 떠오른 듯 할머니의 눈이 번뜩인다.
ABUELITA (CONT'D) You're right. That's just what he needs!	할머니 (계속) 당신 말이 맞아요. 그에게 필요한 건 그거죠!

---

swallow (치밀어 오르는 감정을 억지로) 참다/삼키다/억누르다
hard on someone ~에게 엄한, 심하게 대하는
step up to ~에 다가가다. ~에 올라서다
brighten 밝아지다. 반짝이다

❶ **Miguel is nowhere to be found.**
미구엘의 모습이 보이지 않는다.
'어디에서도 발견되지/보이지 않다'라는 뜻으로 nowhere to be found 또는 nowhere to be seen이라는 표현을 쓰는데, 아무리 눈 씻고 찾아봐도 안 보인다는 의미랍니다.

Ernesto de la Cruz

에르네스토 델라 크루즈

🎧 05.mp3

CUT TO:
EXT. SIDE STREET

Tío Berto **unloads** rolls of leather from a **truckbed**. Nearby, Dante sleeps under the shade of a tree. He startles awake by a faint **TWANGING**. The dog scrambles up to the roof.

He reaches a shoe sign advertising the Rivera Family business and lifts it up.

INT. ROOFTOP HIDEOUT

Dante **pokes his head** in. Miguel turns and gasps.

MIGUEL   Oh, it's you. Get in here, c'mon, Dante. Hurry up.

Dante **wriggles** into the **hideout**. Miguel is **huddled** over something. The dog peeks around his shoulder.

MIGUEL (CONT'D) You're gonna get me in trouble, boy. Someone could hear me!

Miguel **reveals a makeshift** guitar, **cobbled** together from a **beat up** old **soundboard** and random other items. He takes a **china marker** and sketches a nose on what appears to be his own version of a skull guitar head.

MIGUEL (CONT'D) I wish someone wanted to hear me...

Miguel tunes the guitar.

장면 전환:
외부. 골목

베르토 삼촌이 트럭 화물칸에서 가죽 한 뭉치를 내려놓는다. 근처에서, 단테가 나무 그늘 밑에서 자고 있다. 희미하게 '팅'하고 울리는 소리에 놀라 그가 깬다. 재빠르게 지붕으로 올라간다.

리베라 가업 광고 신발 표지판에 다다르고 그것을 치켜든다.

내부. 지붕의 은신처

단테가 그 안으로 고개를 밀어 넣는다. 미구엘이 돌아보며 놀라서 헉한다.

미구엘 아, 너로구나. 들어와. 어서, 단테. 빨리.

단테가 꿈틀거리며 은신처로 들어간다. 미구엘이 뭔가를 덮고 웅크려 있다. 단테가 그의 어깨 주변을 훔쳐본다.

미구엘 (계속) 너 때문에 내가 힘들어질 수도 있어, 이 녀석아. 누가 내 목소리를 들을 수도 있거든.

미구엘이 닥치는 대로 끌어모은 잡동사니들과 낡아빠진 공명판을 수선해서 임시변통으로 만든 기타를 꺼낸다. 그가 유성펜을 꺼내서 그만의 버전으로 보이는 해골 기타 머리에 코를 그린다.

미구엘 (계속) 누군가 내 노래를 듣고 싶어 한다면 얼마나 좋을까…

미구엘이 기타를 조율한다.

---

side street 골목, 옆길

unload 짐을 내리다

truck bed (높은 침대 밑으로 밀어 넣을 수 있는) 낮은 침대

twang (팽팽한 전선, 현이) 팅 소리를 내다

poke one's head 머리를 쑥 내밀다

wriggle (몸을) 꿈틀/꼼지락거리다

hideout 비밀 은신처, 아지트

huddle (춥거나 무서워서) 모이다

reveal 드러내다, 밝히다, 폭로하다

makeshift (주로 명사 앞) 임시변통의, 임시방편으로

cobble (구식) 신발을 만들다/수선하다

beat-up 낡아/닳아 빠진

soundboard (현악기의 얇은 나무판) 공명판

china marker 왁스 기반의 필기구, 유성펜

MIGUEL (CONT'D) Other than you...

Dante gives Miguel a big **sloppy** lick. Miguel gives a **grossed-out chuckle**. He lifts his guitar and strims.

MIGUEL (CONT'D) Perfecto!

He crawls to the far side of the attic where he's built his own ofrenda to Ernesto de la Cruz. Posters, candles, and songbooks are arranged with care. Miguel lights the candles with **reverence**, **illuminating** an album cover of de la Cruz holding his skull guitar.

Miguel compares the head of his guitar to the album cover.
Then he **imitates** de la Cruz's pose and smile.
He switches on a beat up old TV and pushes a tape into the **VCR**, "Best of de la Cruz" **scrawled** on the **spine**.
A **montage** of the greatest moments from de la Cruz's films plays out. A clip from **"A QUIEN YO AMO"**

DE LA CRUZ (FILM CLIP) I have to sing. I have to play. The music, it's – it's not just in me. It is me.

Miguel **strums** his guitar as de la Cruz **imparts** his wisdom.
More clips run in the background as Miguel plays:

DE LA CRUZ (FILM CLIP) When life gets me down, I play my guitar.

In a clip from "A QUIEN YO AMO"

DE LA CRUZ (FILM CLIP) The rest of the world may follow the rules, but I must follow my heart!

De la Cruz kisses a woman passionately. Miguel **cringes**.
Another clip from "A QUIEN YO AMO"

미구엘 (계속) 너 말고 또 다른 누군가가…

단테가 미구엘을 끈적하게 한 번 쭉 핥는다. 미구엘이 역겨워하며 빙그레 웃는다. 그가 기타를 들고 친다.

미구엘 (계속) 완벽해!

그가 다락 안쪽 끝에 만들어 놓은 에르네스토 델라 크루즈에게 바치는 그만의 제단 쪽으로 기어간다. 포스터들, 초들, 그리고 악보들이 정성스럽게 진열되어 있다. 미구엘이 신성하게 초들에 불을 붙이자 해골 기타를 들고 있는 델라 크루즈의 사진이 담긴 앨범 표지의 모습이 밝게 빛난다.

미구엘이 앨범 커버에 있는 기타와 자신의 기타를 비교해 본다.
그리고는 델라 크루즈의 모즈와 미소를 흉내 내본다.
그가 낡은 TV를 켜고 VCR에 테이프를 넣는다. 테이프의 옆면에 "델라 크루즈의 베스트 모음집"이라고 제목이 휘갈기듯 쓰여 있다.
델라 크루즈 영화들의 최고의 순간들을 짜깁기 한 영상이 펼쳐진다. "나의 주님께"에 삽입된 영상

델라 크루즈 (영상) 난 노래를 해야만 해요. 난 연주를 해야만 하죠. 음악, 그건 – 그것은 단지 내 안에 있는 것만이 아닙니다. 그것은 내 자신이죠.

델라 크루즈가 그의 지혜를 전하는 동안 미구엘이 기타를 친다.
미구엘이 연주하는 동안 배경으로 영상이 계속 재생된다:

델라 크루즈 (영상) 삶이 나를 실망하게 할 때, 난 나의 기타를 칩니다.

"나의 주님께"에 나오는 영상

델라 크루즈 (영상) 세상 사람들 모두가 규칙을 따를지 모르겠지만, 난 나의 마음이 이끄는 대로 살아야만 해요!

델라 크루즈가 정열적으로 한 여인에게 키스한다. 미구엘이 민망해 한다.
"나의 주님께"에 나오는 또 다른 영상

---

sloppy 엉성한, 대충하는

grossed-out 역겨워하는

chuckle 빙그레/싱긋 웃다

reverence 〈격식〉 숭배

illuminate ~에 불/조명을 비추다

imitate 모방하다, 흉내 내다

VCR 비디오 재생기 (=video cassette recorder)

scrawl 휘갈겨 쓰다, 낙서하다

spine 척추, 등뼈, (책의) 등

montage 몽타주 (그림, 영상, 음악, 글 등을) 짜깁기한 것

A quien yo amo [스페인어] 나의 주님께(사랑하는 이에게)

strum (기타 등을) 치다

impart (정보, 지식 등을) 전하다

cringe (겁이 나서) 움츠리다, 움찔하다

DE LA CRUZ (FILM CLIP) You know that feeling? Like there's a song **in the air** and it's playing just for you...

As Miguel watches de la Cruz play guitar in the video, he repeats the melody on his own guitar.

DE LA CRUZ (FILM CLIP) (singing)
A FEELING SO CLOSE
YOU COULD **REACH OUT** AND TOUCH IT
I NEVER KNEW I COULD
WANT SOMETHING SO MUCH
BUT IT'S TRUE...

As a **good-natured priest** in ˝NUESTRA IGLESIA˝

델라 크루즈 (영상) 그런 느낌 아시나요? 마치 어떤 공간에 노래가 있고 그 노래가 오직 당신만을 위해서 불려지는 그런 느낌...

비디오 안에서 기타를 치는 델라 크루즈를 보며 미구엘이 자신의 기타로 그 멜로디를 똑같이 재현한다.

델라 크루즈 (영상) (노래)
느낌이 너무 가까이 있어
손을 뻗으면 만질 수도 있을 것만 같아
난 전혀 몰랐네 내가
무언가를 이렇게까지 갈망할 수 있을지는
하지만 사실이라네...

˝우리의 교회˝ 영화 속의 온화한 신부 역할

바로 이장면!*

DE LA CRUZ (FILM CLIP) You must have faith, sister.

NUN (FILM CLIP) Oh but **Padre**, he will never listen.

DE LA CRUZ (FILM CLIP) He will listen... to MUSIC!
(singing)
ONLY A SONG
ONLY A SONG
HAS THE POWER TO CHANGE A HEART...

Miguel **loses himself in** the music.

DE LA CRUZ (FILM CLIP) Never **underestimate** the power of music...

Miguel's tune **intertwines** with the melodies on the **TV set**. The clip jumps **forward**:

델라 크루즈 (영상) 믿음을 가져야만 해요. 자매님.

수녀 (영상) 네 그렇지만 신부님. 그는 절대 귀 기울이지 않을 거예요.

델라 크루즈 (영상) 그는 귀 기울이실 거예요...
음악에!
(노래)
노래만이
노래만이
마음을 변화시킬 힘이 있네...

미구엘이 음악에 푹 빠져든다.

델라 크루즈 (영상) 음악의 힘을 절대 과소평가하지 말아요...

미구엘의 노래가 TV에서 나오는 멜로디와 뒤섞인다. 영상이 앞 장면으로 건너뛴다:

---

in the air 공중에, (어떤) 기온이 감도는
reach out 손을 뻗다
good-natured 온화한, 부드러운
priest 사제, 신부, 성직자
NUESTRA [스페인어] 우리의, 우리의 것 (영어의 our, ours)
IGLESIA [스페인어] 교회 (영어의 church)
padre [스페인어] 아버지, 신부/성직자를 부를 때 쓰는 호칭 (영어의 father)
lose oneself in something ~에 몰두하다, 넋을 잃다

underestimate 과소평가하다
intertwine 뒤얽히다, 엮다,
TV set 텔레비전 수상기
forward 앞으로

LOLA (FILM CLIP) But my father, he will never give his **permission**.

롤라 (영상) 하지만 신부님, 그는 절대 허락하지 않을 거예요.

DE LA CRUZ (FILM CLIP) I am done asking permission. When you see your moment you mustn't let it **pass** you **by**, you must seize it!

델라 크루즈 (영상) 난 더 이상 허락을 구하지 않는답니다. 당신의 순간을 마주하게 되면, 그 순간이 그냥 지나가게 두면 절대 안 돼요. 꼭 붙잡아야만 해요!

The tape ends with an interview clip.

테이프가 인터뷰 영상과 함께 끝난다.

INTERVIEWER (FILM CLIP) **Señor** de la Cruz, what did it take for you to seize your moment?

인터뷰 진행자 (영상) 델라 크루즈 씨, 당신의 순간을 잡기 위해 당신은 무엇을 해야만 했나요?

DE LA CRUZ (FILM CLIP) I had to have faith in my dream. No one was going to **hand** it to me. It was up to me to reach for that dream, grab it tight, and make it come true.

델라 크루즈 (영상) 내 꿈에 대한 믿음을 가져야만 했죠. 그 누구도 나에게 그냥 꿈을 이루어줄 리는 없으니까요. 꿈을 향해 손을 뻗고, 그것을 꽉 붙잡고, 그 꿈을 이루는 것은 나만이 할 수 있는 일이기 때문이죠.

MIGUEL ...and make it come true.

미구엘 …그리고 그것을 이루는 것.

The tape ends. The words sink into Miguel. He reaches for the flyer for the plaza "TALENT SHOW."

테이프가 끝난다. 델라 크루즈가 한 말이 미구엘에게 깊이 박힌다. 미구엘이 광장에서 열리는 "징기 자랑" 전단을 잡으려고 손을 뻗는다.

MIGUEL No more hiding, Dante. I gotta seize my moment!

미구엘 더 이상 숨지 않을 거야, 단테. 난 나의 순간을 잡아야만 해!

Dante wags his tail, **panting** happily.

단테가 즐겁게 헥헥대며 꼬리를 흔든다.

MIGUEL (CONT'D) I'm gonna play in Mariachi Plaza **if it kills me!**❶

미구엘 (계속) 죽는 한이 있더라도 난 마리아치 광장에서 연주할 테야!

CUT TO:
EXT. RIVERA COMPOUND – SUNSET

장면 전환:
외부. 리베라 공장 구내 – 해 질 녘

Children run by with **sparklers** as Abuelita opens the doors the family compound.

할머니가 가족 공방 문을 여는데 아이들이 작은 폭죽을 들고 뛰어간다.

---

permission 허락

pass by 옆으로 지나다, 지나치다

señor [스페인어] 남자, 신사 (영어의 man, gentleman, sir)

hand 건네다

pant (숨을) 헐떡이다

sparkler (손에 들고 터뜨리는 작은) 폭죽

❶ If it kills me...
죽는 한이 있더라도, 무슨 일이 있더라도…
이 문구를 직역하면 '이것이 만약 나를 죽일지라도'이지만 조금 더 자연스러운 해석은 '죽는 한이 있더라도'랍니다. 예를 들어, I will marry her if it kills me. '죽는 한이 있더라도/무슨 일이 있더라도 난 그녀와 결혼하고 말 것이야' 이렇게 쓰지요.

ABUELITA Día de los Muertos has begun!

In the courtyard, two **TODDLER** COUSINS **haphazardly scatter** marigold petals from their baskets.

MAMÁ   No, no, no, no, no.

Mamá corrects them, creating a path from the ofrenda room to the front gate.

MAMÁ (CONT'D)   We have to **make a** clear **path**. The petals **guide** our ancestors home. We don't want their **spirits** to **get lost**. We want them to come, and enjoy all the food and drinks on the ofrenda, sí?

As Mamá teaches, Miguel and Dante sneak across the roof and drop to the **sidewalk** outside the compound, Miguel **clutching** his guitar.

Suddenly Tío Berto and Papá round the corner **carrying** a small table from **storage**.

PAPÁ   Mamá, where should we put this table?

Miguel and Dante back up to avoid the adults, only to find Abuelita **sweeping** the sidewalk behind them! Miguel and Dante jump into the back into the Rivera courtyard before she sees them.

ABUELITA In the courtyard, mijos.

PAPÁ   You want it down by the kitchen?

ABUELITA Sí. Next to the other one.

할머니   죽은 자의 날이 시작되었다!

안뜰에서, 아장아장 걷는 사촌 둘이 바구니에서 금잔화 꽃잎을 아무렇게나 막 흩뿌린다.

엄마   아니, 아니, 아니, 아니, 안 돼.

엄마가 오프렌다에서 정문까지 길을 만들어 주며 그들을 다시 가르친다.

마마 (계속)   길을 분명하게 내야 해. 꽃잎들이 우리 조상님들이 집으로 올 수 있도록 인도해 준단다. 그들의 영혼이 길을 잃으면 안 되잖니. 그분들께서 오셔서 제단에 있는 모든 음식과 음료를 즐기시길 원하지. 그지?

엄마가 가르치는 동안, 미구엘과 단테가 지붕을 몰래 가로질러 공방 밖에 있는 인도로 뛰어내린다. 미구엘의 기타를 꽉 움켜잡고 있다.

갑자기 베르토 삼촌과 아빠가 창고에서 작은 탁자를 들고나와서 모퉁이를 돌고 있다.

아빠   어머니, 이 탁자는 어디에 놓을까요?

미구엘과 단테가 어른들을 피하기 위해 뒤로 물러서는데, 설상가상으로 그 뒤쪽엔 골목길을 쓸고 있는 할머니가 있다! 미구엘과 단테가 그들에게 발각되기 전에 다시 리베라 안뜰로 뛰어들어간다.

할머니   안뜰에 놔라, 얘들아.

아빠   주방 옆에 놓을까요?

할머니   그래, 다른 탁자 옆에다 둬라.

---

toddler 걸음마를 배우는 아이, 유아

haphazardly 우연히, 무턱대고

scatter (흩)뿌리다

make apath 길을 내다

guide (어떤 주제에 대한 정보, 조언 등을 제공하는) 안내/서, 가이드

spirit 영혼

be/get lost 길을 잃다, 행방불명이 되다

sidewalk 보도, 인도

clutch 와락/꽉 움켜잡다

carry 들고 있다, 나르다, 휴대하다

storage 창고

sweep 쓸다

A Rivera, a Shoemaker

리베라 자손은 신발 장인

🎧 06.mp3

INT. OFRENDA ROOM

Miguel **backs out** of the courtyard and into the family ofrenda room. Nearly **cornered**, he **ushers** Dante past a sleeping Mamá Coco. He **stashes** the dog and the guitar under the ofrenda table.

MIGUEL Get under, get under!

ABUELITA (O.S.) Miguel!

Miguel **straightens up** to notice the doorway of the ofrenda room darkened by three **figures**.

MIGUEL Nothing!

His Abuelita and parents stare straight at him. **A pit grows in his stomach;❶** he's been caught.

MIGUEL (CONT'D) Mamá – Papá, I –

Papá lifts his finger to silence his son.

바로 이장면! *

PAPÁ Miguel... (beat) Your Abuelita had the most wonderful idea!
(beat) We've all decided – it's time you joined us in the workshop!

Abuelita hands Papá a leather apron, which he hangs over Miguel's shoulders.

내부. 오프렌다

미구엘이 뜰에서 나와 가족 오프렌다로 들어간다. 거의 구석으로 몰려서, 주무시는 코코 할머니를 지나 단테를 데리고 간다. 미구엘이 단테와 기타를 제단 테이블 밑으로 숨긴다.

미구엘 밑으로 들어가, 밑으로!

할머니 (화면 밖) 미구엘!

미구엘이 세 사람으로 어두워진 오프렌다의 출입구 쪽을 보기 위해 자세를 바로잡는다.

미구엘 아무 것도 아니에요!

그의 할머니와 부모님이 그를 뚫어지게 응시한다. 들킬까 봐 긴장한다.

미구엘 (계속) 엄마 – 아빠, 저는 –

아빠가 그의 아들에게 손가락을 들어 조용히 하라는 행동을 취한다.

아빠 미구엘... (정적) 할머니가 정말 멋진 아이디어를 내셨단다! (정적) 우리 모두 결정했어 – 이젠 너도 공방에서 일할 때가 되었다고!

할머니가 아빠에게 가죽 앞치마를 건네고, 그가 그것을 미구엘의 어깨에 걸친다.

---

back out 물러서다, (일에서) 빠지다
cornered 구석에 몰린, 진퇴양난의
usher 안내하다, 좌석 안내원
stash (안전한 곳에) 넣어두다, 숨기다
get under 밑에 들어가다, 밑에 숨다
straighten up ~을 정리하다, 자세를 똑바로 하다
figure 인물, (흐릿하게 보이는) 사람, 형상

❶ A pit grows in his stomach.
그가 점점 더 긴장한다.
원래 pit of one's stomach이라는 표현이 있는데 '두려움이나 긴장감을 느끼는 곳'이라고 해석할 수 있어요. 이 문장에서는 원래의 표현을 약간 변형해서 pit이 자라나고 있다고 표현했네요.

MIGUEL   What?!

미구엘 네?!

PAPÁ   No more shining shoes – you will be making them! Every day after school!

아빠 이제 구두닦이는 안 해도 돼 – 네가 신발을 만드는 거야! 방과 후 매일!

Abuelita shuffles toward Miguel squealing. She squeezes his cheeks, full of pride.

할머니가 꺅 소리 지르는 미구엘에게 느릿느릿 다가선다. 그녀가 자랑스러워하며, 그의 뺨을 꼬집는다.

ABUELITA   Our Migueli-ti-ti—ti-to carrying on the family tradition! And on Día de los Muertos! Your ancestors will be so proud!

할머니 우리 미구엘 귀염둥이가 우리 가족의 전통을 이어가는구나! 그것도 죽은 자의 날에 말이다! 조상님들께서 정말 뿌듯해하실 거야!

She gestures to the shoes **adorning** the ofrenda.

그녀가 제단에 장식된 신발을 가리킨다.

ABUELITA (CONT'D)   You'll craft **huaraches** just like your **Tía** Victoria.

할머니 (계속) 너도 이제 빅토리아 고모하고 똑같이 가죽끈 샌들을 만들게 되는 거야.

PAPÁ   And **wingtips**, like your Papá Julio—

아빠 훌리오 할아버지처럼 윙팁스 구두도 만들 거고 –

Miguel crosses away from the ofrenda.

미구엘이 제단에서 멀리 움직인다.

MIGUEL   But **what if I'm no good at making shoes?**❶

미구엘 하지만 제가 만약 신발 만드는데 소질이 없다면요?

PAPÁ   Ah, Migue... You have your family here to guide you...
(beat) You are a Rivera. And a Rivera is...?

아빠 아, 미게... 너를 이끌어 줄 네 가족이 여기 있잖니... (정적) 넌 리베라의 자손이야. 리베라는 무엇이나 하면...?

MIGUEL   ...A shoemaker. **Through and through.**

미구엘 ...신발 장인이죠. 뼛속 깊은 곳까지.

Papá **swells**.

아빠의 감정이 벅차오른다.

PAPÁ   That's my boy! (calling out) Berto, break out the good stuff, I wanna **make a toast!**

아빠 역시 우리 아들이야! (크게 외치며) 베르토, 좋은 것들 좀 내 와봐, 건배를 해야겠어!

---

adorn 꾸미다, 장식하다

huarache 가죽끈 샌들

tía [스페인어] 고모, 이모

wingtips 윙팁스 (끈으로 묶는 가죽 신발)

through and through 하나부터 열까지, 철저하게

swell (강렬한 감정으로) 가득하다/부풀다/벅차다

make a toast 건배하다, 축배를 들다

❶ **What if I'm no good at making shoes?**
내가 신발 만드는데 소질이 없으면 어떻게 하죠?
What if는 '만약에 ~한다면 (그런 경우엔) 어떻게 하지?', 혹은 '~이라면 어떻게 될까?'의 의미로 쓰이는 패턴 표현이에요. 예를 들어, What if he doesn't like me? '그가 만약 날 안 좋아하면 어떻게 하지?' 이렇게 쓰지요.

Papá heads out of the room. Mamá follows. Last is Abuelita, who **smothers** Miguel with tons of kisses as she leaves.
With the family gone, Miguel **deflates**.
Suddenly, a noise comes from the ofrenda. Miguel turns to find Dante on the bottom **tier**, licking a plate of **mole to his heart's content**. Miguel is horrified!

MIGUEL　　　Dante! No, Dante, stop!

Miguel pulls the dog away from the ofrenda, but the table shakes. The frame with Mamá Imelda's photo sways back and forth, then **topples** to the ground with a **sickening crack**.

MIGUEL (CONT'D) No, no, no, no, no! No...

Miguel picks up the old photo of Mamá Imelda, which **unfolds** to **reveal** another portion, hidden all these years; the man with no face is revealed to be holding a familiar **skull-headed** guitar.

MIGUEL　　　De la Cruz's guitar...?

MAMÁ COCO　　Papá?

Miguel turns, startled. Mamá Coco points a **crooked** finger at the picture in his hand.

MAMÁ COCO (CONT'D)　Papá?

Miguel's eyes go wide as the connection **dawns on** him. Could it possibly be true?

MIGUEL　　　Mamá Coco, is your papá... Ernesto de la Cruz?

MAMÁ COCO　Papá! Papá!

아빠가 방에서 나간다. 엄마가 그 뒤를 따른다. 마지막으로 할머니는, 키스 세례로 미구엘을 숨막히게 하며 떠닌다.
가족이 나간 후, 미구엘은 풀이 죽었다.
갑자기, 오프렌다에서 소음이 들린다. 미구엘이 돌아보니 단테가 맨 아래 단에서 접시에 담긴 소스를 마구 핥고 있다. 미구엘은 경악한다!

미구엘 단테! 안 돼, 단테, 멈춰!

미구엘이 오프렌다에서 단테를 잡아 빼는데 탁자가 흔들린다. 이멜다 할머니의 사진이 담긴 액자가 앞뒤로 요동치다가 끔찍하게 갈라지는 소리를 내며 바닥에 떨어진다.

미구엘 (계속) 아냐, 안 돼, 안 돼, 안 돼, 안 돼 안 돼...

미구엘이 이멜다 할머니의 오래된 사진을 집어 올리는데, 오랜 세월 동안 가려져 있던 한쪽 부분이 펼쳐진다: 얼굴이 없는 남자가 익숙한 해골 머리를 한 기타를 들고 있는 모습이 보인다.

미구엘 델라 크루즈의 기타...?

코코 할머니 아빠?

미구엘이 놀라서 돌아본다. 코코 할머니가 구부러진 손가락으로 그의 손에 있는 사진을 가리킨다.

코코 할머니 (계속) 아빠?

미구엘이 그 둘의 연관성을 깨달으며 그의 눈이 휘둥그레진다. 이것이 과연 사실일까?

미구엘 코코 할머니, 할머니의 아빠가... 에르네스토 델라 크루즈?

코코 할머니 아빠! 아빠!

---

smother (지나친 애정, 과보호 등으로) 숨 막히게 하다
deflate (타이어, 풍선 등의) 공기를 빼다, 기를 꺾다
tier (여러 줄의) 줄/단, (조직, 시스템에서) 단계
mole 몰레, 멕시코 요리 소스
to one's heart's content 흡족하게, 실컷
topple 넘어지다, 넘어뜨리다
sickening 역겨운, 소름 끼치는
crack 갈라지다, 금이 가다, (갈라진) 금

unfold 펴다/펼치다, (서서히) 밝혀지다
reveal 드러내다, 밝히다
skull-headed 해골 머리의
crooked 비뚤어진, 구부러진
dawn on ~에게 분명해지다, 깨닫게 되다

CUT TO:
INT. ROOFTOP HIDEOUT

Miguel goes to his secret ofrenda, to the record album of Ernesto de la Cruz. He compares the guitar in the family photo with the guitar on the **sleeve**. An **exact match**!

MIGUEL   Ha, ha!

EXT. ROOFTOP
Miguel runs to **the edge of the roof**, **overlooking** the courtyard, photo in one hand, guitar in the other.

MIGUEL   Papá! Papá!

His parents stop, looking up at Miguel.

MIGUEL (CONT'D) It's him! I know who my great-great grandfather was!

MAMÁ   Miguel! Get down from there!

MIGUEL   Mamá Coco's father was Ernesto de la Cruz!

PAPÁ   What are you talking about?

Miguel **whips** off his shoemaker's apron, **striking a pose** with the guitar.

MIGUEL   I'm gonna be a musician!

CUT TO:
EXT. COURTYARD – EARLY EVENING

Miguel's guitar is **cast at his feet**, along with his de la Cruz albums. The whole family **encircles** the boy.

장면 전환:
내부. 지붕 위의 은신처

미구엘이 그의 비밀 제단, 에르네스토 델라 크루즈의 앨범을 향해 간다. 그가 음반 커버에 있는 기타와 가족사진 속의 기타를 비교해 본다. 정확하게 일치한다!

미구엘 하, 해

외부. 지붕
미구엘이 지붕 끝으로 뛰어가서 한 손에는 사진을, 다른 손에는 기타를 들고 뜰을 내려다본다.

미구엘 아빠! 아빠!

그의 부모님이 멈추고, 미구엘을 올려다본다.

미구엘 (계속) 그 사람이에요! 전 제 고조할아버지가 누구였는지 알아요!

엄마 미구엘! 거기서 내려와!

미구엘 코코 할머니의 아버지는 에르네스토 델라 크루즈였어요!

아빠 너 무슨 소리를 하는 거니?

미구엘이 구두장이 앞치마를 확 벗어버리고, 기타를 들고 포즈를 취한다.

미구엘 전 음악가가 될 거예요!

장면 전환:
외부. 뜰 – 초저녁

미구엘의 기타가 그의 델라 크루즈 음반과 함께 그의 발 앞에 던져져 있다. 가족 모두가 그를 둘러싼다.

---

sleeve 소매, 음반의 재킷/커버
exact 정확한
match 아주 잘 어울리는 사람/것
the edge of the roof 지붕 가장자리
overlook 간과하다, 바라보다, 내려다보다
whip off (옷 등을) 홱 벗다
strike a pose 포즈/자세를 취하다
(be) cast 힘껏 던지다, 내던지다

at his feet 발밑에/앞에
encircle 〈격식〉 (둥글게) 둘러/에워싸다

39

ABUELITA	What is all this? You **keep secrets from** your own family?	할머니 이게 다 뭐야? 넌 네 가족에게 비밀을 숨기니?
TÍO BERTO	It's all that time he spends in the plaza...	베르토 삼촌 광장에서 보낸 그 많은 시간들이 다 비밀이군…
TÍA GLORIA	...Fills his head with crazy fantasies!	글로리아 고모 …광적인 환상으로 머릿속이 가득 찼군!
MIGUEL	It's not a **fantasy**!	미구엘 환상이 아니에요!

Miguel hands Papá the photo and points to the skull guitar.

미구엘이 아빠에게 사진을 건네며 해골 기타를 가리킨다.

MIGUEL (CONT'D) That man was Ernesto de la Cruz! The greatest musician of all time!	미구엘 (계속) 이 남자가 에르네스토 델라 크루즈 였어요! 역대 가장 위대한 음악가!
PAPÁ We've never known anything about this man. But whoever he was, he still **abandoned** his family. This is no future for my son.	아빠 우린 이 사람에 대해서 전혀 모르고 살았단 다. 하지만 그가 누구였든 간에, 그는 가족을 버렸 어. 내 아들의 미래는 절대 그래서는 안 돼.
MIGUEL But Papá, you said my family would guide me! Well, de la Cruz IS my family! I'm supposed to play music!	미구엘 하지만 아빠, 아빠가 내 가족이 나를 이끌 어줄 거라고 했잖아요! 델라 크루즈는 바로 우리 가족이에요! 난 원래 음악을 해야만 하는 사람이라 고요!
ABUELITA Never! That man's music was a **curse**! I will not **allow** it!	할머니 절대 안 돼! 그 인간의 음악은 저주였어! 절대 허락 못해!
MIGUEL If you would just let–	미구엘 제발 좀 한 번만이라도 –
MAMÁ (warning) Miguel–	엄마 (경고하며) 미구엘–
PAPÁ You will listen to your family. No more music.	아빠 가족들 얘기 들어. 음악은 더 이상 안 돼.
MIGUEL Just listen to me play—	미구엘 제가 연주하는 것을 한 번 듣기라도 –
PAPÁ End of argument.❶	아빠 이제 그 얘긴 그만.

Miguel lifts his guitar to play when Abuelita **snatches** the instrument away. She points to the man in the photo.

미구엘이 연주하려고 기타를 들자 할머니가 기타를 잡아챈다. 그녀가 사진 속의 남자를 가리킨다.

---

keep a secret from ~에게 비밀을 숨기다
fantasy (기분 좋은) 공상/상상
abandon 버리다, 유기하다
curse 저주, 욕, 악담
allow 허락하다, 용납하다
snatch 와락 붙잡다, 잡아채다

❶ End of argument!
논쟁 끝! / 더 이상 왈가왈부하지마!
상대방과 논쟁을 하거나 다투다가 더 이상
토를 달거나 왈가왈부하지 말라고 할 때
쓰는 표현인데, '그만 거기까지!'라고 해석할
수도 있겠네요. 비슷한 상황에서 End of
discussion! 이라고 써도 좋아요.

ABUELITA You want to end up like that man? Forgotten? **Left off** your family's ofrenda?!

MIGUEL I don't care if I'm on some stupid ofrenda!

Gasps from the family. Abuelita's brow **hardens**. She lifts the guitar in the air.

MIGUEL No!

PAPÁ Mamá...

Abuelita smashes it **to bits**!

ABUELITA There. No guitar, no music.
(**softening**) Come. You'll feel better after you eat with your family.

She reaches out to **comfort** Miguel, but he is **hurt beyond repair**.

MIGUEL I don't wanna be in this family!

He snatches the photo from Papá and **bolts out** of the **hacienda**.

PAPÁ Miguel! MIGUEL!

할머니 너 저 남자처럼 되고 싶니? 잊혀지고 싶어? 가족 제단에서 제외되고 싶으냐고?!

미구엘 내 얼굴이 바보 같은 제단에 있건 말건 난 관심 없어요!

모두 놀라 헉 소리를 낸다. 할머니의 눈썹이 굳어진다. 그녀가 기타를 허공 위로 들어 올린다.

미구엘 안 돼요!

아빠 어머니…

할머니가 기타를 산산조각 낸다!

할머니 자 이제 기타도 없으니, 음악도 없다. (누그러지며) 이리 오거라. 식구들과 같이 식사를 하면 기분이 나아질 거야.

그녀가 미구엘을 위로하기 위해 다가가지만, 그는 이미 돌이킬 수 없는 상처를 입었다.

미구엘 난 이 가족의 일원이 되고 싶지 않아요!

그가 아빠에게서 사진을 잡아채고 집에서 뛰쳐나간다.

아빠 미구엘 미구엘!

---

be left off 제외되다

harden 굳다, 경화되다

to bits 산산이, 조각조각

soften 부드러워지다, 유연해지다

comfort 위로/위안하다

hurt 다치게/아프게 하다, 아프다

beyond repair 수리할 수 없을 정도로, 다시 복구하기 어려울 정도로

bolt out 급작스럽게 떠나다, 급히 도망치다

hacienda [스페인어] 농장

In Need of a Guitar
기타가 필요해

🎧 07.mp3

EXT. SIDE STREET
Miguel **bursts out of** the compound, **desperate** to get away. Dante, nose **buried in** a trash bag, hears Miguel and **chases after** him. Miguel runs past a poster for the plaza "TALENT SHOW."

외부. 골목
미구엘은 벗어나고 싶은 절박함에 뛰어나간다. 단테는, 쓰레기봉투에 코를 박고 있다가, 미구엘의 소리를 듣고 그의 뒤를 따른다. 미구엘이 광장의 "장기자랑" 포스터 옆을 지나 뛰어간다.

EXT. MARIACHI PLAZA – EVENING
Miguel **approaches** a STAGE MANAGER in the **gazebo.**

외부. 마리아치 광장 – 저녁
미구엘이 정자에 있는 무대 감독에게 다가간다.

바로 이장면!*

MIGUEL   I wanna play in the plaza. Like de la Cruz! Can I still sign-up?

미구엘 저도 광장에서 연주하고 싶어요. 델라 크루즈처럼요! 아직 참가할 수 있나요?

STAGE MANAGER You got an instrument?

무대 감독 악기는 있니?

MIGUEL   No... But if I can borrow a guitar–

미구엘 아뇨… 하지만 기타를 빌릴 수만 있다면 –

STAGE MANAGER Musicians gotta bring their own instruments... (walking away) You find a guitar, kid, I'll **put you on the list.**

무대 감독 연주를 하려면 자기 악기를 가져와야 해… (멀어지며) 기타를 구해 오렴, 얘야. 그러면 참가시켜 줄게.

MIGUEL looks **distraught.**

미구엘이 몹시 심란해 보인다.

MOMENTS LATER:
Miguel approaches any musician he can find.

잠시 후:
미구엘이 아무 음악가들에게나 다가간다.

MIGUEL   Excuse me, can I borrow your guitar?

미구엘 실례지만, 기타 좀 빌릴 수 있을까요?

MUSICIAN #1   Sorry, muchacho.

음악가 #1 미안, 얘야.

CUT TO:

장면 전환:

---

burst out of ~에서 뛰어나오다
desperate 자포자기한, 필사적인
bury in ~에 파묻히다/몰두하다
chase after ~을 쫓다
approach 다가가다
stage manager 무대 감독
gazebo (정원의) 정자
put someone on the list 명단에 올리다

distraught (흥분해서) 제정신이 아닌, 심란한

MIGUEL You guys have a spare guitar?	**미구엘** 혹시 기타 남는 거 있나요?
MUSICIAN #2 No.	**음악가 #2** 아니.
CUT TO:	장면 전환:
MIGUEL I need a guitar, just for a little bit–	**미구엘** 기타가 필요해요. 아주 잠시만–
MUSICIAN #3 **Get outta here,**❶ kid!	**음악가 #3** 저리 가, 꼬맹아!
Disheartened, Miguel walks away. He finds himself facing the statue of de la Cruz.	낙심하여, 미구엘은 자리를 뜬다. 걷다 보니 델라 크루즈 동상이 그의 앞에 있다.
MIGUEL Great-great grandfather... What am I supposed to do?	**미구엘** 고조할아버지… 전 이제 어떻게 해야 하나요?

No answer. Miguel's gaze falls on a **plaque** at the base of the statue that reads "Seize Your Moment!" Miguel looks at the photo in his hand. He moves his thumb to reveal the skull head guitar. Then, a firework illuminates the skull head guitar that the statue holds. Miguel gets an idea.

답이 없다. 미구엘의 눈이 동상 아래쪽에 "네 순간을 잡아라!"라고 쓰여 있는 명판 위에 머문다. 미구엘이 그의 손에 있는 사진을 본다. 엄지손가락을 치우니 해골 머리 기타가 보인다. 그 순간, 폭죽이 터지면서 동상이 들고 있는 해골 머리 기타를 밝게 비춘다. 미구엘에게 좋은 생각이 떠오른다.

EXT. CEMETERY – MOMENTS LATER

외부. 공동묘지 – 잠시 후

A sea of candles and flowers, families gathered at graves.
Miguel sneaks through the cemetery unnoticed, slipping from one shadow to the next.
Dante suddenly catches up to Miguel. He barks **excitedly**.

무수한 초와 꽃들, 가족들이 무덤 앞에 모여 있다. 미구엘이 그림자 속으로 몰래 숨어들면서, 들키지 않고 공동묘지에 잠입했다. 단테가 갑자기 미구엘을 따라잡는다. 그가 흥분해서 짖는다.

MIGUEL No, no, no, no, no, Dante stop! **Cállate!** Shhh!	**미구엘** 아니, 아니, 아니, 아니, 안 돼. 단테 멈춰! 조용히 해! 쉬!

Miguel swipes a chicken leg off a neighboring grave, and **chucks** it. Dante **bounds** after the food.

미구엘이 옆에 있는 무덤에서 닭다리 하나를 슬쩍 해서 던진다. 단테가 그쪽으로 뛰어간다.

---

dishearten 낙담하게 하다

plaque 명판

a sea of 수많은, 무수한, 끝이 없는

excitedly 흥분하여, 격분하여

cállate [스페인어] 조용히 해! 닥쳐! (영어의 Shut up!)

chuck (아무렇게나) 던지다, 그만두다

bound (특히 신이 나서) 껑충껑충 달리다

❶ **Get outta here!** 꺼제! / 말도 안 돼!
이 표현을 정확하게 표기하면 Get out of here!인데 구어체에서 약식으로 표기할 때 이렇게 out of 부분을 outta라고 쓰고 '아우러'라고 발음합니다. 이 표현의 의미는 말 그대로 '여기서 나가, 저리 가, 꺼져'인데, 상대방이 뭔가 놀라운, 혹은 믿기 어려운 이야기를 할 때 '말도 안 돼! 웃기지 마!'라는 의미가 되기도 합니다.

EXT. DE LA CRUZ'S MAUSOLEUM

Miguel **slinks** around the side of the tomb. He looks in one of the windows. Inside, the famous guitar hangs above the **crypt**. Fireworks pop; bursts of light **glint** off the instrument. It seems to **beckon** him. He tries the window but it's locked.

More fireworks shoot into the sky.

<u>MIGUEL</u>   I'm sorry...

Timing to the explosions, Miguel throws his shoulder into the **rusted-shut** window **pane** and forces it open with a scraping KRRRR-LAKK! He slinks inside the tomb.

INT. DE LA CRUZ'S MAUSOLEUM

Miguel drops down to the mausoleum floor. The noise from outside is **muffled**. He climbs onto the crypt, slightly moving the lid. He **stifles** a gasp.
He crawls over the marble **sarcophagus** and comes face-to-face with the famed guitar. Miguel wipes away a layer of dust, revealing the **rich** painted wood beneath. He looks up to the portrait of de la Cruz.

<u>MIGUEL</u>   Señor de la Cruz? Please, don't be mad. I'm Miguel, your great-great grandson... I need to borrow this.

Heart in his throat, Miguel lifts the guitar off its **mount**. **Unbeknownst to** him, some marigold petals in the mausoleum begin to **sparkle**.

<u>MIGUEL (CONT'D)</u> Our family thinks music is a curse. None of them understand, but I know you would have. You would've told me to follow my heart. To seize my moment!

외부. 델라 크루즈의 묘
미구엘이 무덤 옆으로 슬그머니 다가선다. 창문 안을 들여다본다.
안을 보니, 지하실 위에 그 유명한 기타가 걸려 있다. 폭죽이 터진다: 터지는 빛들이 기타에서 반짝인다. 마치 그에게 손짓하는 듯하다. 그가 창문을 통해 들어가려는데 자물쇠가 채워져 있다.

더 많은 폭죽이 하늘로 올라간다.

미구엘 죄송해요…

폭죽이 터지는 시간에 맞춰, 미구엘이 어깨를 부딪쳐 녹이 슨 상태로 닫혀진 유리 창문을 크르르-락 소리를 내며 깬다! 그는 묘지로 슬그머니 들어간다.

내부. 델라 크루즈의 묘

미구엘이 묘의 바닥에 떨어진다. 밖에서 나는 소음이 작게 들린다. 그가 제단에 올라서자, 뚜껑이 살짝 움직인다. 헉 소리를 겨우 삼킨다.
그는 대리석관 위로 기어올라 그 유명한 기타와 마주한다. 미구엘이 기타 위에 쌓인 먼지 더미를 닦아내자, 아래로 두껍게 색칠한 나무가 나타난다. 그가 델라 크루즈의 초상을 올려다본다.

미구엘 델라 크루즈 씨? 제발 화를 내지는 말아주세요. 전 미구엘이에요. 당신의 손지의 손자라고요… 제가 이걸 좀 빌려야겠어요.

흥분해서, 미구엘이 기타를 전시판에서 떼어낸다. 그는 눈치채지 못했지만, 묘 안에 있던 금잔화 꽃잎들 몇 개가 반짝이기 시작한다.

미구엘 (계속) 우리 가족은 음악이 저주라고 생각해요. 아무도 저를 이해하지 못해요. 하지만 아마 당신이 살아계셨다면 이해하셨을 거예요. 내 마음이 진정으로 원하는 일을 하라고 하셨을 거고요. 내 순간을 잡으라고!

---

slink 슬그머니 움직이다

crypt (과거 묘지로 쓰이던 교회) 지하실

glint (작게) 반짝거리다

beckon (손짓으로) 부르다

rusted-shut 많이 녹슨 상태로 닫혀버린

pane 판유리

muffle (소리를) 죽이다

stifle 억누르다, 억압하다

sarcophagus 석관

rich 진한, 호화로운

have one's heart in one's throat/mouth 몹시 놀라다

mount (전시품을 세우는) 판, 대

unbeknownst to ~가 모르게

sparkle 반짝이다, 광채가 나다

He backs up, **in full view of** the painting.

MIGUEL (CONT'D)   So if it's all right with you, I'm gonna play in the plaza, just like you did!

Confidence building, he strums it once.
The air around him vibrates — **radiating** like a **shock wave**.

The petals on the ground whirl and **surge** with light for just a moment. Miguel is visibly **taken aback**. What just happened? Suddenly, a flashlight shines in the window of the mausoleum.

VOICES (O.S.)   The guitar! It's gone! Somebody stole de la Cruz's guitar! The window's broken, look.

Miguel hears keys jangling and the door unlocking.
A **GROUNDSKEEPER** enters with a flashlight.

GROUNDSKEEPER   Alright, who's in there?

Startled, Miguel puts down the guitar.

MIGUEL   I... I'm sorry! **It's not what it looks like!**❶ De la Cruz is my...

The groundskeeper walks straight through Miguel! He doesn't even see him!

GROUNDSKEEPER   There's nobody here!

그가 뒤로 물러서, 초상화 앞에 선다.

미구엘 (계속) 그래서 당신만 괜찮으시다면, 제가 광장에서 연주하려고요, 당신이 하셨던 것처럼요!

자신감이 생기면서, 그가 기타를 한 번 쳐 본다. 그의 주변의 공기가 진동한다 - 충격파가 뿜어져 나오는 것처럼.

바닥에 있던 꽃잎들이 빙빙 돌며 순간적으로 빛에 휩감긴다. 미구엘이 눈에 띄게 놀란다. 방금 무슨 일이 있었던 거지? 갑자기, 묘의 창문에서 손전등이 비친다.

목소리들 (화면 밖) 기타! 없어졌네! 누군가 델라 크루즈의 기타를 훔쳤어! 창문이 부서졌네, 봐봐.

미구엘이 열쇠뭉치가 땡그렁 거리며 문이 열리는 소리를 듣는다. 관리인이 손전등을 들고 들어온다.

관리인 자, 거기 누구 있소?

놀라서, 미구엘이 기타를 내려 놓는다.

미구엘 죄...죄송해요! 보시는 것과는 좀 다른 상황이에요! 델라 크루즈가 제...

관리인이 미구엘을 그대로 통과하며 걸어간다. 그의 눈에 미구엘은 보이지도 않는다!

관리인 여긴 아무도 없군!

---

in full view of 바로 앞에서
build confidence 자신감을 세우다
radiate (열, 빛, 에너지 등을) 내뿜다
shock wave 충격파, 쇼크웨이브
surge 밀려들다, (강한 감정이) 치밀어 오름
taken aback 깜짝 놀란
groundkeeper (공원, 구장의) 관리인

❶ **It's not what it looks like!**
보이는 것과는 달라요!
오해의 소지가 있을 때 '그게 아니에요!'라고 해명할 때 쓰는 표현이에요. 눈으로 보기엔 지금의 상황이 유쾌한 상황이 아닌 것으로 보일지 모르지만 사실 알고 보면 그렇지 않다고 외치는 것이지요.

A Boy, Neither Dead Nor Alive
죽은 것도 아니고, 산 것도 아닌 소년

🎧 08.mp3

EXT. CEMETERY – NIGHT
A **panicked** Miguel runs out, trying to **figure out** what's going on!
But the people in the **cemetery** walk through him too.
Suddenly he hears a **familiar** voice.

MAMÁ   Miguel!

Miguel turns to see Papá and Mamá still searching for him.

MIGUEL   Mamá!

PAPÁ   Miguel! Come home!

He reaches for his parents, but goes straight through them.

PAPÁ   Where are you, Miguel?!

Frantic, Miguel **trips and falls** into an open grave. A nearby woman
gasps and **peeks over** the **ledge** of the grave.

WOMAN   Dios mío! Little boy, are you okay?

She reaches into the grave.

WOMAN (CONT'D) Here, let me help you.

Miguel takes her hand and she pulls him out.

MIGUEL   Thanks, I–

They see each other face to face. The woman is a **skeleton**!
Miguel **screams**! She does too!

외부. 공동묘지 – 밤
공포에 휩싸인 미구엘이 뛰쳐나와, 도대체 지금 무슨 일이 벌어지고 있는 건지 파악하려고 한다! 하지만 공동묘지에 있는 사람들도 모두 그를 통과하며 걸어간다.
갑자기 어디선가 귀익은 목소리가 들린다.

엄마 미구엘!

미구엘이 뒤돌아 아빠와 엄마가 여전히 그를 찾고 있는 모습을 본다.

미구엘 엄마!

아빠 미구엘! 집으로 와!

그가 그의 부모님에게 손을 뻗지만, 손이 그들을 그냥 통과해 버리고 만다.

아빠 어디 있는 거니, 미구엘?!

미구엘이 정신없이 발을 헛디뎌 열린 무덤 안으로 떨어진다. 근처에 있던 여인이 헉하며 놀라서 무덤 안을 들여다본다.

여인 맙소사! 꼬마야, 괜찮니?

그녀가 무덤으로 손을 뻗는다.

여인 (계속) 자 여기, 내가 도와줄게.

미구엘이 그녀의 손을 잡고 그녀가 그를 당겨 빼낸다.

미구엘 고마워요, 전–

그들이 서로 얼굴을 마주 본다. 여인은 해골이다!
미구엘이 비명을 지른다! 그녀도 비명을 지른다!

---

panic 겁에 질려
figure out (생각한 끝에 ~을) 알아내다
cemetery 묘지
familiar 낯익은, 익숙한
frantic (두려움, 걱정으로) 정신없이
trip and fall 발이 걸려 넘어지다
peek over 너머로 보다
ledge 절벽에서 (선반처럼) 튀어나온 바위, 선반

skeleton 해골
scream (아픔, 무서움으로) 비명을 지르다

Miguel backs away. He turns to see another skeleton. He falls back-wards and **scoots** away frantically. He bumps into another skeleton whose head falls off and lands in Miguel's hands.

미구엘이 뒤로 물러선다. 그가 돌아보니 또 다른 해골이 있다. 그는 뒤로 넘어지며 미친 듯이 도망친다. 그가 또 다른 해골에 부딪히자 해골의 머리가 떨어져 나와 미구엘의 손 위로 떨어진다.

SKELETON HEAD Do you mind?

해골 머리 이봐요?

MIGUEL Ahhh!

미구엘 아이아!

SKELETON HEAD Ahhh!

해골 머리 아아아!

MIGUEL AHHH!

미구엘 아아아!

Miguel tosses the head away from him and turns to see the whole cemetery is **teeming with** skeletons! And they can all see him!

미구엘이 그 머리를 멀리 던지고 돌아보는데 공동 묘지 전체가 해골로 뒤덮여 있다! 그리고 그들 모두 그를 볼 수 있다!

He races off and hides behind a grave. After a moment, he peeks over the **headstone** to watch the skeletons **engaging with** their liv-ing families.
One couple dances.
Another man reaches for **offerings** on his grave, which **solidify** in his hands when he takes them.
A couple of skeletons coo over a toddler.

그가 출행랑을 쳐서 묘지 뒤에 숨는다. 잠시 후, 그가 묘비 위로 몰래 보니 해골들이 살아있는 그들의 가족들과 뭔가를 하고 있다.
한 커플은 춤을 춘다.
또 다른 남자는 그의 묘 위에 있는 제물들에 손을 뻗는데, 그가 잡자 그것들은 굳어버린다.
어떤 해골 둘은 아기에게 정답게 속삭인다.

SKELETON ABUELA Look how big she's getting!

할머니 해골 얘 큰 것 좀 봐!

Suddenly Dante surprises Miguel and licks him on the cheek. Miguel screams.

갑자기 단테가 미구엘의 뺨을 핥으며 그를 놀라게 한다. 미구엘이 비명을 지른다.

MIGUEL Dante?! You can see me? W-wait! What's going on?!

미구엘 단테?! 넌 내가 보이니? 자-잠깬! 어떻게 된 거지?!

Dante barks, points, and bounds through the crowd.

단테가 짖으며, 찌르고, 무리 사이를 뚫고 껑충껑충 뛰어 다닌다.

MIGUEL Dante! Dante!

미구엘 단테! 단테!

Miguel gives chase until – BAM! He **runs smack into** a **mustached** skeleton and falls to the ground. The skeleton's bones break apart and scatter. The head pops up.

미구엘이 쫓아가다가 – 쾅! 그가 콧수염이 있는 해골에게 세게 부딪이고 쓰러진다. 해골 뼈들이 여기저기 흩어진다. 머리는 뻥 하고 튀어나간다.

---

scoot 〈비격식〉 떠나다
teem with (사람, 동물 등이) 바글거리다
headstone 묘비
engage with ~에 관여하다
offering (신께 바치는) 공물/제물
solidify 굳어지다, 확고해지다
run smack into ~와 정면충돌하다
mustached 코밑수염을 기른

❶ Do you mind?
이봐요? / ~해 주겠니?
의역하면 '제가 ~하면 당신 마음에 걸립니까?'
즉 '~해도 괜찮니?'라는 의미인데, 위
맥락에서는 미구엘의 손에 우연히 해골 머리가
떨어지자, 그 머리가 '저기, 내 머리 좀 제자리로
돌려 둘래?'라며 부탁하는 우스꽝스러운 상황을
나타냅니다.

MIGUEL	I'm sorry, I'm sorry...	미구엘	죄송해요, 죄송해요…
PAPÁ JULIO	Miguel?!	훌리오 할아버지	미구엘?!

Miguel tries to **gather** the scattered bones.

미구엘이 흩어진 뼈들을 주워 담으려 애쓴다.

TÍA ROSITA Miguel?

로지타 고모 미구엘?

TÍA VICTORIA Miguel?

빅토리아 고모 미구엘?

The bones **magically pull away from** Miguel.

뼈들이 마법처럼 미구엘에게서 벗어난다.

PAPÁ JULIO You're here! HERE here!

훌리오 할아버지 네가 여기 왔구나! 여기 여기야!

PAPÁ JULIO **reconstitutes** himself.

훌리오 할아버지가 원상태로 돌아간다.

PAPÁ JULIO (CONT'D) And you can see us?!

훌리오 할아버지 (계속) 근데 너 우리가 보이는 거니?!

TÍA ROSITA **charges through** Papá Julio, sending his bones scattering again. She grabs Miguel, **hugging** him **tight**.

로지타 고모가 훌리오 할아버지를 돌격하듯 지나가고, 그의 뼈들이 다시 흩뿌려진다. 그녀가 미구엘을 붙잡고 꽉 껴안는다.

TÍA ROSITA Our Migueli-ti-ti-ti-ti-to!

로지타 고모 우리 미구엘이야아아아——!

Miguel, **smothered** by Rosita's **ample ribcage**, **struggles** for air.

미구엘이 로지타 고모의 풍만한 갈비뼈에 숨이 막혀, 공기를 찾아 발버둥 친다.

MIGUEL (muffled) **Remind** me how I know you?

미구엘 (소리가 막혀 잘 안 들리게) 근데 저랑 어떻게 아시는 사이라고요?

TÍA ROSITA We're your family, mijo!

로지타 고모 우린 가족이란다, 얘야!

Tía Rosita's ofrenda photo flashes in Miguel's memory.

오프렌다에 있던 로지타 고모의 사진이 순간적으로 미구엘의 기억 속에 떠오른다.

MIGUEL Tía... Rosita?

미구엘 로지타… 고모?

TÍA ROSITA Sí!

로지타 고모 그래!

He looks at Papá Julio, whose head is still turned the wrong way. TÍA VICTORIA **straightens** it.

그가 훌리오 할아버지를 보니 머리가 아직도 반대 방향으로 돌아가 있다. 빅토리아 고모가 머리를 바로잡아 준다.

---

gather 모으다

magically 불가사의하게

pull away from ~에서 떼어내다/벗어나다

reconstitute 재구성하다, 복원하다

charge through ~을 뚫고 진격하다

hug tight 꽉 껴안다

smother (지나친 애정, 과보호 등으로) 숨 막히게 하다

ample 충분한, 풍만한

ribcage 흉곽, 흉골, 갈비뼈

struggle 몸부림치다, 투쟁하다

remind 상기시키다

straighten 똑바르게 하다, (자세를) 바로 하다

MIGUEL   Papá Julio?

미구엘   훌리오 할아버지?

PAPÁ JULIO   Hola.

훌리오 할아버지   안녕.

MIGUEL   Tía Victoria?

미구엘   빅토리아 고모?

Tía Victoria **pokes** Miguel's cheek, **skeptical**.

빅토리아 고모가 미구엘의 볼을 찌른다. 의심하듯이.

*바로 이장면!**

TÍA VICTORIA   He doesn't seem **entirely** dead.

빅토리아 고모   얘 완전히 죽은 것 같지 않은데.

A living person **ambles** through Miguel's **non-corporeal** form.

살아있는 사람이 미구엘의 형체가 없는 몸을 느릿느릿 통과해 간다.

TÍA ROSITA   He's not quite alive either...

로지타 고모   완전히 산 사람도 아니고 말이지…

PAPÁ JULIO   We need Mamá Imelda. She'll know how to **fix** this!

훌리오 할아버지   마마 이멜다가 있어야겠어. 그녀라면 어떻게 해야 할지 알 거야!

Suddenly **twin** skeleton **gents** run, **huffing**, toward the family.

갑자기 쌍둥이 해골 남자 둘이 씩씩거리며 가족을 향해 뛰어온다.

TÍO FELIPE   (huffing) **Oye!**

펠리페 삼촌   (씩씩거리며) 아야!

TÍO OSCAR   (**winded**) It's Mamá Imelda–

오스카 삼촌   (숨차 하며) 마마 이멜다야–

TÍO FELIPE   (huffing) –She couldn't **cross over!**

펠리페 삼촌   (씩씩거리며) – 그녀는 못 건너 왔다고!

The others gasp.

다른 이들이 헉하며 놀란다.

TÍO OSCAR   She's **stuck**–

오스카 삼촌   그녀는 갇혀 버렸어 –

TÍO FELIPE   –On the other side!

펠리페 삼촌   – 저승에!

Miguel sees pictures of his TÍO OSCAR and TÍO FELIPE flash in his memory.

오스카 삼촌과 펠리페 삼촌의 사진 속 모습이 미구엘의 기억에 떠오른다.

MIGUEL   Tío Oscar? Tío Felipe?

미구엘   오스카 삼촌? 펠리페 삼촌?

---

poke (손가락 등으로) 쿡 찌르다
skeptical 의심 많은, 회의적인
entirely 전적으로, 완전히
amble 느긋하게 걷다
non-corporeal 형체/신체가 없는
fix (움직이지 않게) 고정시키다, 고치다
twin 쌍둥이(중의 한 명), 쌍둥이의
gent 〈구식〉 남자, 신사

huff (화가 나서) 씩씩거리다
oye (놀라움 · 고통 · 슬픔 등) 아아, 앗
winded 숨이 찬
cross over (to) 건너다, ~쪽으로 넘어가다
stuck (~에 빠져) 움직일 수 없는, 꼼짝 못 하는
on the other side 건너/반대편에, 저승에, 천당에

<u>**TÍO OSCAR**</u>	Oh, hey Miguel.

Tía Victoria turns her **gaze on** Miguel.

<u>**TÍA VICTORIA**</u>	I have a feeling this has something to do with you.❶
<u>**TÍA ROSITA**</u>	But if Mamá Imelda can't come to us...
<u>**PAPÁ JULIO**</u>	...Then we are going to her! Vámonos!

오스카 삼촌 오, 안녕 미구엘.

빅토리아 고모가 미구엘을 돌아보며 응시한다.

빅토리아 고모 이 일이 왠지 너와 관련 있는 것 같다는 느낌이 드는군.

로지타 고모 하지만 마마 이멜다가 우리에게 오실 수 없다면…

훌리오 할아버지 …그렇다면 우리가 그녀에게 가야지! 어서 가자고!

Papá Julio **grabs** Miguel **by** the arm and the family **rushes** through the cemetery, **trailed** by Dante.

훌리오 할아버지가 미구엘의 팔을 잡고 가족들과 빠른 속도로 공동묘지 사이를 뚫고 나아간다. 단테가 그 뒤를 따른다.

---

gaze on ~을 바라보다
grab ~ by … ~의 …을 잡다
rush (급히) 움직이다. 서두르다
trail (길게 연이어 나 있는) 자국/흔적

❶ **I have a feeling this has something to do with you.**
이 일이 너와 관련된 일인 것 같은 느낌이 든다.
I have a feeling 뒤에 that 절로 연결되는 패턴인데 that은 생략 가능하고, 의미는 '~한 느낌이 든다'랍니다. 문장의 뒤쪽에 나오는 has something to do with는 '~와 (뭔가) 관련/상관이 있다'라는 의미로 자주 쓰이는 숙어적 표현이에요.

The Land of the Dead
죽은 자들의 세상

🎧 09.mp3

EXT. CEMETERY – MOMENTS LATER
Miguel and his family **weave** through the graves, rounding a corner. His gaze falls upon a glowing MARIGOLD BRIDGE arching before them.

MIGUEL   Whoa...

The bridge **extends into** the mist. **A stream of** skeletons amble across for the holiday.

The family passes through an invisible **barrier** onto the bridge. Their bodies change from **ghostly** to solid. Miguel **hesitates** at the **threshold**.

PAPÁ JULIO   Come on, Miguel. It's ok.

Miguel follows after the family, the petals glowing under his feet. Dante **takes off**.

MIGUEL   Dante! Dante! Dante, **wait up!**

Miguel runs after Dante, finally catching up to the dog as he rolls in the petals at the **crest** of the bridge. He sneezes some petals into Miguel's face.

MIGUEL (CONT'D) You gotta stay with me, boy. We don't know... where...

Out of the mist, the sparkling cityscape of the Land of the Dead **emerges**. It's **breathtaking**. His family **sidles up**.

외부. 공동묘지 – 잠시 후
미구엘과 그의 가족이 모퉁이를 돌며 좌우로 흔들 거리며 묘지들을 지난다.
미구엘의 눈빛이 그들 앞에 펼쳐진 아치 모양의 빛나는 금잔화 다리에 멈춘다.

미구엘   와…

다리가 옅은 안개 속으로 길게 늘어진다. 해골 무리가 줄을 지어 명절을 맞이하기 위해 느릿느릿 건너가고 있다.

가족이 다리 위에 놓인 보이지 않는 벽을 뚫고 지나간다. 그들의 몸이 유령 같은 형태에서 고체 형태로 단단하게 변한다. 미구엘이 문턱에서 망설인다.

훌리오 할아버지   어서, 미구엘. 괜찮아.

미구엘이 가족을 따라가고 꽃잎들이 그의 발밑에서 밝게 빛나고 있다. 단테가 출발한다.

미구엘   단테! 단테! 단테, 기다려!

미구엘이 단테를 쫓아가고, 마침내 다리의 정상에 이르러 꽃잎 속에 뒹구는 단테에게 도착한다. 그는 꽃잎향을 맡으며 미구엘의 얼굴에 흩뿌린다.

미구엘 (계속)   나랑 같이 있어야 해, 단테. 우린 모른단 말야… 어디로 가야할 지…

연무 속에서 죽은 자의 세상에 반짝거리는 도시 풍경이 나타난다. 숨이 멎을 정도로 멋지다. 그의 가족이 조심스레 다가선다.

---

weave 비틀비틀하다, (옷감, 등을) 짜다/엮다

extend into ~까지 이어지다

a stream of 끊임없이 연속적으로 이어지는

barrier 장벽, 장애물

ghostly 귀신/유령 같은

hesitate 망설이다, 주저하다

threshold 문지방, 문턱, 한계점

take off 날아오르다, (특히 서둘러) 떠나다

Wait up! 기다려! 같이 가!

crest 산마루, 꼭대기

emerge 나오다, 모습을 드러내다

breathtaking (너무 아름답거나 놀라워서) 숨이 턱 막히는

sidle up to ~에 수줍어하며 쭈뼛쭈뼛 다가가다

MIGUEL	This isn't a dream, then. You're all really out there...
TÍA VICTORIA	You thought we weren't?
MIGUEL	Well, I don't know, I thought it might've been one of those made up things that adults tell kids... like... vitamins.
TÍA VICTORIA	Miguel, vitamins are a real thing.
MIGUEL	Well, now I'm thinking maybe they could be...

As skeletons pass in the other direction, Miguel receives some **strange looks**. A little skeleton girl gasps, pointing at him.

SKELETON MOTHER   Mija, it's not nice to stare at— (seeing Miguel) Ay! **Santa Maria!**

The woman gees **wide-eyed**, her head turning backwards to **gawk** at Miguel as she walks in the opposite direction. Miguel puts up his hood.

The Riveras continue on toward an arrivals area on the far side of the bridge. Miguel sees fantastical creatures crawling, flying, making nests in the nearby **architecture**.

MIGUEL	Are those...? Alebrijes! But those are–
TÍO OSCAR	REAL alebrijes. Spirit creatures...
TÍA ROSITA	They guide souls on their journey...
TÍO FELIPE	**Watch your step,** ❶ they make **caquitas** everywhere.

They get to the far edge of the Marigold Bridge.

미구엘 이게 꿈이 아닌 거네요. 그럼. 당신들은 정말로 저편에 계신 거군요…

빅토리아 고모 아닌 줄 알았니?

미구엘 글쎄요, 난 이것도 어른들이 아이들에게 그냥 지어서 말씀하시는 그런 건 줄 알았어요… 그러니까… 비타민처럼.

빅토리아 고모 미구엘, 비타민은 진짜 있는 거야.

미구엘 아, 지금 생각해 보니 그럴 수도 있겠구나 싶기도 하네요…

해골들이 반대 방향으로 지나가는 동안 미구엘을 이상하게 쳐다보는 눈빛들이 있다. 꼬마 해골 소녀가 헉하며 놀라서 그를 가리킨다.

어머니 해골 얘야. 사람을 그렇게 계속 쳐다보는 건 예의가 아니 – (미구엘을 보며) 으악! 맙소사!

여자가 눈이 휘둥그레져서 놀라는데, 그녀가 반대 방향으로 걸으면서 미구엘을 얼빠진 듯이 바라보다 고개가 거꾸로 돌아간다.

리베라 가족이 다리 끝 저편에 있는 도착장 쪽으로 계속해서 나아간다. 미구엘은 환상적인 생명체들이 기어 다니고, 날아다니고, 주변의 건축물에 둥지를 짓고 있는 모습을 본다.

미구엘 저들은 설마…? 알레브리헤즈! 하지만 저들은…

오스카 삼촌 살아있는 알레브리헤즈지. 영혼의 생명체…

로지타 고모 그들이 영혼들의 여행길을 안내해 준단다.

펠리페 삼촌 발 조심해. 쟤네들이 여기저기 똥을 싸질러 둔다고.

그들이 금잔화 다리의 끝부분에 이른다.

---

strange look 이상한 듯 보는 표정/눈
Santa Maria! (감탄사) 오 이런! 맙소사! (통용 표현은 아님)
wide-eyed 눈이 휘둥그레진
gawk 얼빠진 듯이 바라보다
architecture 건축학, 건축양식
caquitas [스페인어] 똥, 배설물

❶ **Watch your step!**
발 조심해!
계단을 오르거나 바닥에 벌어진 틈이 있을 때와 같이 걸음을 조심해야 할 때 쓰는 표현이에요. 영국에서는 동의 표현으로 Mind your step!을 많이 쓴답니다. 영어권에서 지하철/기차 플랫폼에도 쓰여 있으니 잘 기억해 두세요.

EXT. MARIGOLD GRAND CENTRAL STATION   외부. 금잔화 그랜드 센트럴 역

바로 이장면!*

CANNED LOOP (V.O.) Welcome back to the Land of the Dead. Please have all offerings ready for **re-entry**. We hope you enjoyed your holiday!

자동 영상 (목소리만) 죽은 자들의 세상에 오신 걸 환영합니다. 재입국을 위해 가져온 공물들을 미리 준비해 두십시오. 명절을 잘 즐기고 돌아오셨기를 바랍니다!

A sign reads RE-ENTRY.

표지판에 '재입국'이라고 쓰여 있다.

ARRIVALS AGENT Welcome back! Anything to **declare**?

도착 담당자 돌아오신 걸 환영합니다! 신고하실 것이 있나요?

TRAVELER Some **churros**... from my family.

여행자 약간의 츄러스가… 가족들이 챙겨 줬어요.

ARRIVALS AGENT How wonderful! Next!

도착 담당자 멋지네요! 다음!

CANNED LOOP (V.O.) ...If you are experiencing travel issues, agents at the Department of Family **Reunions** are available to **assist** you.

자동 영상 (목소리만) …여행에 어려운 점이 있으시면, 가족 상봉부 담당자들이 도와드릴 것입니다.

Miguel and family get into the line for RE-ENTRY, **along with** other skeletons returning from the Land of the Living. Nearby, skeletons exit the Land of the Dead through a gate marked DEPARTURES. Miguel watches.

미구엘과 가족이 살아있는 사람들의 땅에서 돌아오는 다른 해골들과 함께 재입국을 하기 위해 줄을 선다. 근처에, 출발하는 곳이라고 써 있는 출입구를 통해 해골들이 죽은 자들의 세상에서 나간다. 미구엘이 그들을 본다.

DEPARTURES AGENT Next family, please!

출발 담당자 다음 가족, 오세요!

An **ELDERLY** COUPLE steps in front of a camera-**mounted monitor**. The monitor **scans** their faces and returns an image of their photos on an altar in the Land of the Living.

한 노부부가 카메라에 장착된 모니터 앞에 서 있다. 모니터가 얼굴을 스캔한 후 살아있는 사람들의 땅에 있는 제단 위에 걸린 그들의 사진이 나타난다.

DEPARTURES AGENT (CONT'D) Oh, your photos are on your son's ofrenda. Have a great visit!

출발 담당자 (계속) 오, 아드님 오프렌다에 사진들이 걸려 있네요. 즐거운 여행되세요!

---

canned (방송의 효과음) 녹음된 웃음/음악 소리, 통조림으로 된

loop (둥근 모양의) 고리, 루프 (영상과 음향이 계속 반복되는 필름, 테이프)

V.O. 얼굴은 보이지 않고 배우나 내레이터의 목소리만 나오는 것 (voice-over)

re-entry (어떤 장소에) 다시 들어감, 재진입

declare 선언/공표하다, (세관에 과세물품을) 신고하다

churros 츄러스 (디저트)

reunion (친목) 모임, 동창회

assist 돕다. (어떤 일에) 도움이 되다

along with ~에 덧붙여, ~와 함께

elderly 연세가 든 (old보다 정중한 표현)

-mounted (합성어) ~에 고정시킨/붙인

monitor 모니터, 화면, 감시장치

scan 살피다, 훑어보다, (엑스레이, 초음파) 정밀 검사

ELDERLY COUPLE   Gracias.

노부부 고맙습니다.

The couple **unites** with the rest of their family. They all step onto the bridge, which begins to glow as they **gain footing**.

노부부가 다른 가족들과 만난다. 그들 모두 다리 위로 발을 들여놓자 다리가 빛나기 시작한다.

CANNED LOOP (V.O)   …And remember to return before sunrise. Enjoy your visit!

자동 영상 (목소리만) …일출 전에 돌아오시는 것 잊지 마세요, 즐겁게 잘 다녀오세요!

DEPARTURES AGENT   Next!

출발 담당자 다음!

A skeleton man, a smile full of **braces**, steps up to the monitor.

남성 해골이 치아 교정기를 한껏 드러내며 미소 지으며 모니터 앞에 선다.

DEPARTURES AGENT (CONT'D)   Your photo's on your dentist's ofrenda. Enjoy your visit!

출발 담당자 (계속) 당신의 치과 오프렌다에 당신 사진이 있군요. 잘 다녀오세요!

JUAN ORTODONCIA   Grashiash!

후안 치과 교정의 감사합니다!

DEPARTURES AGENT   Next!

출발 담당자 다음!

HÉCTOR (early 20s), a ragged fellow, steps up to the monitor, **disguised** as **Frida Kahlo**.

헥터(20대 초반), 초라한 행색의 남자가 프리다 칼로로 변장하고 모니터 앞으로 다가선다.

HÉCTOR   Yes, it is I. Frida Kahlo. (beat) Shall we skip the scanner? I'm on so many ofrendas, it'll just **overwhelm** your **blinky thingie**…

헥터 네, 저예요. 프리다 칼로. (정적) 스캐너 확인은 그냥 넘어가도 되지 않을까요? 제가 너무 많은 오프렌다에 걸려 있어서 당신네들 깜박거리는 그 기계가 감당을 못 할 것 같은데…

The monitor scans him, but an "X" appears, accompanied by a negative **buzzing sound**.

모니터가 그를 스캔하는데 뭔가 잘못되었다는 앵앵 경보음과 함께 'X'라고 뜬다.

DEPARTURES AGENT   Well, shoot. Looks like no one put up your photo, Frida…

출발 담당자 오, 이런. 아무도 당신 사진을 건 사람이 없는 것 같은데요. 프리다 씨…

Héctor **peels off** his **unibrow** and **throws off** his **frock**.

헥터가 그의 일자 눈썹을 뜯어내고 입고 있던 파티 드레스를 던져 버린다.

---

unite 연합하다, 통합시키다

gain footing 발을 들여놓다

braces 치아교정기 (복수 형태)

ortodoncia [스페인어] 치과 교정술

disguise 변장/위장하다, 변장/가장

Frida Kahlo 프리다 칼로 (멕시코 출신의 유명한 여류 화가)

overwhelm (격한 감정이) 휩싸다/압도하다

blinky 눈을 깜박이다(blink)를 장난스럽게 표현

thingie 물건/것(thing)을 장난스럽게 표현

buzzing sound 웅웅/윙윙거리는 소리

peel off (포장지, 껍질 따위를) 벗기다

uni-brow 일자 눈썹

throw off 떨쳐 버리다, 벗어 던지다

frock 〈구식〉 드레스, 파티 드레스

HÉCTOR	Okay, when I said I was Frida... just now? That... that was a lie. And I apologize for doing that.	헥터 아, 제가 제 자신을 프리다라고 했을 때는… 지금 방금? 그건…그 건 거짓말이었어요. 사과드 려요.
DEPARTURES AGENT	No photo on an ofrenda, no crossing the bridge.	출발 담당자 오프렌다에 사진이 없으면, 다리를 건널 수 없어요.
HÉCTOR	You know what, I'm just gonna **zip** right **over**, you won't even know I'm gone.	헥터 있잖아요, 제가 그냥 잽싸게 쓱 하고 건너갈 게요. 제가 없어졌는지도 모르실걸요.

Héctor **bolts** for the bridge. A security guards blocks the gate. Héctor splits in two and slides past the guard, half going over, half under.

헥터가 다리 쪽으로 달려간다. 보안 요원이 출입구를 막아선다. 헥터의 몸이 둘로 갈라지면서 미끄러지며 보안 요원을 지나가는데, 반은 위로 넘어가고, 반은 밑으로 지나간다.

HÉCTOR	Ha HA!	헥터 하하!

Héctor reaches the bridge at a **sprint**, but the magic doesn't engage; he sinks right into the petals.

헥터가 전력 질주해서 다리에 다다르지만, 마법은 통하지 않는다; 그는 꽃잎 속에 빠진다.

HÉCTOR	Almost there, just a little further...!	헥터 거의 다 왔어, 조금만 더…!

The guards **saunter** to the bridge and **casually** pull Héctor back toward the Land of the Dead.

보안 요원들이 다리로 느긋하게 걸어와서 별일 아니라는 듯 다시 헥터를 죽은 자들의 세상으로 돌려놓는다.

OFFICER	Upsy-daisy...	경찰 아이고 이런…
HÉCTOR	Fine, okay. Fine, **who cares...**[1] Dumb flower bridge!	헥터 네, 네, 알았어요, 무슨 상관… 멍청한 꽃 다리!

Miguel watches as the guards **haul** him **out**. Tía Rosita looks up **in time** to see his back.

미구엘이 보안 요원들이 그를 끌어내는 것을 본다. 로지타 고모가 때마침 그의 뒷모습을 바라본다.

TÍA ROSITA	I don't know what I'd do if no one put up my photo.	로지타 고모 아무도 내 사진을 걸어 놓지 않으면 정말 끔찍할 것 같아.
ARRIVALS AGENT (O.S.)	Next!	도착 담당자 (화면 밖) 다음!
TÍA ROSITA	Oh! Come mijo, it's our turn.	로지타 고모 오! 이리와 아가, 우리 차례야.

---

zip over 재빠르게 달려가다
bolt 달아나다
sprint (짧은 거리를) 전력 질주하다
saunter 한가로이 걷다
casually 무심코, 편하게
upsy-daisy 〈감탄사〉 아이고 (실수할 때)
haul out 잡아당겨 끌어내다
in time 이윽고, 제때에, ~에 시간 맞춰

❶ **Who cares?**
누가 신경 쓰냐?
'그런 걸 뭐 누가 신경 쓰냐?', '그게 무슨 상관이야?', 또는 '알 게 뭐야'와 같이 별로 신경 쓸만한 문제가 아니라고 하며 때로는 통명스럽게 혹은 익살스럽게 내뱉는 말입니다.

The arrivals line moves forward. The Dead Riveras crowd around the gate. The arrivals agent **leans out** from his window.

ARRIVALS AGENT Welcome back, **amigos**! Anything to declare?

PAPÁ JULIO   As a matter of fact,[1] yes.

The family pushes Miguel to the front, very much alive.

MIGUEL   Hola.

The arrivals agent's **jaw literally** drops.

도착 줄이 앞으로 움직인다. 죽은 리베라 가족이 입구 주변으로 몰려든다. 도착 담당자가 창문 밖으로 몸을 내민다.

도착 담당자 돌아오신 것을 환영합니다. 여러분! 신고할 것 있으신가요?

훌리오 할아버지 사실은, 있답니다.

가족이 미구엘을 앞쪽으로 미는데, 생생하게 살아 있다.

미구엘 안녕하세요.

도착 담당자의 턱이 말 그대로 뚝 떨어진다.

---

lean out 몸을 굽혀 (상체를 창밖으로) 내밀다

amigo [스페인어] 친구

Hola [스페인어] 안녕 (영어의 Hello)

jaw 턱, 아래턱

literally (전달하는 사실을 강조) 말 그대로

❶ **as a matter of fact**
사실상, 사실은
어떤 말을 한 뒤에 상대방이 흥미로워 할 것 같은 말을 덧붙일 때 또는 남이 방금 한 말에 대해 반대 의견을 제시할 때 주로 쓰는 표현이에요.

Get Your Family's Blessing by Sunrise!

해가 뜨기 전에 가족의 축복을 받아라!

🎧 10.mp3

CUT TO:
INT. MARIGOLD GRAND CENTRAL STATION

Miguel and his family are **escorted** by a security guard across an **arching** second floor **walkway**.

VOICE OVER P.A.   **Paging** Marta Gonzales-Ramos. Marta Gonzales-Ramos, please report to Level 7.

Dante happily **trots alongside**. Miguel looks up to see **gondolas** traveling by.

MIGUEL   Whoa.

Skeletons stare at Miguel as he walks by. Suddenly Miguel notices TÍO OSCAR staring at his face in deep **contemplation**.

TÍO OSCAR   I miss my nose...

At the end of the walkway are doors **emblazoned** with "DEPART-MENT OF FAMILY REUNIONS." The family passes through.

INT. DEPARTMENT OF FAMILY REUNIONS

Inside, they find **case workers** helping travelers **work out** holiday **snafus**.

DISTRESSED TRAVELER   C'mon! Help us out amigo... We gotta get to **a dozen** ofrendas tonight...

장면 전환:
내부. 금잔화 그랜드 센트럴 역

미구엘과 그의 가족이 보안 요원의 에스코트를 받으며 아치 모양의 2층 통로를 지난다.

장내 방송 마르타 곤잘레스-라모스 호출합니다. 마르타 곤잘레스-라모스, 7층으로 와주세요.

단테가 옆에서 행복한 모습으로 걷는다. 미구엘이 옆으로 움직이는 곤돌라를 올려다본다.

미구엘 우와.

미구엘이 옆으로 걸어갈 때 해골들이 그를 쳐다본다. 순간 미구엘이 오스카 삼촌이 깊은 생각에 잠겨 그의 얼굴을 응시하고 있는 것을 알아챈다.

오스카 삼촌 내 코가 그립군…

통로의 끝에 "가족 상봉부"라고 선명하게 새겨져 있는 문들이 나타난다. 가족이 그곳을 통과한다.

내부. 가족 상봉부

내부에서 사회 복지사들이 여행자들의 명절 관련 복잡한 일들을 도와주고 있다.

허약한 여행자 제발! 이 봐요. 우리 좀 도와줘요… 우린 오늘 밤에 열 군데가 넘는 오프렌다에 들러야만 한다고요.

---

escort 호위/에스코트하다
arching 아치를 이루는, 활 모양
walkway (흔히 옥외에 지면보다 높게 만든) 통로/보도
page 호출하다
trot 빨리 걷다, 종종걸음을 걷다
alongside ~옆에, 나란히, ~와 함께
gondola 곤돌라 (운하를 오가는 기다란 배; 케이블카, 스키 리프트)
contemplation 사색, 명상

emblazon 선명히 새기다/장식하다
case worker (특정한 개인이나 가정을 돕는) 사례별 사회 복지사
work out ~을 해결하다, (일이) 잘 풀리다, 운동하다
snafu (비격식) 대혼란
a dozen 12개짜리 한 묶음, 십여 개

CUT TO:

MIFFED WIFE   We are NOT visiting your ex-wife's family for Día de Muertos!

토라진 아내 이번 죽은 자의 날에 당신 전처 가족 집에는 절대 안 갈 거예욋!

CUT TO:

장면 전환:

In a far corner, one traveler in particular is **raising hell**.

한쪽 구석에서, 한 여행자가 특히 불같이 화를 내며 항의하고 있다.

MAMÁ IMELDA   I demand to speak to the person in charge!

이멜다 할머니 담당자 부르라고!

A **beleaguered** CASE WORKER **cringes** as Mamá Imelda tears into her.

이멜다 할머니가 심하게 공격을 하자 사면초가에 몰린 사회 복지사가 움찔한다.

CASE WORKER   I'm sorry, **señora**, it says here no one put up your photo–

사회 복지사 죄송해요. 여사님. 아무도 여사님의 사진을 걸지 않았다고 여기에 쓰여 있어서–

Mamá Imelda coldly **eyes** the Macintosh 128k on the woman's desk.

이멜다 할머니가 그 여인의 책상에 있는 매킨토시 128k 컴퓨터를 기분 나쁘게 쳐다본다

MAMÁ IMELDA   My family always – ALWAYS – puts my photo on the ofrenda! That devil box tells you **nothing but lies!**[1]

이멜다 할머니 우리 가족은 항상 – 항상 – 오프 렌다에 내 사진을 걸어 놓는다고! 그 사악한 박스 가 말해주는 건 거짓말뿐이야!

In a **swift** movement, Mamá Imelda removes her shoe and smacks the computer.

신속한 움직임으로 이멜다 할머니가 신발을 벗어 컴퓨터를 찰싹 때린다.

PAPÁ JULIO   Mamá Imelda?

홀리오 할아버지 마마 이멜다?

She turns her shoe on Papá Julio, who leans back and yelps. Mamá Imelda softens.

그녀가 돌아서 신발을 훌리오 할아버지에게 향하고, 할아버지는 상체를 뒤로 젖히며 깍하고 소리친다. 이멜다 할머니가 누그러진다.

MAMÁ IMELDA   Oh, **mi familia**! They wouldn't let me cross the bridge! Tell this woman and her devil box that my photo is on the ofrenda.

이멜다 할머니 아. 우리 가족이네! 얘네들이 날 다리를 못 건너게 하는군! 이 여자하고 저 사악 한 박스한테 내 사진이 오프렌다에 걸렸다고 말해 주게!

PAPÁ JULIO   Well, we never made it to the ofrenda…

홀리오 할아버지 아, 근데요, 우리가 오프렌다에 결국 못 걸렸어요…

MAMÁ IMELDA   What?!

이멜다 할머니 뭐라고!

---

raise hell 마구 화를 내며 항의하다

beleaguer 공격하다, 둘러싸다

cringe (겁이 나서) 움츠리다/움찔하다

señora 여사님, 사모님, ~부인 (영어의 Ms. or Mrs.)

eye (의심스러워서) 쳐다보다

swift (일, 진행 등이) 신속한, 빠른

mi [스페인어] 나의 (영어의 my)

familia [스페인어] 가족 (영어의 family)

❶ **nothing but lies**
거짓말뿐 / 모두 다 거짓말
'nothing but ~' 형식은 '다른 그 어떤 것이 아닌 오직 ~ 뿐'이라는 뜻으로 쓰이는 표현이에요. 예를 들어, I want nothing but money. '(다른 것은 다 필요 없고) 난 오직 돈만 원한다' 이렇게 쓰여요.

PAPÁ JULIO	We **ran into**... um...	훌리오 할아버지 우리가 만났는데… 음…

Mamá Imelda's eyes fall on Miguel.
Miguel looks at Mamá Imelda. Her photo flashes before him.

이멜다 할머니의 눈이 미구엘에게로 향한다.
미구엘이 이멜다 할머니를 본다. 그녀의 사진을 봤던 기억이 난다.

MAMÁ IMELDA	Miguel?	이멜다 할머니 미구엘?
MIGUEL	Mamá Imelda...	미구엘 이멜다 할머니…
MAMÁ IMELDA	What is going on?	이멜다 할머니 어떻게 된 거니?

Just then, a door opens and a **CLERK** pokes his head out.

바로 그때, 문이 열리며 서기가 고개를 쑥 내민다.

CLERK	You the Rivera family?	서기 리베라 가족인가요?

The computer **short circuits**.

컴퓨터가 합선을 일으킨다.

CUT TO:
INT. CLERK'S OFFICE

장면 전환:
내부. 서기의 사무실

CLERK	Well, you're **cursed**.	서기 흠, 저주를 받았군.

The family **gasps**.

가족들이 헉하고 놀란다.

MIGUEL	What?!	미구엘 뭐라고요?!

The clerk **searches through** a huge **stack** of papers.

서기가 산더미처럼 쌓인 서류들을 훑으며 찾는다.

CLERK	Día de los Muertos is a night to GIVE to the dead. You STOLE from the dead.	서기 죽은 자의 날은 죽은 자를 위한 밤이야. 넌 죽은 자의 물건을 훔쳤구나.
MIGUEL	But I wasn't **stealing** the guitar!	미구엘 하지만 전 기타를 훔친 게 아니에요!
MAMÁ IMELDA	Guitar...?	이멜다 할머니 기타…?
MIGUEL	It was my great-great grandfather's, he would have wanted me to have it–	미구엘 그건 우리 고조할아버지 거였다고요. 할아버지께서 살아계신다면 제가 그걸 가지길 원하셨을 텐데–

---

run into (곤경 등을) 만나다/겪다   steal 훔치다
just then 바로 그때
clerk (회사의) 사무원, (가게의) 점원, (의회, 법원 등의) 서기
short circuit (전기 회로의) 합선/단락, 합선이 생기다
cursed 저주받은
gasp 헉하고 숨을 쉬다
search through ~을 철저하게 조사하다
stack (보통 깔끔하게 정돈된) 무더기/더미

MAMÁ IMELDA Ah-ah-ah! We do not speak of that... (**disgust**) ...musician! He is DEAD to this family!

이멜다 할머니 아-아-아! 우린 그 입에 담지 않는다 그... (경악하며) ...음악가 얘기는! 그는 우리 가족에게는 죽은 사람이야!

MIGUEL Uh, you're all dead.

미구엘 어, 여기 계신 분들 모두들 죽은 사람들이잖아요.

Dante **balances** his **paws** at the edge of the clerk's desk and tries to reach a plate of food.

단테가 서기의 책상 모서리에 그의 두 발로 균형을 잡고 서서 음식이 담긴 접시를 잡으려고 한다.

CLERK ACHOO! I am sorry, whose alebrije is that?

서기 에취! 죄송해요. 저건 누구 알레브리헤인가요?

Miguel steps up, trying to pull Dante away from the treats.

미구엘이 앞으로 나서서 단테를 음식에서 떼어놓으려고 한다.

MIGUEL That's just Dante.

미구엘 얘는 그냥 단테일 뿐이에요.

TÍA ROSITA He sure doesn't look like an alebrije.

로지타 고모 확실히 알레브리헤로 보이진 않는구나.

Tía Rosita gestures to the **fantastical** creatures **fluttering** on the other side of the window.

로지타 고모가 창문 반대쪽에서 펄럭이고 있는 환상적인 동물을 가리킨다.

TÍO OSCAR He just looks like a **plain** old dog...

오스카 삼촌 그냥 평범한 늙은 개처럼 생겼네…

TÍO FELIPE ...Or a sausage someone dropped in a **barbershop**.

펠리페 삼촌 …누군가가 이발소에서 먹다가 떨어뜨린 소시지 같기도 하고.

CLERK Whatever he is, I am – ACHOO! – **terribly allergic**.

서기 얘가 뭐건 간에, 전 – 에취! – 심한 알레르기가 있어서.

MIGUEL But Dante doesn't have any hair.

미구엘 하지만 단테는 털이 하나도 없는데요.

CLERK And I don't have a nose, **and yet here we are** – ACHOO!!

서기 그리고 난 코도 없잖니. 그럼에도 불구하고 이런 일이 – 에취!!

MAMÁ IMELDA But none of this explains why I couldn't cross over.

이멜다 할머니 하지만 이 모든 것들이 내가 왜 이승으로 못 넘어가는지에 대한 이유가 되질 않잖아.

Miguel realizes something. He **sheepishly pulls out** the **folded** photo.

미구엘이 뭔가를 깨닫는다. 그가 접힌 사진을 조심스레 꺼낸다.

---

disgust 혐오감, 역겨움

balance 균형, 균형을 잡다

paw (동물의 발톱이 달린) 발

achoo (재채기 소리) 에취

fantastical 환상적인

flutter (빠르고 가볍게) 흔들다/펄럭이다

plain 소박한, 꾸미지 않은, 평범한

barbershop 이발소

terribly 너무, 대단히, 몹시, 극심하게

allergic 알레르기가 있는

and yet 그럼에도 불구하고, 그렇다 하더라도

here we are 다 왔다. (찾던 것이) 여기 있다

sheepishly (양처럼) 순하게, 소심하게

pull out 뽑다, 꺼내다

folded 접힌

MIGUEL	Oh...	미구엘	오…

He unfolds the photo.

그가 사진을 펼친다.

MAMÁ IMELDA   You **took** my photo **off** the ofrenda?!

이멜다 할머니 네가 오프렌다에서 내 사진 떼어 온거냐?!

MIGUEL   It was an accident!

미구엘 일부러 그런 건 아니었어요!

Mamá Imelda turns to the clerk, fire in her eyes.

이멜다 할머니가 눈의 쌍지지에 불을 켜고 서기에게 돌아선다.

바로 이장면!*

MAMÁ IMELDA   How do we send him back?!

이멜다 할머니 이 녀석을 어떻게 하면 돌려보낼 수 있죠?!

CLERK   Well, since it's a **family matter**... (**flipping** pages) The way to **undo** a family curse is to get your family's blessing.

서기 글쎄요, 이건 집안 문제이니까… (책을 뒤척이며) 가족의 저주를 푸는 방법은 가족의 축복을 받는 것이로군요.

MIGUEL   That's it?[1]

미구엘 그게 다예요?

CLERK   Get your family's blessing, and everything SHOULD go back to normal. But you gotta do it by sunrise!

서기 가족의 축복을 받으면 모든 것이 원래대로 되돌아갈 거야. 하지만 해가 뜨기 전에 해야만 해!

MIGUEL   What happens at sunrise?

미구엘 해가 뜨면 어떻게 되는데요?

PAPÁ JULIO   Híjole! Your hand!

훌리오 할아버지 이런! 네 손!

Miguel looks at his hand. The tip of one of his fingers has started to turn skeletal. He turns pale. He starts to **faint** when Papá Julio picks him up and gently slaps him awake.

미구엘이 자기 손을 본다. 그의 손가락 하나의 끝부분이 해골로 변하기 시작했다. 그가 창백해진다. 그가 기절하려 하자 훌리오 할아버지가 그를 받쳐 일으키고 부드럽게 그의 뺨을 치며 깨운다.

PAPÁ JULIO   Whoa, Miguel. Can't have you fainting on us.

훌리오 할아버지 워, 미구엘. 기절하면 안 되지.

CLERK   But **not to worry!**[2] Your family's here, you can get your blessing right now.

서기 하지만 걱정하지 마라! 네 가족들이 여기에 있으니, 지금 바로 축복을 받을 수 있을 테니까.

---

take something off (옷 등을) 벗다/벗기다
family matter 가정사, 가족 문제
flip (책장을) 획획 넘기다
undo 풀다, 무효로 만들다, 원상태로 돌리다
híjole [스페인어] 이런, 저런, 맙소사 (영어의 whoa, gosh)
faint 기절하다

❶ That's it? 그게 전부예요?
That's it을 평서문으로 쓰이는데, 이 문맥에서는 '그것이 전부이다'를 의문문으로 쓴 것이에요.

❷ Not to worry! 걱정하지 마!
일반적으로 '걱정하지 마!'라고 하면 영어로 Don't worry!라고 알고 있는데, 같은 상황에서 Not to worry!도 아주 많이 쓰는 표현이에요.

The clerk searches the ground near Tía Rosita.

서기가 로지타 고모 근처의 바닥을 살핀다.

CLERK **Cempasúchil**, cempasúchil. Aha! **Perdón**, señora.

서기 금잔화, 금잔화. 아해! 실례합니다. 부인.

Tía Rosita **titters**. The clerk **plucks** a marigold petal from the **hem** of her dress. He hands the petal to Mamá Imelda.

로지타 고모가 킬킬거린다. 서기가 금잔화 꽃잎 하나를 그녀의 드레스 단에서 떼어 낸다. 그가 꽃잎을 이멜디 할머니에게 전한다.

CLERK (to Imelda) Now, you look at the living and say his name.

서기 (이멜다에게) 자 이제 살아있는 자를 보고 그의 이름을 말하세요.

Imelda turns to Miguel.

이멜다가 미구엘에게로 돌아선다.

MAMÁ IMELDA Miguel.

이멜다 할머니 미구엘.

CLERK **Nailed it.**❶ Now say: I give you my blessing.

서기 아주 잘하셨어요. 이제 말하세요: 나의 축복을 너에게 주노라.

The marigold petal glows in her fingers. Miguel brightens. But Mamá Imelda is not finished.

금잔화 꽃잎이 그녀의 손가락 안에서 빛난다. 미구엘의 모습이 밝아진다. 하지만 이멜다 할머니는 끝나지 않았다.

MAMÁ IMELDA (CONT'D) I give you my blessing to go home...

이멜다 할머니 (계속) 내가 너에게 집으로 돌아가는 축복을 내리노라…

The glow of the marigold petal surges.

금잔화 꽃잎의 빛이 밀려온다.

MAMÁ IMELDA (CONT'D) To put my photo back on the ofrenda...

이멜다 할머니 (계속) 오프렌다에 나의 사진을 돌려놓으라고…

Each added condition makes the petal glow brighter. Imelda delivers it like a **scolding**, but Miguel nods.

조건이 더해질 때마다 꽃잎이 점점 더 밝아진다. 이멜다가 마지 야단을 치듯이 말을 하지만, 미구엘은 고개를 끄덕인다.

MAMÁ IMELDA (CONT'D) And to never play music again!

이멜다 할머니 (계속) 그리고 절대로 다시는 음악을 하지 않도록!

The petal surges one last time.

꽃잎이 마지막으로 휘감듯이 밀려든다.

MIGUEL What? She can't do that!

미구엘 뭐라고요? 그러시면 안 되죠!

---

cempasúchil [스페인어] 금잔화 (영어의 marigold)
perdón [스페인어] 용서, 실례 (영어의 pardon, forgiveness)
titter 킥킥거리다
pluck 뽑다
hem (옷 등의) 단
scolding 잔소리가 심한, 꾸짖는

❶ **Nailed it!**
아주 잘 했어!
상대방이 무엇인가 어려운 일을 멋지고 확실하게 해냈을 때 쓰는 표현이에요. 예를 들어, 친구가 시험에 만점을 받았다고 할 때 그에 대한 반응으로 You nailed it! '제대로 해냈구나!' 이렇게 씁니다.

CLERK   Well, **technically** she can add any **conditions** she wants.

Miguel stares her down. Imelda is **firm** in her **resolve**.

MIGUEL   Fine.

CLERK   (to Imelda) Then you hand the petal to Miguel.

Imelda **extends** the petal to Miguel, who reaches for it. He **grabs** the petal. WHOOOOSH! He's **consumed** by a **whirlwind** of petals and **disappears**.

서기 흠, 엄밀히 따져 보자면, 그녀는 그녀가 원하는 조건은 뭐든지 더할 수 있단다.

미구엘이 그녀를 똑바로 쳐다 본다. 이멜다는 자신의 결심에 대해 확고하다.

미구엘 좋아요.

서기 (이멜다에게) 그럼 이제 꽃잎을 미구엘에게 전해 주세요.

이멜다가 미구엘에게 꽃잎을 내밀고 미구엘은 그것을 향해 손을 뻗는다. 그가 꽃잎을 잡는다. 쉬이익! 그가 꽃잎의 회오리바람 속에 휩싸여 사라진다.

---

technically 엄밀히 따지면/말하면, 기술적으로

condition 조건, 요구

firm 확고한, 확실한

resolve 해결하다, 다짐/결심하다, 결심

extend 내밀다, 주다, 길게 하다

grab 움켜쥐다

consume (연료, 에너지, 시간을) 소모하다, (강렬한 감정이) 사로잡다/휩싸다

whirlwind 회오리바람

disappear 사라지다

The Same Path He Did

그분과 같은 길

🎧 11.mp3

DE LA CRUZ'S MAUSOLEUM – NIGHT
He **reappears** in a whirlwind of petals. It seems like he's solid. He runs to the window and looks out.

MIGUEL　No skeletons!

Miguel laughs, **relieved**. Then, a **mischievous** smile on his face, he turns and eyes de la Cruz's guitar. Miguel quickly grabs the guitar.

MIGUEL　Mariachi Plaza, here I come–

He **takes** two **steps** toward the door, then WHOOOOSH!

CLERK'S OFFICE – SAME TIME
Miguel appears back in the clerk's office in another flash of the marigold whirlwind, without the guitar. The family turns, shocked to see him back so soon.

Miguel realizes his hands are still in guitar-holding position.

델라 크루즈의 묘 – 밤
그가 꽃잎들의 회오리바람 속에서 다시 나타난다. 그는 굳건한 모습으로 보인다. 그가 창문으로 뛰어가서 밖을 본다.

미구엘 해골은 안 돼!

미구엘이 안도하며 웃는다. 그리고, 말썽꾸러기의 미소를 그의 얼굴에 띠며, 돌아서서 델라 크루즈의 기타를 본다. 미구엘이 재빠르게 기타를 잡는다.

미구엘 마리아치 광장, 내가 간다–

그가 문을 향해 두 발짝 걸었는데, 쉭 소리가 난다!

서기의 사무실 – 같은 시간
다시 한 번 순간적으로 금잔화의 회오리바람이 불고, 미구엘이 서기의 사무실에 기타 없이 다시 나타난다. 가족이 돌아보며 그가 이렇게 빨리 돌아왔다는 것에 크게 놀란다.

미구엘은 자기 손이 아직도 기타를 들고 있는 자세를 하고 있다는 것을 깨닫는다.

바로 이장면!*

MAMÁ IMELDA　Two seconds and you already **break your promise!**

MIGUEL　This isn't **fair**, it's my life! You already had yours!

Miguel grabs another petal, he marches over to Papá Julio.

MIGUEL　Papá Julio, **I ask for your blessing.**❶

이멜다 할머니 딱 2초 만에 약속을 깨버리는구나!

미구엘 불공평해요, 내 인생이라고요! 할머니는 이미 할머니 인생을 사셨잖아요!

미구엘이 또 다른 꽃잎을 집어 들고, 훌리오 할아버지에게로 힘차게 다가간다.

미구엘 훌리오 할아버지, 절 축복해주세요.

---

reappear 다시 나타나다
relieved 안도하는,
mischievous 짓궂은,
take a step 걸음을 내딛다
break one's promise 약속을 깨다/어기다
fair 공평한, 공정한

❶ **I ask for your blessing.**
제게 축복을 해 주세요.
직역하면 '당신의 축복을 요청(부탁)해요'라는 표현입니다. 위 맥락에서는 조상님들의 축복을 받아야 미구엘이 현세에 다시 돌아갈 수 있기에 저렇게 축복을 요청한 것이랍니다. 실제로 기독교 신자들이 신부님과 목사님께 요청할 때 쓸 수 있는 표현이죠.

Papá Julio shakes his head and pulls his hat down.

MIGUEL (CON'D)   Tía Rosita? Oscar? Felipe? Tía Victoria?

They all **shake their heads**.

MAMÁ IMELDA   Don't make this hard, mijo. You go home my way, or no way.

MIGUEL   You really hate music that much?

MAMÁ IMELDA   I will not let you go down the same path he did.

Miguel gets an idea. He pulls the photo out and turns from the group.

MIGUEL   The same path he did.

He gazes at the man with no face.

MIGUEL (CONT'D)   (to himself) He's family...

TÍA VICTORIA   Listen to your Mamá Imelda.

TÍO OSCAR   She's just **looking out** for you.

TÍA ROSITA   Be **reasonable**.

Miguel starts back toward the door.

MIGUEL   Con permiso, I... need to visit the restroom. **Be right back!**❶

Miguel **sees himself out**. The family waits for a bit.

CLERK   Uh, should we tell him there are no restrooms in the Land of the Dead?

홀리오 할아버지가 고개를 젓고 모자를 눌러쓴다.

미구엘 (계속) 로지타 고모? 오스카 삼촌? 펠리페 삼촌? 빅토리아 고모?

모두 고개를 가로짓는다.

이멜다 할머니 괜히 일을 어렵게 만들지 마라, 얘야. 할머니 방식대로 집에 가던지, 아니면 아예 안 가던지.

미구엘 할머니는 정말 그렇게까지 음악을 싫어하세요?

이멜다 할머니 난 네가 그와 같은 길을 가게 하지 않을 거야.

미구엘에게 생각이 떠오른다. 그가 사진을 꺼내서 무리로부터 돌아선다.

미구엘 그분과 같은 길.

미구엘이 얼굴 없는 남자를 바라본다.

미구엘 (계속) (스스로) 그는 가족이에요…

빅토리아 고모 이멜다 할머니 말씀 들어.

오스카 삼촌 다 널 위해서 그러시는 거야.

로지타 고모 합리적으로 판단해.

미구엘이 다시 문 쪽으로 향한다.

미구엘 실례지만, 제가... 화장실에 가야 해서요. 금방 돌아올게요!

미구엘은 눈치를 살피며 나간다. 가족이 잠시 기다린다.

서기 어, 죽은 자들의 세상에는 화장실이 없다는 걸 그에게 얘기해 줘야 할까요?

---

shake one's head 고개를 가로젓다
look out for someone ~을 조심하다, ~를 보살피다
reasonable 타당한, 합리적인
con permiso [스페인어] 실례합니다 (영어의 excuse me)
see ~ out 혼자 알아서 나가다, (손님을) 배웅하다

❶ **Be right back!**
금방 돌아올게!
이 표현을 완전한 문장으로 쓰면 I'll be right back!이에요. 같은 상황에서 I'll be back shortly. 또는 I'll be back in a second/minute.와 같은 표현도 많이 쓴답니다.

INT. STAIRCASE – MOMENTS LATER
Miguel **hustles** down a staircase with Dante. Once on the ground floor, they huddle beneath the staircase. He looks to the upper floor. The Dead Riveras are there. TÍO OSCAR asks a **PATROLWOMAN** about a boy of Miguel's height. The patrolwoman picks up her **walkie-talkie**.
Miguel scopes the ground floor and spies a **revolving door** exit.

MIGUEL Vámonos.

Miguel puts up his hood, tightening it and heads out. Dante **pads** after him.

PATROLWOMAN We got a family looking for a LIVING BOY.

MIGUEL If I wanna be a musician, I need a MUSICIAN'S blessing. We gotta find my great-great grandpa.

The exit gets closer when Miguel is stopped by a **PATROLMAN**.

PATROLMAN **Hold it,**[1] muchacho.

Miguel's hoodie loosens to reveal his living face.

PATROLMAN Ahh!

The patrolman frantically grabs for his walkie-talkie.

PATROLMAN I've found that living boy!

A large family passes between Miguel and the officer, **chatty**, arms full of offerings.

PATROLMAN Uh whoa, excuse me, excuse me **folks**! Excuse me–

내부. 계단 – 잠시 후
미구엘이 단테와 함께 급하게 계단을 내려간다. 1층에 이르자 계단 밑에서 둘이 같이 옹송그리며 붙어있다. 그가 위층을 올려다본다. 리베라가의 망자들이 거기에 있다. 오스카 삼촌이 여자 순찰관에게 미구엘의 키쯤 되는 아이에 대해 묻는다. 순찰관이 워키토키를 꺼내 든다.
미구엘은 1층을 샅샅이 살피고 회전문 출구를 염탐한다.

미구엘 가자.

미구엘이 후드를 쓰고, 단단히 조여 맨 후 밖으로 나간다. 단테가 발소리가 나지 않게 조심하며 그를 따른다.

여자 순찰관 살아있는 남자아이를 찾고 있는 가족이 있다.

미구엘 내가 음악가가 되고 싶다면, 난 음악가의 축복이 필요해. 우리 고조할아버지를 찾아야겠어.

출구가 점점 가까워지는데 순찰관이 미구엘을 막아선다.

남자 순찰관 거기 서, 꼬마야.

미구엘의 후디가 느슨해지면서 그의 살아있는 얼굴이 드러난다.

남자 순찰관 아야!

남자 순찰관이 극도로 흥분해서 그의 워키토키를 집어 든다.

남자 순찰관 그 살아있는 남자아이를 찾았다!

한 대가족이 제물을 양팔 가득 들고, 이야기를 나누며, 미구엘과 순찰관 사이를 지난다.

남자 순찰관 어 워, 잠깐, 잠시만요 여러분! 실례합니다–

---

hustle 재촉하다

patrolwoman 여자 순찰관

walkie-talkie 워키토키, 무선 송수신기

revolving door 회전문

pad 소리 안 나게 (조용히) 걷다

patrolman 남자 순찰관

chatty 수다스러운, 재잘거리는

folks 사람들

❶ Hold it!
잠시만!
구어체에서 명령문 형태로 쓰여 '잠깐만', 또는 '기다려!'라는 의미로 쓰이는 표현이에요. Wait a moment/minute/second!과 같은 의미예요.

Once the family clears, Miguel is nowhere to be seen.

CUT TO:
INT. NEARBY CORRIDOR
Miguel and Dante hide from the patrolman. But Dante wanders off to inspect a **side room**.

MIGUEL   No, no – Dante!

INT. DEPARTMENT OF CORRECTIONS

Miguel catches up to Dante. He overhears an exchange in a nearby **cubicle**.

CORRECTIONS OFFICER   ...disturbing the peace, **fleeing** an officer, **falsifying** a unibrow...

HÉCTOR   That's illegal?

CORRECTIONS OFFICER   VERY illegal. You need to clean up your act, amigo.

HÉCTOR   Amigo? (**verklempt**) Oh, that's so nice, to hear you say that, because... (misty) I've just had a really hard Día de Muertos, and I could really use an amigo right now.

Héctor leans gratefully toward the officer, overwhelmed with **mock** emotion.

HÉCTOR (CONT'D)   And amigos, they help their amigos. Listen, you get me across that bridge tonight and **I'll make it worth your while.**❶

Héctor spies a de la Cruz poster at the officer's **workstation**.

그 가족이 들어가고 나니 미구엘이 감쪽같이 사라졌다.

장면 전환:
내부. 인근의 복도
미구엘과 단테가 경찰관의 눈을 피해 숨는다. 하지만 단테가 옆방을 살펴본다고 돌아다닌다.

미구엘 안 돼, 안 돼 – 단테!

내부. 교정부

미구엘이 단테를 따라잡는다. 그가 근처의 작은 방에서 들리는 대화를 엿듣게 된다.

교정부 경찰 ⋯평화를 교란하고, 경찰을 피해 도망가고, 일자 눈썹을 위조하고⋯

헥터 그게 불법인가요?

교정부 경찰 엄청나게 불법이지, 자네 버릇을 좀 고쳐야겠네, 이 친구.

헥터 친구요? (감격스러워하며) 오, 그렇게 말씀하시니 정말 좋네요, 왜냐하면⋯ (눈물을 맺혀) 제가 정말 힘든 죽은 자의 날을 보냈거든요, 지금 제겐 정말 친구가 필요해요.

헥터가 꾸며낸 감정으로 벅차하며 고마운 듯이 경찰관 쪽으로 기댄다.

헥터 (계속) 그리고 친구들, 친구라면 서로를 돕는 거죠. 들어보세요. 제가 오늘 밤 저 다리를 건너갈 수 있게 해주면 그 노고에 꼭 보답해 드릴게요.

헥터는 경찰서 안에 델라 크루즈 포스터가 있는 것을 알아챈다.

---

corridor 복도, 회랑, 통로

side room 협실, 작은 방

cubicle 좁은 방

flee 달아나다, 도망하다

falsify 위조/변조하다

verklempt 감정이 북받치다

mock (흉내를 내며) 놀리다/조롱하다

workstation 작업실, 사무실

❶ **I'll make it worth your while.**
너의 노고에 꼭 보답해 줄게.
worth one's while은 관용적인 표현으로 '~의 수고/돈/시간 등을 들일만큼 좋은 또는 중요한 일'을 의미해요. 예를 들어, It's not worth my while. '이 일은 내가 공을 들일만한 가치가 없어' 이런 식으로 쓰이지요.

HÉCTOR (CONT'D)   Oh, you like de la Cruz? **He and I go way back!**[1] I can get you front row seats to his Sunrise **Spectacular** Show!

Miguel **perks** at the mention of de la Cruz.

CORRECTIONS OFFICER   Uh–

HÉCTOR   I'll – I'll get you backstage, you can meet him! (beat) You just gotta let me cross that bridge!

The corrections officer pulls away.

CORRECTIONS OFFICER   I should **lock you up** for the rest of the holiday...
(beat) But my shift's almost **up**, and I wanna visit my living family... so I'm letting you off with a warning.

HÉCTOR   Can I at least get my costume back?

CORRECTIONS OFFICER   Uh, no.

In a huff, Héctor marches out of the room.

HÉCTOR   Some amigo...

Miguel follows him.

INT. HALLWAY

MIGUEL   Hey. Hey! You really know de la Cruz?

HÉCTOR   Who wants to—
(noticing Miguel) Ah! You're alive!

MIGUEL   Shhh!

헥터 (계속) 오, 델라 크루즈 좋아하시는군요? 그 친구하고 저하고 진짜 옛날부터 친한 사이예요! 그 친구가 하는 '해돋이 쇼' 공연의 앞 좌석표를 제가 구해드릴게요.

미구엘이 델라 크루즈의 이야기가 나오자 귀를 기울인다.

교정부 경찰관 어–

헥터 제가 – 제가 백스테이지에도 모셔다드릴게요. 그와 만날 수 있게요! (정적) 그냥 저 다리만 건너게 해 주시면 돼요!

교정부 경찰관이 뒤로 물러선다.

교정부 경찰관 남은 명절 동안 자네를 가두어 둬야 해… (정적) 하지만 내 근무시간이 거의 끝나가서, 내 살아있는 가족을 방문하러 가야겠네… 우선은 자네를 경고처분만 하고 보내 주겠네.

헥터 근데 제 의상만이라도 돌려받을 수 있을까요?

교정부 경찰관 어, 안 돼.

씩씩대며, 헥터가 방을 나간다.

헥터 무슨 친구가 저래…

미구엘이 그를 따른다.

내부. 복도

미구엘 이봐요. 이봐요! 아저씨 진짜 델라 크루즈를 아세요?

헥터 누가 원하나—
(미구엘을 보며) 아! 살아있잖아!

미구엘 쉬이!

---

spectacular 극적인, 화려한 쇼
perk (귀, 꼬리 등이) 쫑긋 서다
lock someone up ~을 철창 안에 가두다
up (기간이) 다 끝난, 다 된
in a huff (다른 사람의 말, 행동으로) 발끈하는
hallway 복도

❶ He and I go way back!
우리 둘은 아주 오랜 친구야!
사람들의 관계에 대해 이야기하면서 go way back 또는 go back a long way라고 하면 '아주 오랫동안 알고 지낸 사이'라는 뜻이예요. 예를 들어, Joe and Tina go back a long way. '죠와 티나는 정말 오랜 친구예요.' 이렇게 쓸 수 있답니다.

Encounter With Héctor

헥터와의 만남

🎧 12.mp3

CUT INTO:
INT. PHONEBOOTH

Miguel pulls Héctor into a **phone booth** to **avoid suspicion**.

MIGUEL (CONT'D) Yeah, I'm alive. And if I wanna get back to the Land of the Living, I need de la Cruz's blessing.

HÉCTOR   That's **weirdly specific**.

MIGUEL   He's my great-great-grandfather.

HÉCTOR   He's your wha-whaat...?

Héctor's eyes drop into his mouth. He pops them **back up with** a punch to his jaw. Miguel is a little **grossed out**.

Héctor turns to **conference** with himself.

HÉCTOR (CONT'D)   Wait, wait, wait, wait, wait. Wait, wait... (gasp) Wait, no, wait, wait, wait. Wait, wait, wait, wait, wait, wait? (beat) Yes! You're going back to the Land of the Living?!

MIGUEL   D'ya know what, maybe this isn't such a g–

Héctor **snaps his fingers rapidly**, pistons firing.

HÉCTOR   No, **niño**, niño, niño, I can help you! You can help me. We can help each other! But most importantly, you can help ME.

장면 전환:
내부. 전화부스

미구엘이 의심의 눈초리를 피해서 전화부스로 헥터를 끌어들인다.

미구엘 (계속) 네, 전 살아있어요. 제가 다시 살아 있는 사람들의 땅으로 들어가고 싶다면, 델라 크루즈의 축복을 받아야만 해요.

헥터 그거참 이상할 정도로 구체적인데.

미구엘 그는 제 고조할아버지셔요.

헥터 그가 너의 뭐–뭐라고…?

헥터의 눈알이 그의 입속으로 떨어진다. 그가 자신의 턱을 가격해서 눈알이 다시 튀어 올라오게 한다. 미구엘이 조금 소름 끼쳐 한다.

헥터가 자기 자신과 상의하기 위해 돌아선다.

헥터 (계속) 잠깐, 잠깐, 잠시, 잠깐, 기다려. 잠깐만, 잠깐… (헉 놀란다) 기다려, 안 돼. 잠깐, 잠시, 잠깐, 잠깐, 잠깐, 잠깐, 잠깐, 잠시, 기다릴래? (정적) 그래! 살아있는 사람들의 땅으로 돌아가겠다고?!

미구엘 있잖아요, 아무래도 그건 그리 좋은 생각이 아닌 것 같–

헥터가 재빨리 그의 손가락을 튕기자, 불꽃이 튄다.

헥터 안 돼, 꼬마야, 얘야, 이놈아, 내가 널 도울 수 있어! 넌 날 도울 수 있고, 우리가 서로를 도울 수 있는 거야! 하지만 가장 중요한 건, 네가 나를 도울 수 있다는 거지.

---

phone booth 공중전화

avoid 방지하다, 막다, (회)피하다

suspicion 혐의/의혹, 의심, 불신

weirdly 기묘하게, 괴상하게

specific 구체적인, 명확한, 분명한

back up with 지원하다, 지키다

gross out ~을 역겹게 하다

conference 회의/학회, 집회를 하다, 모이다

snap one's fingers ('딱' 소리) 손가락을 튕기다

rapidly 빨리, 급속히, 신속히

niño [스페인어] 꼬마, 아이

Miguel suddenly spies his family hurrying down a staircase, Mamá Imelda **spots** Miguel.

MAMÁ IMELDA   Miguel.

MIGUEL   AH!

Héctor **extends his hand**.

HÉCTOR   I'm Héctor.

MIGUEL   That's nice!

Miguel grabs Héctor by the wrist and drags him to the exit, away from his family.

EXT. MARIGOLD GRAND CENTRAL STATION
Miguel and Dante **burst out** the door and rush down the stairs. Héctor's arm **snaps** to get Miguel's attention. Miguel realizes it's no longer **attached** to Héctor's body. The arm **signals** backwards to Héctor who is ten **paces** behind.

HÉCTOR   **Espérame** chamaco!

Miguel throws the arm back to Héctor and they disappear into a **dense** crowd.

Moments later, the Dead Riveras burst, from the revolving doors. Mamá Imelda **scours** the crowd for Miguel. He's nowhere to be found.

MAMÁ IMELDA   Ay, he is going to get himself killed... I need my spirit guide, Pepita.

Mamá Imelda looks to the night sky, puts two fingers to her mouth, and **lets out** a **piercing** whistle. FWOOOMP! A giant **winged jaguar** lands in front of Mamá Imelda. She turns to the family.

미구엘이 갑자기 그의 가족이 서둘러 계단을 내려오고 있는 것을 알아챈다. 이멜다 할머니가 미구엘을 발견한다.

이멜다 할머니 미구엘

미구엘 아!

헥터가 손을 내민다.

헥터 난 헥터야.

미구엘 그거 좋아요!

미구엘이 헥터의 손목을 잡고 가족에게서 멀어지며 출구 쪽으로 그를 끌고 간다.

외부, 금잔화 그랜드 센트럴 역
미구엘과 단테가 문을 박치고 나오며 계단을 빠르게 내려간다. 헥터의 팔이 미구엘의 관심을 끌기 위해 딱 끊어진다. 헥터의 손이 몸에 붙어 있지 않다는 것을 미구엘이 알아차린다. 열 걸음쯤 뒤처져 있는 헥터에게 팔이 신호를 보낸다.

헥터 기다려 꼬매!

미구엘이 그 팔을 다시 헥터에게 던지사 그들이 밀집된 군중 속으로 사라진다.

잠시 후, 망자 리베라 가족들이 회전문에서 불쑥 나온다. 이멜다 할머니가 군중 속을 샅샅이 뒤지며 미구엘을 찾는다. 그는 그 어디에도 보이지 않는다.

이멜다 할머니 아아, 쟤 저러다가 죽겠어… 내 영혼의 가이드가 필요해요, 페피타.

이멜다 할머니가 밤하늘을 바라보며 손가락 두 개를 입에 대고 적막을 가르는 휘파람을 분다. 프읍! 거대한 날개 달린 재규어 한 마리가 이멜다 할머니 앞에 내려앉는다. 그녀가 가족에게로 돌아선다.

---

spot 발견하다, 찾다, 알아채다

extend one's hand 손길을 뻗다

burst out ~에서 뛰어나오다

snap 딱/톡 하고 부러뜨리다

attach 붙이다, 첨부하다

signal 신호, 신호를 보내다

pace 속도, 걸음, (초조해서) 서성거리다

espérame [스페인어] 기다리다, 희망하다

dense 빽빽한, 밀집한

scour 샅샅이 뒤지다

let out (울음/신음) 내다

piercing 날카로운, 꿰뚫어 보는 듯한

winged 날개 달린

jaguar 재규어, 아메리카 표범

MAMÁ IMELDA	Who has that petal Miguel touched?	이멜다 할머니 누가 미구엘이 만졌던 꽃잎을 가지고 있지?
PAPÁ JULIO	Here!	훌리오 할아버지 여기요!

Papá Julio steps forward with a marigold petal. He creeps forward, **jittery**, holding it out for Pepita.

훌리오 할아버지가 금잔화 꽃잎을 들고 앞으로 나선다. 그가 페피타에게 주기 위한 꽃잎을 들고 긴장하며 살금살금 앞으로 다가선다.

PAPÁ JULIO   Nice alebrije...

훌리오 할아버지 멋진 알레브리헤로군요...

Pepita sniffs the petal's scent.

페피타가 킁킁거리며 꽃잎의 냄새를 맡는다.

Suddenly Pepita's head darts, narrowing in on the scent. She **takes to the air**.

갑자기 페피타의 머리가 쏜살같이 달려들며, 그 냄새에 집중한다. 그것이 날아간다.

EXT. UNDERPASS TUNNEL – NIGHT
Miguel sits on a wooden **crate**. Héctor uses his thumb to **smudge** black and white shoe polish on the boy's face.

외부. 지하 터널 – 밤
미구엘이 나무 상자 위에 있는다. 헥터가 엄지손가락으로 미구엘의 얼굴에 흑백 구두약을 문질러 바른다.

HÉCTOR   Hey, hey, **hold still**. (beat) Look up. Look up. A ver, a ver...look up. Up, UP!... Ta-da!

헥터 야, 야, 가만히 좀 있어 봐. (정적) 위를 봐. 위를 보라고. 위로, 위로...위를 봐. 위, 위쪽!... 짜잔.

Héctor opens a small mirror. Miguel's face is painted to look like a skeleton.

헥터가 작은 거울을 펼친다. 미구엘의 얼굴이 해골 같은 모습으로 칠해진다.

바로 이장면!

HÉCTOR (CONT'D) **Dead as a doorknob.**❶ (beat) So listen, MIGUEL: this place runs on memories. When you're well-remembered, people put up your photo and you get to cross the bridge and visit the living on Día de Muertos. (beat) Unless you're me.

헥터 (계속) 완전히 죽은 사람 모습이네. (정적) 자, 들어봐 미구엘: 여기는 기억을 이용해서 굴러가는 곳이야. 네가 좋게 잘 기억되면, 사람들이 네 사진을 걸어놓을 거고 넌 다리를 건너가서 죽은 자의 날에 살아있는 사람들을 만나게 될 거야. (정적) 네가 내가 아니라면 말이야.

MIGUEL   You don't **get to** cross over.

미구엘 아저씨는 건너갈 수가 없군요.

---

jittery 초조한, 조마조마한
take to the air 날다
underpass 아래쪽 도로/철도
crate (물품 운송용 나무) 상자
smudge (잉크 등이) 번지다
hold still 가만히 있다
get to + 동사 ~을 하게 되다

❶ **Dead as a doorknob.**
완전히 죽은.
죽었다는 것을 강조하는 관용표현으로 원래는 (as) dead as a doornail이 더 자주 쓰이는 표현이에요. 앞에 as는 넣어도 되고 생략할 수도 있어요.

HÉCTOR	No one's ever put up my picture… (beat) But you can change that!

He unfolds an old picture. In it is a young, living Héctor.

MIGUEL	This is you?
HÉCTOR	**Muy guapo**, eh?
MIGUEL	So you get me to my great-great grandpa, then I put up your picture when I get home?
HÉCTOR	Such a smart boy! Yes! Great idea, yes! (beat) One hiccup: **de la Cruz is a tough guy to get to.**❶ And I need to cross that bridge soon. Like TONIGHT. (**upbeat**) So, you got any other family here, you know? Someone a bit more… **accessible**?
MIGUEL	Mmm, nope.
HÉCTOR	Don't **yank my chain**, chamaco. You gotta have SOME other family.
MIGUEL	ONLY de la Cruz. If you can't help me, I'll find him myself.

Miguel marches out of the alley, whistling for Dante to follow.

HÉCTOR	Okay, okay, kid, fine – fine! I'll get you to your great-great grandpa…!

헥터 아무도 내 사진을 걸어 놓지 않았단다…
(정적) 하지만 네가 그걸 바꿀 수 있어!

그가 예전 사진을 펼친다. 사진 속에는 젊은, 살아 있는 헥터가 있다.

미구엘 이게 아저씨예요?

헥터 아주 잘생겼지, 응?

미구엘 그러니까 아저씨가 저를 우리 고조할아버지한테 데려다주고, 전 집에 가서 아저씨 사진을 걸면 되는 거죠?

헥터 너 정말 똑똑하구나! 그래! 아주 좋은 생각이야, 그래! (정적) 근데 문제가 하나 있어. 델라 크루즈는 만나기 어려운 사람이야. 근데 난 빨리 저 다리를 건너야 하거든. 당장 오늘 밤에. (활기차게) 음. 너 여기에 또 다른 식구도 있니, 응? 그러니까 뭐랄까, 좀 더… 만나기 쉬운 그런 식구?

미구엘 음음. 아뇨.

헥터 장난하지 마라, 꼬마야. 다른 식구가 한 명도 없을 리가 없잖아.

미구엘 델라 크루즈밖에 없어요. 아저씨가 저를 못 돕겠다면, 제가 직접 나서서 그를 찾을 거예요.

미구엘이 단테에게 따라오라고 휘파람을 불며 골목을 빠져나간다.

헥터 알았어, 알았어, 꼬마야. 좋다고 – 좋아! 너희 고조할아버지를 만나게 해줄게…!

CUT TO:
EXT. BUSTLING STREET

They make their way through a **pedestrian** path.

장면 전환:
외부. 활기가 넘치는 거리

그들이 보행자들이 지나는 거리를 걸어간다.

---

muy [스페인어] 아주, 매우 (영어의 very, too)

guapo [스페인어] 잘생긴, 멋진, 아름다운 (영어의 handsome, beautiful)

upbeat 낙관적인, 쾌활한

accessible 접근/입장/이용 가능한

yank one's chain ~을 조롱하다, 놀리다

bustling 부산한, 북적거리는

pedestrian 보행자, 보행자용의

❶ **De la Cruz is a tough guy to get to.** 델라 크루즈는 접근하기 어려운 남자야.
이 문장에서 tough는 '힘든/어려운'의 뜻으로 get to(다가서다)와 함께 쓰여 전체 문장이 '그에게는 다가서기가/접촉/접근하기가 어렵다'는 의미가 되었네요.

HÉCTOR (CONT'D) ...It's not gonna be easy, you know? He's a busy man. (beat) What are you doing?

Miguel **slink-walks next to** Héctor **goofily**.

MIGUEL   I'm walking like a skeleton. **Blending in.**

HÉCTOR   No, skeletons don't walk like that.

MIGUEL   It's how you walk.

HÉCTOR   No, I don't.

Miguel keeps walking funny.

HÉCTOR (CONT'D) Stop it!

Miguel notices a **billboard advertising** "ERNESTO DE LA CRUZ'S SUNISE SPECTACULAR!" "Remember Me" **blares** from attached speakers.

MIGUEL   Whoa... "Ernesto de la Cruz's Sunrise Spectacular...!" **Qué padre!**

HÉCTOR   **Blech.** Every year, your great-great grandpa **puts on** that dumb **show** to **mark** the end of Día de Muertos.

MIGUEL   And you can get us in!

HÉCTOR   Ahhhh–

MIGUEL   Hey, you said you had front row tickets!

HÉCTOR   That... that was a lie. I **apologize** for that.

Miguel **gives** Héctor **a withering look.**

헥터 (계속) ...쉽진 않을 거야, 알지? 아주 바쁜 사람이거든. (정적) 뭐 하니?

미구엘이 헥터 옆에서 껄렁하고 바보 같은 걸음걸이로 걷는다.

미구엘 저 지금 해골처럼 걷는 거예요. 튀지 않으려고요.

헥터 아냐, 해골들은 그렇게 걷지 않아.

미구엘 아저씨는 이렇게 걷는데요.

헥터 아냐, 그렇지 않아.

미구엘이 계속 우습게 걷는다.

헥터 (계속) 잠깬

미구엘은 쇼 옥외광고판을 알아본다. "에르네스토 델라 크루즈의 해돋이!" "날 기억해줘" 노래가 광고판 옆에 붙어 있는 스피커를 통해 크게 울려 퍼진다.

미구엘 우와... "에르네스토 델라 크루즈의 해돋이...!" 진짜 멋지다!

헥터 우웩! 매년, 너희 고조할아버지가 죽은 자의 날의 끝을 장식한다면서 저 멍청한 쇼를 벌인단다.

미구엘 그리고 아저씨는 우리가 저기 들어가게 해줄 수 있는 거고요!

헥터 아이아–

미구엘 아저씨, 앞 좌석 표가 있다고 하셨잖아요!

헥터 그건... 그건 거짓말이었단다. 사과할게.

미구엘이 헥터를 원망스러운 표정으로 쳐다본다.

---

slink-walk 〈비격식〉 껄렁껄렁하게 걷다

next to 바로 옆에

goofily 바보같이, 껄렁껄렁하게

blend in 조화를 이루다, (튀지 않고 다른 환경에) 섞여들다

billboard advertising 옥외 광고판 광고

blare 요란하게 울리다

qué padre [스페인어] 멋지다! 대단하다! (영어의 How cool!)

blech 우웩 (역겨워서 내는 소리)

put on a show 쇼/공연을 하다

mark 표시하다, 흔적/자국을 내다, (중요 사건을) 기념/축하하다

apologize 사죄/사과하다

give a look 쳐다보다, 째려보다

withering 기를 죽이는, 위축시키는

HÉCTOR	**Cool off,**[1] chamaco, come on... I'll **get you to** him.
MIGUEL	How?
HÉCTOR	'Cause I **happen to** know where he's **rehearsing**!

헥터 진정해, 꼬마야. 왜 이래… 그를 어떻게든 만나게 해줄 테니까.

미구엘 어떻게요?

헥터 그가 리허설하는 장소를 내가 알고 있거든!

---

come on 자, 어서, 서둘러

get someone to ~ …을 ~에 넣다/데려다 주다

happen to 우연히, 어쩌다 보니 ~하게 되다

rehearse 리허설/예행연습을 하다

❶ **Cool off.**
진정해.
뭔가에 화가나서 '진정해, 열 좀 식혀'라고 할 때 쓰는 표현입니다. 더운 여름에 열(더위)을 식힌다고 할때도 위의 표현을 쓰고요, 비슷한 표현으로 Cool down. 도 쓸 수 있습니다.

Pursuit of de la Cruz

델라 크루즈를 찾아서

🎧 13.mp3

CUT TO:
EXT. WAREHOUSE, BENEATH WINDOWS

Héctor uses his **suspenders** to **slingshot** his arm to a third floor window. The hand **taps** on it.

INT. COSTUME ROOM
CECILIA, a **costumer**, turns from a costume to look at the window. Héctor's hand waves. She **rolls her eyes** and goes to open the window.

CECILIA   You better have my dress, Héctor!

HÉCTOR   Hola, Ceci!

EXT. BENEATH WINDOW
She **lowers** a ladder so Héctor, Miguel and Dante can **climb up**. Héctor grabs his arm and **reattaches** it.

INT. COSTUME ROOM
They all crawl in through the window.

MIGUEL   Hola.

HÉCTOR   Ceci, I lost the dress—

CECILIA   Ya lo **sabía**! I gotta dress forty dancers by sunrise and thanks to you, I'm one Frida **short of** an **opening number**!

HÉCTOR   Ceci – I know, Ceci. I know, I know.
Ceci – Ceci... Ceci. Ceci...

장면 전환:
외부, 창고, 창문 아래

헥터가 그의 멜빵을 이용해서 3층으로 그의 팔을 새총을 쏘듯 날려 보낸다. 그의 손이 창문을 두드린다.

내부, 분장실
의상담당자, 세실리아가 의상을 보다가 창문 쪽으로 고개를 돌린다. 헥터의 손이 인사를 한다. 그녀가 눈을 굴리며 열린 창문으로 간다.

세실리아   내 드레스 없기만 해봐, 헥터!

헥터   안녕, 쎄시!

외부, 창문 아래
그녀가 사다리를 내려서 헥터, 마구엘, 단테가 올라올 수 있게 해준다. 헥터가 자기 팔을 잡아 다시 몸에 붙인다.

내부, 분장실
그들 모두 기어서 창문을 통해 들어온다.

미구엘   안녕하세요.

헥터   쎄시, 나 그 드레스 잃어버렸어—

세실리아   그럴 줄 알았지! 아침에 댄서들 40명 의상을 입혀줘야 하는데 너 때문에, 공연 첫 순서에 필요한 프리다 드레스가 없는 상황이라고!

헥터   쎄시 – 알아, 쎄시 안다고, 알아.
쎄시 – 쎄시... 쎄시, 쎄시...

---

warehouse 창고
suspender 멜빵, 가터
slingshot 새총
tap (가볍게) 톡톡 두드리다/치다
costume room 분장실
costumer 의상담당자, 의상업자
roll one's eyes 눈(알)을 굴리다
lower ~을 내리다/낮추다

climb up ~에 오르다, 올라가다
reattach 다시 달다, 재장착하다
sabía [스페인어] 알다
short of (일손, 물량 등이) 딸리다, 모자라다
opening number 오프닝넘버, 연주회나 방송의 음악 프로그램에서 첫 연주곡

As Héctor tries to **talk her down**, Dante wanders away from the costume area.

MIGUEL   Dante... Dante!

Miguel chases after him.

INT. REHEARSAL AREA

MIGUEL   We shouldn't be in here...

Miguel follows Dante through a giant warehouse, **divided into** different artists' **workspaces**. He passes papier-mache sculptures, giant paper **cut out banners**, a skeleton posing nude for a painter...

Dante **sniffs around**. Suddenly an ALEBRIJE MONKEY jumps out at Dante. The monkey starts riding Dante, **tormenting** him. Miguel hustles after him.

MIGUEL   No, no, Dante! **Ven acá!**

The monkey jumps up onto the **shoulder** of FRIDA KAHLO, the REAL Frida Kahlo, who stands in front of a rehearsal stage. Miguel **reins Dante in** just as Frida turns to find them.

FRIDA   You! How did you get in here?

MIGUEL   I just followed my–

Frida's eyes go wide when she sees Dante. She **kneels** and takes his head in her hands.

FRIDA   Oh, the **mighty** Xolo dog...! Guider of wandering spirits...! (beat) And whose spirit have you guided to me?

Frida **takes a closer** look at Miguel.

헥터가 그녀를 진정시키려는 동안, 단테는 분장실을 벗어나 돌아다닌다.

미구엘 단테… 단테!

미구엘이 그를 쫓아간다.

내부. 리허설 장소

미구엘 여기 우리가 오면 안 되는 곳이야…

여러 가수들의 작업공간으로 나눠진 거대한 창고를 지나 미구엘이 단테를 따라간다. 종이 반죽 조각품들과, 종이로 오려서 만든 거대한 현수막, 해골이 화가 앞에서 누드로 포즈를 취하고 있는 곳을 미구엘이 지나간다.

단테가 이리저리 킁킁 냄새를 맡으며 다닌다. 갑자기 원숭이 알레브리헤가 단테에게 달려든다. 원숭이가 단테 등에 올라타고, 그를 성가시게 한다. 미구엘이 그것을 밀쳐낸다.

미구엘 안 돼, 안 돼, 단테! 이리 와!

원숭이가 리허설 무대 앞에 서 있는 프리다 칼로, 진짜 프리다 칼로의 어깨 위로 올라탄다. 미구엘이 단테를 도망가지 못하게 잡아 놓는데 프리다가 그들을 돌아본다.

프리다 너! 여길 어떻게 들어온 거지?

미구엘 전 그냥 따라왔어요 제-

프리다가 단테를 보자 눈이 휘둥그레진다. 그녀는 무릎을 꿇고 앉으며 그녀의 손으로 단테의 머리를 감싼다.

프리다 오, 위대한 털 없는 강아지… 방황하는 영혼들의 안내자…! (정적) 누구의 영혼을 나에게 안내한 거니?

프리다가 미구엘을 더 자세히 살핀다.

---

talk someone down 자신이 우월하다는 듯이 상대방을 얕잡아보며 행동하다

divide into ~로 나뉘다

workspace (특히 사무실 내의) 작업/업무 공간

cut-out 오려낸

banner 현수막, 플래카드

sniff around 킁킁거리며 다니다

torment (특히 정신적인) 고통, 고뇌, 괴롭히다

ven acá! [스페인어] 이리 와! (영어의 come here!)

shoulder 어깨

rein someone in ~의 고삐를 죄다, ~을 억제하다

kneel 무릎을 꿇다

mighty 강력한, 힘센, 웅장한, 장대한

take a closer look at 더 자세히 살펴보다

MIGUEL   I don't think he's a spirit guide.

FRIDA   Ah-ah-ah. The alebrijes of this world can take many forms... They are as **mysterious** as they are **powerful**...

The patterns on Frida's monkey **swirl** and he opens his mouth to breath a blue fire. He **fumbles** at the end with a **chesty** cough.

Then they look to Dante, who is chewing his own leg. Suddenly, Frida turns back to Miguel.

FRIDA (CONT'D)   Or maybe he's just a dog. Come! I need your eyes!

Frida guides him to **view** the rehearsal space.

FRIDA   You are the audience. (beat) Darkness. And from the darkness... A giant **PAPAYA**!

Lights come up on a giant papaya **prop**.

FRIDA   Dancers **emerge from** the papaya and the dancers are all me!

Leotarded, unibrowed dancers crawl around the sides of the **mesh** papaya. Behind the papaya is an even larger **half-finished** mesh **structure**.

FRIDA (CONT'D)   And they go to drink from the milk of their mother who is a **cactus**, but who is also me. And her milk is not milk but tears. (to Miguel) Is it too **obvious**?

MIGUEL   I think it's **just the right amount** of obvious? (beat) It could use some music... Oh! What if you did, like, doonk-doonk-doonk-doonk...

미구엘   얘는 영혼의 안내자가 아닌 것 같은데요.

프리다   아-아-아. 이 세상의 알레브리헤들은 수많은 형상으로 존재한단다… 그들은 강력하기도 하면서 또 신비롭기도 하지…

프리다의 원숭이 몸에 그려진 패턴들이 소용돌이치고 그가 입에서 파란 불을 내뿜는다. 그가 결국 더듬거리며 거친 기침을 해댄다.

그 후 그들은 자기 다리를 씹고 있는 단테를 바라본다. 프리다가 갑자기 미구엘에게로 돌아선다.

프리다 (계속)   그래 아마 그냥 강아지일 수도 있겠어. 이리 오렴! 네 눈이 필요해!

프리다가 그를 이끌고 리허설 현장으로 간다.

프리다   넌 관객이야. (정적) 어둠. 그리고 어둠 속에서… 거대한 파파야!

거대한 파파야 모형 위로 조명이 켜진다.

프리다   파파야에서 댄서들이 나오고 그 모든 댄서가 다 나야!

무용수 복장의 일자 눈썹인 댄서들이 망사 파파야 옆에서 기어 다닌다. 파파야의 뒤에는 한층 더 거대한 반쯤 완성된 망사 구조물이 있다.

프리다 (계속)   그리고 그들은 그들의 어머니인 선인장, 이 역시 나인데, 어머니의 모유를 마시기 위해 가지. 하지만 그녀의 모유는 모유가 아니라 눈물이지. (미구엘에게) 너무 뻔한 얘긴가?

미구엘   그 정도면 딱 적당하게 뻔하지 않나요? (정적) 음악이 나오면 더 좋을 것 같아요… 오! 혹시 당신께서 이렇게 하면 어떨까요. 둥-둥-둥-둥…

---

mysterious 이해/설명하기 힘든, 불가사의한
powerful 강력한
swirl 빙빙 돌다, 소용돌이치다
fumble (무엇을 찾느라고 손으로) 더듬거리다
chesty 가슴, 기관지가 안 좋은 듯한
view (세심히 살피며) 보다, 관람하다
papaya 파파야 (열대과일의 한 종류)
prop 받침대, 버팀목, (연극, 영화) 소품

emerge from ~에서 나오다
leotard 리어타드 (무용수나 체조 선수용 타이츠)
mesh 그물망, 철망, 망사
half-finished 미완성인, 반제품의
structure 구조, 구조물, 건축물
cactus 선인장
obvious 분명한/명백한
just the right amount 딱 알맞은 양/수량

Frida, **inspired**, **cues** some musicians who start playing the tune.

MIGUEL (CONT'D) Oh! And then it could go dittle-ittle-dittle-ittle-dittle-ittle-dittle-ittle – WEAAA!

영감을 얻은 프리다가 연주하고 있는 연주가들에게 신호를 준다.

미구엘 (계속) 오! 그다음엔 디따-띠리-디따-띠리-디따-띠리 - 위아아!

The violins follow; a trombone **punctuates**.

FRIDA　　And... what if everything was **on fire**?
　　　　　　Yes! Fire everywhere!

비올린이 뒤따라 나오고, 트롬본이 중간중간 간간이 끼어든다.

프리다 그리고… 모든 것에 불을 붙여보면 어떨까? 그래! 전체에 불을 붙이는 거야!

The dancers gasp and look at each other, now **concerned**.

FRIDA　　Inspired! (leaning in) You... you have the spirit of an artist!

댄서들이 헉하고 놀라며 걱정스러운 표정으로 서로를 쳐다본다.

프리다 영감을 얻었어! (다가서며) 너… 너 아티스트의 영혼을 가지고 있구나!

Miguel brightens. Frida turns back to the rehearsal.

FRIDA　　The dancers exit, the music fades, the **lights go out**! And Ernesto de la Cruz rises to the stage!

미구엘이 표정이 밝아진다. 프리다가 다시 리허설 쪽으로 고개를 돌린다.

프리다 댄서들이 나가면서, 음악 소리가 서서히 잦아들고, 조명이 모두 꺼진다! 그리고는 에르네스토 델라 크루즈가 무대 위로 올라온다!

A **silhouette** rises from a **trap door**. Miguel leans forward.
A **spotlight** shines on the silhouette revealing it to be a **mannequin**.

바닥의 뚜껑이 열리며 작은 문에서 실루엣이 올라온다. 미구엘이 앞쪽으로 몸을 기울인다. 환한 조명이 실루엣을 비추는데 그 속에 보이는 것은 마네킹이다.

MIGUEL　　Huh?

미구엘 에잉?

FRIDA　　He does a couple of songs, the sun rises, everyone **cheers**–

프리다 그가 노래 몇 곡을 부르고, 해가 떠오르고, 모두가 환호한다 –

Miguel hustles up to Frida.

미구엘이 프리다에게 달려간다.

MIGUEL　　Excuse me, where's the real de la Cruz?

미구엘 죄송하지만, 진짜 델라 크루즈는 어디 있나요?

FRIDA　　Ernesto doesn't do rehearsals. He's too busy **hosting** that fancy party at the top of his tower.

프리다 에르네스토는 리허설은 안 한단다. 그는 자신의 타워 꼭대기에서 벌어지는 화려한 파티를 주관하느라 너무 바쁘거든.

She gestures out a large window to a GRAND **ESTATE** lit up **in the distance**, **atop** a **steep** hill.

그녀가 저 멀리 가파른 언덕 위에 빛나는 웅장한 건물의 큰 창문 쪽을 가리킨다.

---

inspired 영감을 받은, (자질, 능력이) 탁월한

cue (연극/영화에서 시작) 신호/큐, 신호를 주다

punctuate 간간이 끼어들다

on fire 불타고 있는

concerned 걱정/염려하는

lights go out (전등, 조명 등이) 꺼지다

silhouette (밝은 바탕 배경) 검은 윤곽, 실루엣

trap door (바닥, 천장의) 작은 문

spotlight 스포트라이트, 환한 조명

mannequin 마네킹

cheer 환호하다, 응원하다, 응원, 환호

host (손님을 초대한) 주인, (행사, 파티 등을) 주최하다

estate 사유지/토지, (주택, 공장) 단지/지구

in the distance 저 멀리, 먼 곳에

atop 꼭대기에, 맨 위에

steep 가파른, 비탈진

Suddenly Héctor rounds the corner, **out of breath**.

HÉCTOR	Chamaco! You can't **run off** on me like that! C'mon, stop **pestering** the celebrities...

갑자기 헥터가 숨을 헐떡이며 모퉁이를 돈다.

헥터 꼬마야! 날 두고 그냥 그렇게 가버리면 안 되지! 유명 인사들을 성가시게 굴지 좀 말고…

Héctor pulls Miguel away, but Miguel won't be **wrangled**.

헥터가 미구엘을 밖으로 잡아당기지만, 미구엘은 오래 다툴 생각이 없다.

MIGUEL You said my great-great grandpa would be here! He's **halfway** across town, **throwing** some big **party**.

미구엘 아저씨가 우리 고조할아버지가 여기 있을 거라고 했잖아요! 그는 동네 반대편 저쪽에서 큰 파티를 하고 있다고요.

HÉCTOR That **bum**! Who doesn't **show up** to his own rehearsal?

헥터 그 놈팡이! 도대체 자기 쇼의 리허설을 하는 데 안 나타나는 놈이 어디 있냐고?

MIGUEL If you're such good friends, how come he didn't invite you?

미구엘 그렇게 친한 친구인데, 근데 왜 할아버지가 아저씨를 초대하지 않은 거죠?

HÉCTOR He's YOUR great-great grandpa. **How come** he didn't invite YOU?

헥터 너희 고조할아버지잖아. 왜 너는 초대를 못 받은 건데?

Héctor walks away from Miguel toward the musicians.

헥터가 미구엘에게서 멀어지며 음악가들 쪽으로 간다.

HÉCTOR Hey, Gustavo! You know anything about this party?

헥터 이봐, 구스타보! 그 파티에 대해서 뭐 아는 거 있나?

GUSTAVO It's the **hot ticket**. But if you're not on the guest list, you're never getting in, **Chorizo**...

구스타보 잘나가는 사람들만 오는 파티야. 초대 명단에 들어있지 않으면 절대 못 들어가지. 소시지 양반…

MUSICIANS Hey, it's Chorizo! / Choricito!

음악가들 어이, 소시지다! / 소시지 맨!

HÉCTOR Ha ha, very funny guys. Very funny.

헥터 하하, 정말 웃기네 자네들. 아주 웃겨.

MIGUEL Chorizo?

미구엘 소시지?

---

out of breath 숨이 가쁜
run off 달아나다
pester 성가시게 하다, 괴롭히다
celebrity 유명 인사
wrangle (보통 오랫동안) 언쟁을 벌이다/다투다, 언쟁/다툼
halfway (거리, 시간상으로) 중간/가운데쯤에
throw a party 파티를 열다
bum 부랑인, 놈팡이

show up (예정된 곳에) 나타나다
how come 〈비격식〉 어째서 (~인가)?, 왜?, 어째서?
hot ticket 〈구어〉 인기 있는 사람/것, 인기인, 스타
chorizo [스페인어] 소시지

바로 이장면!*

<u>GUSTAVO</u> (to Miguel, re: Héctor) Oh, this guy's famous! Go on, go on, ask him how he died!

구스타보 (미구엘에게, 헥터와 관련해서) 오, 이 인간 아주 유명해! 그래 어서, 어서, 그가 어떻게 죽었는지 물어봐라!

Miguel looks to Héctor, eyebrow **cocked**.

미구엘이 눈썹을 치켜올리며 헥터를 바라본다.

<u>HÉCTOR</u> I don't want to talk about it.

헥터 그 얘긴 하고 싶지 않구나.

<u>GUSTAVO</u> He **choked on** some CHORIZO!

구스타보 그는 소시지를 먹다가 질식했어!

The musicians laugh. Miguel tries to **stifle** a **giggle**.

음악가들이 웃는다. 미구엘이 웃음을 억누르려 한다.

<u>HÉCTOR</u> I didn't choke, okay – I got **food poisoning**, which is a big difference!

헥터 난 질식되지 않았다고, 응 – 식중독에 걸린 거지, 그 둘은 완전히 다른 거야!

More **laughter**.

더 많은 웃음.

<u>HÉCTOR</u> (to Miguel) This is why I don't like musicians... **bunch of self-important jerks**!

헥터 (미구엘에게) 이래서 내가 음악가들을 싫어하는 거야… 아주 자기만 잘난 줄 아는 재수 없는 군상들이라고!

MIGUEL Hey, I'm a musician.

미구엘 아저씨, 저도 음악가예요.

<u>HÉCTOR</u> You are?

헥터 네가?

<u>GUSTAVO</u> Well, if you really want to get to Ernesto, there IS that music **competition** at the Plaza de la Cruz. Winner gets to play at his party...

구스타보 흠, 네가 정말 에르네스토를 만나고 싶다면, 델라 크루즈 광장에서 열리는 대회가 있거든. 거기서 우승하면 그의 파티에서 연주할 수 있단다…

Miguel's **wheels start turning**.

미구엘의 마음이 요동치기 시작한다.

<u>HÉCTOR</u> No, no, no, chamaco, you are **loco** if you think—

헥터 아니, 아니, 안 돼, 꼬마야, 넌 미친 거야 네가 정말 생각 –

Miguel looks to his hands, **progressed** in their skeletal **transformation**.

미구엘이 자신의 손을 보니, 해골로의 변화가 더 진행되었다.

---

cock (모자챙을) 위로 젖히다; (모자를) 비뚜름하게 쓰다

choke on ~으로 질식하다, ~이 목에 걸리다

stifle (감정 등을) 억누르다, 억압하다

giggle 피식 웃다, 키득/낄낄거리다

food poisoning 식중독

laughter 웃음

a bunch of 다수의

self-important 자만심이 강한

jerk 〈비격식〉 얼간이, 재수 없는 인간

competition 경쟁, 대회, 시합, 경연

wheels start turning 일을 시작/개시하다, 시동이 걸리기 시작하다

loco 〈비격식〉 미친

progress 진전을 보이다, 진행하다

transformation (완전한) 변화/탈바꿈, 변신

MIGUEL	I need to get[1] my great-great grandfather's **blessing**.	미구엘	난 우리 고조할아버지의 축복을 받아야만 해요.

Miguel **looks up** to Héctor.

미구엘이 핵터를 올려다본다.

MIGUEL (CONT'D)	You know where I can get a guitar?	미구엘 (계속)	제가 기타를 구할 만한 곳을 아시나요?

Héctor **sighs**.

핵터가 한숨을 쉰다.

HÉCTOR	I know a guy...	핵터	내가 아는 인간이 하나 있긴 한데…

---

blessing 축복

look up 올려다 보다

sigh 한숨을 쉬다

❶ I need to get~
~을 필요로 한다.
상점에서 물건을 구입하거나 숙소에서 물품을 요청할 때 등 다양한 상황에서 '무엇을 필요로 할 때' 사용할 수 있는 유용한 표현입니다. need to 다음에는 get 대신 see, buy, talk 등 다양한 동사를 넣어 활용할 수 있습니다.

Forgotten People
잊혀진 사람들

🎧 14.mp3

CUT TO:
EXT. UNDERPASS TUNNEL – NIGHT

Pepita **sweeps** across the sky, landing in a darkened corner. She **casts a shadow** on the wall, then **lurches** into the light. She **sniffs out** the spot where Héctor painted Miguel's face, finding a **canister** of shoe polish. She lets out a low **growl**.

The Dead Riveras follow after her.

MAMÁ IMELDA   Have you found him, Pepita? Have you found our boy?

Pepita breathes on the ground, revealing a **footprint**. It glows for a moment. The family leans in to **inspect**.

TÍA ROSITA   A footprint!

PAPÁ JULIO   It's a Rivera **boot**!

TÍO OSCAR   Size seven...

TÍO FELIPE   ...and a half.

TÍA VICTORIA   Pronated.

MAMÁ IMELDA   Miguel.

Pepita leans forward, breathes again, and the glow spreads to reveal a **trail** of footprints.

CUT TO:
EXT. NARROW STAIRWAY

장면 전환:
외부. 지하차도 터널 – 밤

페피타가 하늘을 가로저으며 날아가다가 어두운 모퉁이로 착지한다. 그녀가 벽에 그늘을 드리우더니 불빛 속으로 갑자기 격렬하게 요동치며 들어간다. 그녀는 헥터가 미구엘 얼굴에 칠한 부분을 냄새로 알아채고 구두약 통을 찾아낸다. 그녀가 낮게 으르렁댄다.

망자 리베라 가족들이 그녀를 따라간다.

이멜다 할머니   그를 찾았니, 페피타? 우리 아이를 찾았냐고?

페피타가 땅 위로 숨을 쉬니 발자국이 하나 드러난다. 발자국이 순간적으로 빛이 난다. 가족이 검사하기 위해 다가선다.

로지타 고모   발자국이야!

훌리오 할아버지   리베라 집안의 부츠네!

오스카 삼촌   사이즈는 7…

펠리페 삼촌   …그리고 반.

빅토리아 고모   굽이 틀어졌어.

이멜다 할머니   미구엘이로군.

페피타가 앞으로 몸을 기울이며 다시 숨을 내쉬자 빛이 퍼지며 길게 나 있는 발자국이 보인다.

장면 전환:
외부. 좁은 계단

---

sweep (빗자루로) 쓸다/청소하다. (거칠게) 휩쓸고 가다
cast a shadow 그림자를 드리우다
lurch (갑자기) 휘청거리다. (공포, 흥분) 떨리다. 요동치다
sniff out 냄새로 ~을 알아내다/찾아내다
canister 통, 금속용기
growl (동물이) 으르렁거리다
footprint 발자국
inspect (확인하기 위해) 점검/검사하다

boot (튼튼하고) 목이 긴 신발, 부츠
pronated (손바닥, 발바닥 등이) 돌아서 밑을 향한, 안짱다리인
trail 자국, 흔적, 자취
stairway (건물 내, 외부에 있는 일련의) 계단

Miguel follows Héctor down a steep stairway. Miguel looks to his bony knuckles, concern on his face.

미구엘이 헥터를 따라 가파른 계단을 내려간다. 미구엘이 자신의 뼈가 드러난 손가락 관절들을 본다. 그의 얼굴에는 근심이 보인다.

바로 이장면!*

HÉCTOR Why the heck would you wanna be a musician?

헥터 넌 근데 도대체 왜 음악가가 되고 싶어 하는 거니?

MIGUEL My great-great grandpa was a musician.

미구엘 우리 고조할아버지가 음악가셨거든요.

HÉCTOR ...Who spent his life performing like a monkey for complete strangers. Blech, no, no thank you, **guácala**, no...

헥터 ···전혀 모르는 사람들을 위해 원숭이처럼 공연하면서 일생을 보낸 거지. 우엑, 별로, 완전 별로야, 역겨워, 싫다···

MIGUEL Whadda you know?❶

미구엘 아저씨가 뭘 아신다고 그래요?

As Miguel **descends** the staircase, de la Cruz's distant glowing tower is **obscured** by old forgotten buildings.

미구엘이 계단을 내려오는데, 멀리서 빛나는 델라 크루즈의 타워가 오래되어 잊혀진 건물들에 가려 잘 보이지 않는다.

MIGUEL So, how far is this guitar anyway?

미구엘 그런데, 그 기타는 얼마나 멀리 가야 받을 수 있는 건가요?

HÉCTOR We're almost there...

헥터 거의 다 왔어···

Héctor jumps from the stairway and crashes on the ground below. But his bones reassemble immediately.

헥터가 계단에서 뛰어내리다가 아래 바닥에 떨어지며 뼈들이 흩어진다. 하지만 그의 뼈들이 곧바로 다시 모인다.

HÉCTOR (CONT'D) Keep up, chamaco, come on!

헥터 (계속) 계속 가자고, 꼬마야, 힘내!

Héctor leads Miguel through a stone archway.

헥터가 미구엘을 이끌고 석조 아치형 입구를 통과한다.

EXT. SHANTY TOWN
Graffiti on the archway **depicts** skeletal angels with wings the color of marigolds.

외부. 빈민가
아치형 입구에 있는 그라피티가 금잔화 색깔의 날개를 가진 해골 천사들을 묘사한다.

Inside the archway, a group of ratty skeletons huddle around a burning trashcan and laugh **raucously**. They are gray and dusty, not unlike Héctor, but there's a **camaraderie** about them.

아치형 입구 안쪽에는, 추레한 해골들이 집단으로 모여 불을 땐 쓰레기통 주변에 옹기종기 모여서 소란스럽게 웃고 있다. 그들은 우중충하고 칙칙하다, 헥터와 다르지 않게, 하지만 그들에게는 동지애가 있다.

---

guácala [스페인어] 우웩 (영어의 yuck, gross)
descend 내려오다
obscure 이해하기 힘든, 모호한
shanty town 변두리의 빈민가, 판자촌 지역
depict (말이나 그림으로) 묘사하다, 그리다
raucously 쉰 소리로, 귀에 거슬리게
camaraderie 동료애

❶ **Whadda you know?** 당신이 뭘 알겠어요?
Whatdda는 what do를 소리 나는 대로 구어적으로 표기한 것이에요. 이 문맥에서는 '당신이 알아봐야 얼마나 제대로 알겠느냐?'는 의미로 쓰였지만, 대개는 감탄문으로 '아니, 이게 누구야/뭐야! 와, 정말 별일일세!'라는 정도의 어감으로 놀람을 나타낼 때 쓰이기도 합니다. 예를 들어, They won again? Well, what do you know! '그들이 또 이겼다고? 와, 정말 별일이네!' 이렇게요.

RATTY GROUP	COUSIN HÉCTOR!!	추레한 무리 사촌 헥테!!
HÉCTOR	Eh! These guys!	헥터 앳 이 사람들!
RATTY MEMBER	HÉCTOR!!	추레한 일원 헥테!!
HÉCTOR	Hey Tío! **Qué onda?**	헥터 안녕 삼촌 별일 없으시죠?
MIGUEL	These people are all your family?	미구엘 이들이 다 아저씨 가족이에요?
HÉCTOR	Eh, **in a way**... We're all the ones with no photos or ofrendas, no family to go home to. Nearly forgotten, you know? (beat) So, we all call each other cousin, or tío, or whatever.	헥터 어, 그렇다고도 할 수 있지… 우린 모두 오 프렌다에 사진이 안 걸린 사람들이거든. 집으로 돌 아가도 만날 가족이 없는 사람들이야. 거의 잊혀진 존재들이지, 알겠니? (정적) 그래서 우린 모두 서 로를 사촌, 삼촌, 뭐가 되었건 그런 걸로 부른단다.

They approach three old ladies **playing cards** around a wooden crate. One, TÍA CHELO looks up.

그들이 나무상자 주변에서 카드놀이를 하는 세 명 의 노파들에게 다가간다. 그중 한 명인 첼로 고모 가 위를 올려다본다.

TÍA CHELO	Héctor!	첼로 고모 헥터!
HÉCTOR	Tía Chelo! He-hey!	헥터 첼로 고모! 아-안녕하세요!

Héctor hands them a bottle.

헥터가 그들에게 병 하나를 건넨다.

OLD TÍAS	Muchas gracias!	늙은 고모들 정말 고마워!
HÉCTOR	Hey, hey! **Save** some for me! **Is Chicharrón around?**❶	헥터 어, 에! 내 것도 좀 남겨둬요! 근처에 치차론 있나요?
TÍA CHELO	In the **bungalow**. I don't know if he's **in the mood for** visitors...	첼로 고모 방갈로에 있지. 근데 누가 찾아가면 좋 아할지는 모르겠네…
HÉCTOR	Who doesn't like a visit from Cousin Héctor?	헥터 사촌 헥터가 왔는데 싫어할 사람이 누가 있 겠어요?

Qué onda? [스페인어] 별일 없지? (영어로 What's up?)
in a way 어느 정도는, 어떤 면에서는
play cards 카드놀이를 하다
save 구하다, 저축하다, 남겨두다/아끼다
bungalow 방갈로
in the mood for ~할 기분이다

❶ **Is Chicharron around?**
치차론 (여기) 있나요?
찾는 사람이 집에 혹은 이 근방에 있는지 물어볼 때 쓰는 표현이에요. 물론 같은 상황에서 Is Chicharron here? 또는 Is Chicharron home? 이렇게 물어볼 수도 있어요.

INT. SHANTY BUNGALOW TENT
Héctor holds the curtain open. Miguel and Dante walk in.

The tent is **cramped**, dark, and quiet. Piles are organized everywhere: stacks of old dishes, a drawer full of pocket watches, magazines, records. This place belongs to a collector of things. Miguel almost **knocks** one stack **over**.

Héctor spies a **hammock** piled with old junk, a dusty hat on top. He lifts the hat and finds the **grumpy** face of CHICHARRÓN.

HÉCTOR	**Buenas noches**, Chicharrón!
CHICHARRÓN	I don't want to see your stupid face, Héctor.
HÉCTOR	C'mon, it's Día de Muertos! I brought you a little offering!
CHICHARRÓN	Get out of here...
HÉCTOR	I would, Cheech, but **the thing is...**❶ me and my friend, Miguel, we really need to borrow your guitar.
CHICHARRÓN	My guitar?!
HÉCTOR	Yes?
CHICHARRÓN	My **prized**, beloved guitar...?
HÉCTOR	I promise we'll bring it right back.

Chicharrón sits up, **incensed**.

CHICHARRÓN	Like the time you promised to bring back my van?
HÉCTOR	Uh...

내부. 초라한 방갈로 텐트
헥터가 커튼을 열어 들고 있다. 미구엘과 단테가 안으로 들어간다.

텐트가 비좁고 어둡고 적막하다. 이것저것 쌓아놓은 것들이 사방에 정리되어 있다. 낡은 식기들 쌓아놓은 것, 회중시계로 가득한 서랍, 잡지들, 음반들. 이 집은 수집가의 집이 분명하다. 미구엘이 하마터면 한 더미를 무너트릴 뻔했다.

헥터가 오래된 잡동사니가 쌓이고 그 위에 먼지투성이의 모자가 있는 해먹을 살펴본다. 그가 모자를 들어 올리니 치차론의 짜증에 찬 얼굴이 나타난다.

헥터 좋은 저녁이야, 치차론!

치차론 네 한심한 얼굴 보고 싶지 않아, 헥터.

헥터 왜 이래. 오늘은 죽은 자의 날이잖아! 내가 공물을 좀 가져왔다네!

치차론 저리 꺼져…

헥터 나도 그러고 싶긴 한데, 치치, 근데 있잖아…나하고 여기 내 친구, 미구엘이 자네 기타를 꼭 빌려야 해서 말이야.

치차론 내 기타를?!

헥터 그럼?

치차론 나의 소중하고 사랑스러운 기타를…?

헥터 금방 다시 가져오기로 약속할게.

치차론이 격분해서 일어나 앉는다.

치차론 내 밴을 돌려 주기로 약속한 그때처럼?

헥터 어…

cramped (방 등이) 비좁은
knock over 때려눕히다, ~을 치다
hammock 해먹 (나무 등에 달아매는 그물, 천 등으로 된 침대)
grumpy 〈비격식〉 성격이 나쁜, 팩팩거리는
Buenas noches! [스페인어] 저녁 인사 (영어로는 Good evening!)
prized 소중한
incensed 몹시 화난, 격분한

❶ **The thing is...**
~의 문제는
중요한 사실이나 이유, 또는 해명을 언급할 때 자주 쓰는 구어적 표현이에요. The thing과 is 사이에 about/with something이 따라오는 경우가 많습니다. 예를 들어, The thing with Mia is, She's too lazy. '미아의 문제는 말이지, 그녀가 너무 게으르다는 거야' 이렇게 말이죠.

CHICHARRÓN   Or my **mini-fridge**?

HÉCTOR   Ah, you see–

CHICHARRÓN   Or my good **napkins**? My **lasso**? My **femur**?!

HÉCTOR   No, no, not like those times.

CHICHARRÓN   Where's my femur?! You—

Chicharrón raises his finger to give a **tongue lashing**. But then he **weakens** and **collapses** in his hammock, a **golden flicker** flashing through his bones. Héctor **rushes forward**.

HÉCTOR   Whoa, whoa – you okay, amigo?

CHICHARRÓN   I'm **fading**. Héctor. I can feel it. (looking to guitar) I couldn't even play that thing if I wanted to. (beat) You play me something.

치차론   아니면 내 미니 냉장고는?

헥터   아, 있잖아–

치차론   아니면 내가 좋아하는 냅킨들? 나의 올가미? 대퇴골?!

헥터   아니, 아니, 그 상황들고는 다르다네.

치차론   내 대퇴골 어딨어?! 너—

치차론이 심하게 야단치려고 손가락을 든다. 하지만 그때 그가 힘을 잃고 그의 해먹으로 쓰러진다. 그의 뼈들 위로 황금빛 한줄기가 순간적으로 깜빡인다. 헥터가 재빨리 앞으로 간다.

헥터   워, 워 – 괜찮나, 친구?

치차론   난 사라지고 있는 중이야. 헥터. 난 느낄 수 있어. (기타를 바라보며) 내가 원한다고 해도 어차피 저걸 퉁길 수도 없어. (정적) 네가 아무거나 연주 좀 해봐.

---

mini-fridge 소형냉장고
napkin 냅킨
lasso 올가미 밧줄
femur 대퇴골, 넓적다리뼈
tongue lashing 호된 꾸짖음
weaken (능력, 세력 등을) 약화시키다, (신체적, 물리적으로) 약해지다
collapse 붕괴되다, 무너지다, 쓰러지다
golden 금으로 만든, 황금빛의

flicker 깜박거리다, (빛의) 깜박거림
rush forward 뛰쳐 나가다, 돌진하다
fade (색깔이) 바래다, 서서히/점점 사라지다

Final Death
최후의 죽음

🎧 15.mp3

Héctor looks surprised.

HÉCTOR   You know I don't play anymore, Cheech. The guitar's for the kid–

CHICHARRÓN **You want it, you got to earn it...❶**

Héctor sighs, then reaches over Chicharrón and takes the instrument.

HÉCTOR   Only for you, amigo. Any **requests**?

Héctor begins tuning the guitar.

CHICHARRÓN You know my favorite. Héctor.

Héctor begins a **lovely**, **lilting** tune. Chicharrón smiles. Miguel's eyes go wide at Héctor's skill.

HÉCTOR   (singing)
WELL EVERYONE KNOWS JUANITA,
HER EYES EACH A DIFFERENT COLOR.
HER TEETH **STICK OUT**,
AND HER **CHIN** GOES IN, AND HER...

Héctor eyes Miguel.

HÉCTOR (CONT'D) ...KNUCKLES THEY DRAG ON THE FLOOR.

CHICHARRÓN Those aren't the **words**!

헥터가 놀란 것 같다.

헥터 난 이제 연주를 하지 않는다네. 치치. 그 기타는 저 아이 것이야–

치차론 원한다면, 스스로 노력해서 얻어 내야만 해…

헥터가 한숨을 쉬다가 치차론에게 손을 뻗어 악기를 가져간다.

헥터 오로지 자네를 위해서 하는 거야, 친구. 뭐 부탁할 거라도?

그가 기타를 조율하기 시작한다.

치차론 내가 제일 좋아하는 노래 알잖아, 헥터.

헥터가 아름답고 감미로운 노래를 시작한다. 치차론이 웃는다. 헥터의 솜씨를 보고 미구엘의 눈이 휘둥그레진다.

헥터 (노래)
후아니타를 모르는 사람이 없지.
그녀의 두 눈은 각각 색이 달라.
그녀의 뻐드렁니에,
그녀의 턱은 안쪽으로 들어갔네, 그리고 그녀의…

헥터가 미구엘을 쳐다본다.

헥터 (계속) …그녀의 발목 살은 바닥에 끌린다네.

치차론 가사가 틀리잖아!

---

request (정중히) 요청/신청, 요청/신청하다
lovely 사랑스러운, 아름다운
lilting (노래, 목소리 등이) 경쾌한 리듬의, 즐겁고 신나는
stick out 눈에 띄다, (툭) 튀어나오다, ~을 내밀다
chin 턱
words 문구, 노랫말 (복수)

❶ **You want it, you got to earn it.**
원한다면 열심히 노력해서 얻어야 한다.
흔히 earn을 '돈을 벌다'의 의미로만 알고 있는데, '(그런 말 한 자질이나 자격이 되어서 무엇을) 얻다/받다'라는 뜻도 있답니다. 긍정적인 의미로는 '열심히 노력해서 얻어내다', 부정적인 의미로는 '~가 다 초래한 일이다'라는 의미로 이해할 수 있겠죠. 예를 들어, I've earned everything I've got. '내가 가진 모든 것은 다 내가 노력해서 얻은 것이다' 이렇게요.

HÉCTOR	There are children **present**. (continuing) HER HAIR IS LIKE A **BRIAR**, SHE STANDS IN A **BOW-LEGGED STANCE**. AND IF I WEREN'T SO UGLY, SHE'D POSSIBLY **GIVE ME A CHANCE!**	헥터 아이들이 있어서 그래. (계속해서) 그녀의 머리는 들장미와 같네. 그녀는 안짱다리로 서 있어. 그리고 만약 내가 이렇게 못생기지만 않았다면, 그녀가 나에게 기회를 주었을지도 몰라!

Héctor finishes with a soft **flourish**.

헥터가 부드럽게 멋을 내며 마친다.

Chicharrón is **tickled**, joyful. For a moment he's present and bright.

치차론이 굉장히 즐거워한다. 순간적으로나마 그가 빛이 난다.

CHICHARRÓN	**Brings back memories**. Gracias...	치차론 추억이 도네. 고마워…

His eyes close. He looks at peace. Héctor looks sad.

그의 눈이 감긴다. 그가 평온해 보인다. 헥터는 슬퍼 보인다.

Suddenly, the edges of Chicharrón's bones begin to glow. A soft, beautiful light. Then... he **dissolves** into dust.

갑자기, 치차론의 뼈들 끝이 빛나기 시작한다. 부드럽고 아름다운 빛. 그리고는… 그가 먼지가 되어 사라진다.

Miguel is **stunned**, concerned.

미구엘이 놀라며 걱정한다.

Héctor picks up his **shot glass**, lifts it **in honor**, and drinks. He places it **rim** down next to Chicharrón's glass, which is still full.

헥터가 그의 양주잔을 들고 경의를 표하며 마신다. 그가 그의 잔을 여전히 가득 차 있는 치차론의 잔 옆에 엎어 놓는다.

바로 이장면!

MIGUEL	Wait... what happened?	미구엘 잠시만요… 무슨 일이 일어난 거죠?
HÉCTOR	He's been forgotten. (beat) When there's no one left in the living world who remembers you, you disappear from this world. We call it the "Final Death."	헥터 그는 잊혀진 거야. (정적) 살아있는 자들의 땅에 널 기억하는 사람이 아무도 없게 되면, 넌 세상에서 사라지는 거야. 우린 그것을 "최후의 죽음"이라고 부르지.
MIGUEL	Where did he go?	미구엘 그는 어디로 갔나요?
HÉCTOR	No one knows.	헥터 그건 아무도 몰라.

Miguel has a thought.

미구엘이 생각한다.

---

present 참석한, 출석한, 있는	bring back memories 추억을 떠오르게 하다
briar 들장미의 일종	dissolve 녹다/녹이다, 분해/용해되어 없어지다
bow-legged 밖으로 휜(활모양) 다리인	stunned 망연자실한, 정신이 멍멍해진
stance 입장, 태도, 자세	shot glass (양주를 마실 때 쓰는) 작은 유리잔
give someone a chance ~에게 기회를 주다	in honor 경의를 표하여, 기념하여, 축하하여
flourish 과장된 동작, 장식	rim (둥근 물건의) 가장자리, 테두리/테
tickled 굉장히 기뻐하는, 즐거워하는	
bright 밝게, 환히	

MIGUEL   But I've met him... I could remember him, when I go back...

HÉCTOR   No, it doesn't **work** like that, chamaco. Our memories... they have to be **passed down** by those who knew us in life – in the stories they tell about us. But there's no one left alive to pass down Cheech's stories...

Miguel is **deep in thought**. Héctor puts his hand on Miguel's back, suddenly **cheerful**.

<u>**HÉCTOR (CONT'D)**</u> Hey, it happens to everyone **eventually**.

He gives Miguel the guitar.

<u>**HÉCTOR (CONT'D)**</u> C'mon "de la Cruzcito." You've got a contest to win.

미구엘 하지만 제가 그를 만났는걸요… 제가 돌아가면 그를 기억할 수 있는데…

헥터 아냐. 그런 식으로 되는 게 아니란다. 꼬마야. 우리의 기억이란 건 말이지… 살아있을 때 우리를 알고 지냈던 사람들에 의해 전해져야 하는 거야 – 그들이 우리들에 대해 말하는 이야기 속에서. 하지만 이젠 살아서 치지 아저씨의 이야기를 전해줄 수 있는 사람이 아무도 없단다…

미구엘이 깊이 생각에 잠긴다. 헥터가 미구엘의 등에 손을 얹으며 갑자기 유쾌해진다.

헥터 (계속) 뭐, 결국 누구에게나 다 일어나는 일인 거야.

그가 미구엘에게 기타를 준다.

헥터 (계속) 자 힘내자고 "델라 크루지토." 가서 대회에서 우승해야지.

Héctor **throws open** the curtain and exits. Miguel looks back at the **glasses**, then turns and follows.

EXT. LAND OF THE DEAD

Héctor and Miguel hang off the back of a moving **trolley**. Miguel holds Héctor's photo in his hands, scanning it, while Héctor **fiddles** on the guitar idly.

MIGUEL   You told me you hated musicians, you never said you were one.

HÉCTOR   How do you think I knew your great-great grandpa? We used to play music together. Taught him everything he knows.

Héctor plays a fancy **riff**, but **botches** the last **note**.

헥터가 커튼을 젖혀 열고 퇴장한다. 미구엘이 뒤돌아 잔을 바라보다가, 돌아서서 헥터를 따라간다.

외부, 죽은 자들의 세상

헥터와 미구엘이 움직이는 트롤리의 뒤편에 매달려 있다. 미구엘은 헥터가 한가로이 기타를 퉁기고 있는 동안, 그의 손에 헥터의 사진을 들고, 유심히 살핀다.

미구엘 저한테는 음악가들이 싫다고 해놓고, 정작 자신이 음악가라는 얘기는 안 하셨네요.

헥터 내가 네 고조할아버지를 어떻게 알았겠니? 우린 같이 연주를 하는 사이였단다. 그가 알고 있는 모든 것은 다 내가 가르쳐 준 거야.

헥터가 화려한 리프(반복 악절)를 연주한다. 하지만 마지막 음을 망친다.

---

work (기계, 장치, 어떤 일 등이) 작동되다/돌아가다
pass down (후대에) ~을 물려주다/전해주다
deep in thought 깊은 생각에 잠겨
cheerful 발랄한, 쾌활한
eventually 결국
throw open 활짝 열다
glass 유리, 유리잔
trolley 전차, 트롤리

fiddle (초조해서) 만지작거리다
riff (재즈나 대중음악에서) 리프, 반복 악절
botch 망치다, 엉망으로 만들다
note 음, 음표

MIGUEL	**No manches!** You played with Ernesto de la Cruz, the greatest musician of all time?	**미구엘** 말도 안 돼요! 당신이 역대 가장 위대한 음악가인 에르네스토 델라 크루즈와 함께 연주했다고요?
HÉCTOR	Ha-ha, you're funny! Greatest eyebrows of all time maybe but his music, eh, not so much.	**헥터** 하하, 너 참 웃기는구나! 아마도 역대 가장 위대한 눈썹을 가졌다고는 할 수 있겠지만, 그의 음악은, 어, 좀 아닌 것 같은데.
MIGUEL	**You don't know what you're talking about...** ❶	**미구엘** 뭘 모르시나 본데요…

The trolley arrives at the stop for the PLAZA DE LA CRUZ. There's a giant statue of Ernesto de la Cruz in the center. Miguel pockets Héctor's photo.

트롤리가 델라 크루즈 광장 역에 도착한다. 중앙에 거대한 에르네스토 델라 크루즈의 동상이 서 있다. 미구엘이 헥터의 사진을 호주머니에 넣는다.

HÉCTOR	Welcome to the Plaza de la Cruz! (beat) Showtime, chamaco!	**헥터** 델라 크루즈 광장에 오신 걸 환영합니다! (정적) 공연 시작이야, 꼬마야!

Héctor hands the guitar to Miguel.

헥터가 미구엘에게 기타를 전해준다.

QUICK CUTS – Energetic plaza shots. Lights and colors, beautiful dresses, violins, **pyrotechnic bullfight**, dancing.

빠른 장면 전환: – 활력이 넘치는 광장 장면. 불빛들과 다양한 색상들. 아름다운 드레스. 바이올린. 눈부시고 화려한 투우. 춤.

A t-shirt vendor is selling "de la Cruz" shirts.

티셔츠 행상인이 델라 크루즈 셔츠를 팔고 있다.

VENDOR	Llévelo! T-shirts! **Bobble-heads!**	**행상인** 가져가세요! 티셔츠! 버블헤드 인형!

No manches! [스페인어] 말도 안 돼! (영어의 No way! You're kidding!)
pyrotechnic 불꽃의, 화려한, 눈부신
bullfight 투우
llévelo [스페인어] 가져가다, 전해주다 (영어의 take/bring to, get to)
bobble-head 바블헤드 인형 (실내 장식용 목이 흔들흔들하는 인형)

❶ **You don't know what you're talking about.**
넌 네가 무슨 얘기하고 있는 줄도 모른다.
상대방이 한 말이 잘못되었을 때 특히 아주 많이 잘못되었을 때 그 의견에 대해 반박하거나 때로는 나무라면서 하는 표현이에요. '어떻게 그런 말도 안 되는 소리 (한심한 소리)를 하는 거니?'의 어감으로 이해하면 좋겠어요.

Miguel's First Performance Ever

미구엘의 생애 첫 공연

🎧 16.mp3

A stage is **set up** in the plaza.	광장에 무대가 준비되어 있다.
EXT. ON STAGE	외부. 무대 위
An **EMCEE** greets her audience.	진행자가 관객에게 인사를 한다.

EMCEE   Bienvenidos a todos! Who's ready for some música?

진행자 여러분 모두를 환영합니다! 음악가들을 맞이할 준비가 되셨나요?

The audience **whoops**.

관객이 와 하는 함성을 지른다.

EMCEE (CONT'D)   It's a **battle** of the bands, amigos! The winner gets to play for the **maestro** himself, Ernesto de la Cruz, at his **fiesta** tonight!

진행자 (계속) 친구들이여, 밴드들의 전쟁입니다! 우승자는 오늘 밤 거장 에르네스토 데 라 크루즈가 직접 주최하는 축제에서 연주할 수 있는 영광을 누리게 됩니다.

The audience cheers, backstage. Héctor elbows Miguel as they head backstage.

관객이 환호한다. 무대 뒤. 헥터가 무대 뒤로 가면서 미구엘을 팔꿈치로 친다.

HÉCTOR   That's our ticket, muchacho.

헥터 저게 우리의 입장권이야, 꼬마야.

EMCEE   Let the competition begin!

진행자 대회를 시작합니다!

QUICK MONTAGE: Acts perform on stage – a tuba/violin **act**, a saxophone player, a **hard-core metal band**, a kid who plays marimba on the back of a giant **iguana** alebrije, a DJ with a laptop and keyboard setup, a dog orchestra, **nuns** playing accordions...

빠른 속도의 몽타주: 공연자들이 무대 위에서 연주를 한다 – 튜바/바이올린 연주자, 색소폰 연주자, 하드코어 메탈밴드, 거대한 이구아나 알레브리헤의 등에 올라타 마림바를 연주하는 아이, 노트북과 키보드를 준비한 디제이, 강아지 오케스트라, 아코디언을 연주하는 수녀들…

---

set something up (기계, 장비를) 설치하다, (어떤 일을) 마련하다
EMCEE 엠시, 사회자, 진행자
Bienvenidos a todos! [스페인어] 모두들 환영합니다!
(영어의 Welcome everyone!)
música [스페인어] 음악가 (영어의 musician)
whoop (기쁨, 흥분 등으로) 함성, 함성을 지르다
battle 전투, 투쟁, 싸움
maestro 마에스트로, 명연주자, 거장

fiesta (보통 스페인어권 국가의 종교적) 축제
acts 공연자, 그룹
hard-core 강경한, 노골적인, 극성의
metal band 메탈 음악 (강렬한 사운드의 록 음악) 밴드
iguana 이구아나
nun 수녀

EXT. BACKSTAGE
Miguel and Héctor stand amongst other **contestants**.

HÉCTOR   **So what's the plan?** What are you gonna play?

MIGUEL   Definitely "Remember Me."

Miguel plucks out the beginnings of de la Cruz's most famous song. Héctor **clamps** his hand over the fretboard.

HÉCTOR   No, not that one. No.

MIGUEL   C'mon, it's his most popular song!

HÉCTOR   Ehck, it's too popular.

Elsewhere backstage, they notice multiple other acts rehearsing their versions.

SKELETON MUSICIAN   (singing)
REMEMBER ME, THOUGH I HAVE
TO TRAVEL FAR,
REMEMBER ME...

OPERA SINGERS   (singing)
REMEMBER ME!
DON'T LET IT MAKE YOU CRY!

One man plays water glasses to the famous tune. Héctor looks at Miguel as if to ask, "Need I say more?"

MIGUEL   Um... what about "**Poco Loco**?"

HÉCTOR   Epa! Now that's a song!

STAGEHAND   De la Cruzcito? You're **on standby**!
(to another band) Los Chachalacos, you're up next!

외부. 무대 뒤
미구엘과 헥터가 다른 참가자들 가운데 서 있다.

헥터   그래서 어떻게 할 계획이야? 어떤 노래를 부를 거니?

미구엘   당연히 "날 기억해줘."

미구엘이 델라 크루즈의 가장 유명한 노래의 첫 소절을 기타로 연주한다. 헥터가 그의 손으로 프렛 보드를 꽉 잡는다.

헥터   아냐, 그 노랜 안 돼. 아니라고.

미구엘   내 참. 이 노래가 그의 최고의 인기곡이라 고요!

헥터   웰, 너무 지나치게 인기곡이지.

무대 뒤 다른 곳에서, 여러 다른 연주자들이 자신 들의 버전으로 리허설을 하고 있다.

해골 음악가 (노래)
날 기억해줘, 난 먼 곳으로 여행을 떠나야만 하지 만,
날 기억해줘...

오페라 가수들 (노래)
날 기억해줘!
이것 때문에 울지는 말아줘!

한 남자가 그 유명한 노래를 유리컵들을 이용해 연주한다. 헥터가 마치 "더 이상 얘기할 필요가 있 을까?"라고 말하듯 미구엘을 바라본다.

미구엘   음... 그럼 "포코 로코"는 어때요?

헥터   오 예! 그래 바로 그 노래가 딱이네!

무대 담당자   델라 크루지토? 대기하세요!
(다른 밴드에게) 로스 차차라코스, 다음 차례예요!

---

contestant (대회, 시합 등의) 참가자
clamp 죔쇠로 고정시키다, 꽉 물다/잡다
elsewhere (어딘가) 다른 곳에서
poco loco [스페인어] 조금 미친 (영어의 a little crazy)
stagehand 무대담당자
on standby 대기하고 있는

❶ So what's the plan?
그래서 어쩔 생각인데?
이 문장은 구체적인 계획을 묻는다기보다는 '그래서 어쩌려고?', '그래서 어떻게 할 생각인지 한 번 말해 봐'라는 어감으로 해석하면 좋아요. 이 경우엔 plan 앞에 소유격 your를 쓰지 않고 관사 the를 넣어서 쓴답니다.

ON STAGE:
An **impressive** banda group steps onto stage.

CROWD   LOS CHACHALACOS!

They burst into a mighty introduction and the audience **goes wild**.
They're very good.

BACKSTAGE:
Miguel peeks at the **frenzied** audience from backstage. He looks
sick and begins to **pace**, **fidgety**.

무대 위:
인상적인 밴드 그룹이 무대 위로 오른다.

군중   로스 차차라코스!

대단한 소개와 함께 그들이 무대 위로 힘차게 뛰
어나오고 관객이 열광한다. 그들의 실력이 좋다.

무대 뒤:
미구엘이 무대 뒤에서 광분한 관객을 살짝 엿본다.
그의 얼굴이 아파 보이고 안절부절못하며, 초조하
게 서성거린다.

바로 이장면!*

HÉCTOR   You always this **nervous** before a performance?

MIGUEL   I don't know – I've never performed before.

HÉCTOR   What?! You said you were a musician!

MIGUEL   I am! (beat) I mean I will be. **Once** I win.

HÉCTOR   That's your plan?! (beat) No, no, no, no, no,
you have to win, Miguel. Your life LITERALLY
depends on you winning! AND YOU'VE NEVER
DONE THIS BEFORE?!

Héctor reaches for the guitar.

HÉCTOR (CONT'D) I'll go up there—

Miguel **recoils**, **keeping hold of** the instrument.

MIGUEL   No! I need to do this.

HÉCTOR   Why?

헥터 너 공연하기 전에 항상 이렇게 긴장하니?

미구엘 글쎄요 – 한 번도 공연을 안 해봐서요.

헥터 뭐라고?! 너 음악가라고 했잖아!

미구엘 음악가 맞아요! (정적) 아 내 말은 난 음악
가가 될 거라는 말이죠. 일단 우승하면.

헥터 그게 네 계획이야?! (정적) 아니, 아니, 아니,
아니, 안 돼. 넌 우승을 해야만 해, 미구엘. 네 인생
은 그야말로 너의 우승 여부에 달려있다고! 그런데
넌 이걸 이제껏 정말 단 한 번도 안 해 봤다고?

헥터가 기타를 잡으려 한다.

헥터 (계속) 내가 올라가겠어—

미구엘이 움찔하지만, 악기는 손에서 놓지 않고 있
다.

미구엘 안 돼요! 전 이걸 꼭 해야만 해요.

헥터 왜?

---

impressive 감명/인상 깊은, 인상적인.

go wild 미쳐 날뛰다, 야단법석을 떨다

frenzied 광분한, 광란한

pace 걸음. (움직임의) 속도, (초조해서) 서성거리다

fidgety 〈비격식〉 (사람이 지루하거나 초조해서) 가만히 못 있는

nervous 불안해/초조해하는, 긴장한

once 한번, (과거) 언젠가, 일단

depend on ~에 달려있다, ~에 의해 결정되다, ~에 의존하다

recoil (무섭거나 불쾌한 것을 보고) 움찔하다/흠칫 놀라다

keep hold of ~을 붙잡고 놓지 않다

MIGUEL	If I can't go out there and play one song... how can I call myself a musician?	미구엘 제가 저기 나가서 노래 한 곡을 부르지 못한다면… 어떻게 스스로 음악가라고 말하겠어요?
HÉCTOR	**What does that matter?!❶**	헥터 그게 무슨 상관이야?!
MIGUEL	'Cuz I don't just want to get de la Cruz's blessing. I need to prove that... that I'm worthy of it.	미구엘 왜냐하면 전 단지 델라 크루즈의 축복만 받길 원하지는 않아요. 제가 증명해야만 해요… 그럴만한 자격이 된다는 걸.
HÉCTOR	Oh. Oh, that's such a sweet sentiment... at SUCH a bad time!	헥터 오. 오. 아주 달콤한 감성이로구나… 정말 끔찍한 타이밍에 말이야!

Héctor looks in Miguel's eyes. The kid is sincere. **Despite himself**, Héctor softens.

헥터가 미구엘의 눈빛을 들여다본다. 이 아이는 진심이다. 자기도 모르게, 헥터가 누그러진다.

HÉCTOR	Okay... okay, okay, okay. Okay. Okay. (beat) Okay. (beat) Okay, you wanna perform? Then you've got to PERFORM!

헥터 알았어… 좋아, 좋아, 좋아, 좋다고, 좋아. (정적) 오케이. (정적)
그래, 너 공연하고 싶어? 그러면 제대로 공연을 해야만 해!

Miguel perks, surprised that Héctor wants to help.

미구엘이 헥터가 도와주고 싶어 하는 것에 놀라며 생기를 되찾는다.

HÉCTOR (CON'D) First you have to **loosen up**. Shake off those nerves! **Sáquenlo** sáquenlo, sáquenlo!

헥터 (계속) 우선 긴장을 풀어야만 해. 긴장한 신경들을 떨쳐버리라고! 없애, 없애, 없애라고!

Héctor does a loose-bone skeletal **shimmy** and Miguel copies.

헥터가 흐느적거리는 뼈다귀 해골 댄스를 추고 미구엘이 따라 한다.

HÉCTOR (CONT'D) Now **gimme** your best **grito**!

헥터 (계속) 자 이제 최대한 크게 고함을 질러봐!

MIGUEL	My best grito?

미구엘 최대한 크게 고함을요?

HÉCTOR Come on, yell! Belt OOOOOOH HE-HE-HEY! Ha! Ah, feels good! Okay... now you.

헥터 자, 소리 질러! 벨트 오오오오 헤헤헤이! 하! 아, 기분 좋다! 좋아… 이제 네가 해봐.

MIGUEL (uncertain) Ah– ah – ayyyyy yaaaaayyyyay...

미구엘 (머뭇거리며) 아—아—아이이이 야아아이이아이…

---

despite oneself 엉겁결에
loosen up 긴장을 풀다
sáquenlo [스페인어] 없애라, 제거해라
shimmy 힙루와 어깨를 흔드는 춤추다/움직이다
gimme 〈비격식〉 나에게 줘 (=give me)
grito [스페인어] 소리침, 외침 (영어의 shout, yell, scream, cry)

❶ **What does that matter?!**
그게 무슨 상관이야?
이 문장에서 쓰인 의문사는 why가 아니라 what이라는 것에 유의해 주세요. '그게 왜 상관이 있는데?'라고 물을 것 같지만, 이 상황에서는 what으로 시작해서 '그건 무슨 상관이야?', '별 상관도 없잖아!', '그건 별로 중요하지 사안이 아니다'라는 의미로 쓴답니다.

Dante **whimpers**.

HÉCTOR	Oh, c'mon kid…

On stage, Los Chachalacos **wrap up** to **raucous** applause.

STAGEHAND	De la Cruzcito, you're on now!
HÉCTOR	Miguel, look at me.
STAGEHAND	Come on, let's go!
HÉCTOR	Hey! Hey, look at me. (beat) You can do this. Grab their attention and don't let it go!
EMCEE (O.S.)	We have one more act, amigos!
MIGUEL	Héctor…
HÉCTOR	Make 'em listen, chamaco! You got this!
EMCEE (O.S.)	**Damas y caballeros!** De la Cruzcito!

The crowd **applauds** as Miguel is led on stage.

HÉCTOR	**Arre** papá! Hey!

Héctor's face **contorts** with a mix of **encouragement** and **dread**.

ON STAGE:
Miguel slowly takes the stage, guitar in hand. He's **blinded by** the lights and **squints** out at the audience. He's **frozen stiff**.

OFF STAGE

HÉCTOR	(to Dante) What's he doing? Why isn't he playing?

단테가 낑낑거린다.

헥터 오, 좀 더 꼬마야…

무대 위, 로스 차차라코스가 요란하게 환호를 받으며 연주를 마친다.

무대 담당자 델라 크루지토, 네 순서야!

헥터 미구엘, 날 봐.

무대 담당자 자, 어서 하자고!

헥터 야! 야, 날 봐. (정적) 넌 할 수 있어. 그들의 이목을 사로잡고 절대 놓지 마!

진행자 (화면 밖) 아직 연수자가 한 명 더 남았군요, 친구들!

미구엘 헥터…

헥터 그들이 듣게 만들라고, 꼬마야! 넌 할 수 있어!

진행자 (화면 밖) 신사 숙녀 여러분! 델라 크루지토입니다!

미구엘이 무대 위로 올라오자 군중이 갈채를 보낸다.

헥터 가자 파파! 헤이!

힘내라는 응원과 두려움이 뒤섞여 헥터의 얼굴이 뒤틀린다.

무대 위:
미구엘이 기타를 손에 들고 천천히 무대에 오른다. 조명 때문에 앞을 볼 수 없어 눈을 가늘게 뜨고 관객을 바라본다. 그의 몸이 얼음처럼 굳어버렸다.

무대 밖

헥터 (단테에게) 쟤 뭐 하는 거니? 왜 연주를 안 하고 있냐고?

---

whimper 훌쩍이다. (동물이) 낑낑대다
wrap up (회의, 수업 등을) 마무리 짓다
raucous 요란하고 거친, 시끌벅적한
Damas y caballeros [스페인어] 신사 숙녀 여러분 (영어의 Ladies and gentlemen)
applaud 박수를 치다, 갈채를 보내다
Arre [스페인어] 서둘러! 어서 해! (영어의 giddyap, hurry up)
contort 뒤틀리다, 일그러지다

encouragement 격려, 고무
dread (안 좋은 일이 생길까 봐 갖는) 두려움
be blinded by ~에 눈이 멀다
squint 눈을 가늘게 뜨고/찡그리고 보다
frozen stiff 딱딱한, 꽁꽁 얼어붙은
off stage 무대 밖/뒤에서의

ON STAGE:
Panic is painted across Miguel's face.

AUDIENCE MEMBER (O.S.) **Bring back** the singing dogs!

The crowd begins to **murmur impatiently**. Miguel looks to Héctor in the wing. Héctor **makes eye contact with** Miguel and does the "loosen up" bone shimmy. On stage Miguel shakes off his nerves. Deep **exhale** and...

MIGUEL   H A A A A A A A I - Y A A A A A A A A A A A I - YAAAAAAAI!

The sound is **full-throated** and **resonant**. People in the audience **whistle** and whoop. Some return the grito, some applaud **lightly**. His brows go up and he begins his guitar **intro**.

무대 위:
미구엘의 얼굴에 두려움이 가득 찼다.

관객 (화면 밖) 노래하는 개 다시 나오라고 해!

군중이 짜증을 내며 속삭이기 시작한다. 미구엘이 기다리고 있는 헥터를 바라본다. 헥터가 미구엘과 눈을 맞추고 "힘 빼라" 뼈다귀 춤을 춘다. 무대 위에서 미구엘이 몸을 흔들며 긴장을 떨친다. 숨을 깊게 내쉬고…

미구엘 하아아아이-야아아아아이-야아아이!

목청껏 낸 큰 소리가 나오며 깊은 울림이 있다. 관객석에 있는 사람들이 휘파람을 불며 환호한다. 어떤 사람들은 화답하는 소리를 지르고 어떤 사람들은 가볍게 박수를 친다. 미구엘의 눈썹이 위를 향하고 그가 기타 인트로를 연주하기 시작한다.

---

panic (갑작스러운) 극심한 공포, 공황
bring back ~을 기억나게 하다/상기시키다, ~을 돌려주다
murmur 속삭이다, 소곤거리다
impatiently 성급하게, 조바심하며
make eye contact with ~와 눈을 마주치다
exhale 내쉬다, 내뿜다
full-throated 목청껏 크게 소리치는
resonant (소리가) 깊이 울리는, 낭랑한

whistle 호각, 호루라기, 휘파람을 불다
lightly 가볍게, 부드럽게
intro (특히 음악작품, 글의) 도입부

An Emergency Announcement

긴급한 알림

🎧 17.mp3

MIGUEL	(singing) WHAT COLOR IS THE SKY? AY MI AMOR, AY MI AMOR YOU TELL ME THAT IT'S RED AY MI AMOR, AY MI AMOR WHERE SHOULD I PUT MY SHOES? AY MI AMOR, AY MI AMOR YOU SAY PUT THEM ON YOUR HEAD AY MI AMOR, AY MI AMOR	미구엘 (노래) 하늘은 무슨 색인가요? 오 나의 사랑, 오 나의 사랑이여, 빨간색이라고 말해주오 오 나의 사랑, 오 나의 사랑이여, 내 신발을 어디에 둬야 할까요? 오 나의 사랑, 오 나의 사랑이여 그대는 신발을 그대의 머리에 올리라고 하네요 오 나의 사랑, 오 나의 사랑이여

As the audience warms up, so does Miguel. Héctor **perks up**, he's got this!

관객들이 활기를 띠면서 미구엘도 활기를 되찾는다. 헥터가 으쓱거리며, 미구엘이 감 잡았다!

MIGUEL (CONT'D) YOU MAKE ME UN POCO LOCO
UN POQUI-TI-TI-TO LOCO
THE WAY YOU KEEP ME GUESSING
I'M NODDING AND
I'M YES-ING I'LL **COUNT** IT **AS** A
BLESSING
THAT I'M ONLY UN POCO LOCO...

미구엘 (계속) 그대는 나를 조금 미치게 만드네요
조금 미치-치-치-게 만들어요
그대는 나를 계속 추측하게 만드는데 나는 고개를 끄덕이죠 그리고
나는 긍정하고 있어요 축복이라고 여길게요
내가 많이 안 미치고 조금만 미친 것에 대해서...

INSTRUMENTAL **INTERLUDE**.
Dante grabs Héctor by the leg and drags him onto the stage with Miguel.

악기의 간주.
단테가 헥터의 다리를 잡고 미구엘이 있는 무대로 끌고 가려고 한다.

HÉCTOR No, no, no, no...

헥터 아냐, 아냐, 아냐, 안 돼...

Once in the spotlight, Héctor warms up and busts out some **percussive footwork** to Miguel's guitar.

조명 속으로 들어서자 헥터가 활기를 찾으며 미구엘의 기타 연주에 맞춰 타악기를 치듯 발놀림으로 리듬을 맞춘다.

MIGUEL Not bad for a dead guy!❶

미구엘 죽은 사람치곤 나쁘지 않은데요!

HÉCTOR You're not so bad yourself, **gordito**! Eso!

헥터 너도 꽤 괜찮은데, 친구! 그거야!

---

perk up 활기차게 하다
count as ~이라 간주하다/간주되다
interlude 사이/중간, 막간, 간주
percussive (타악기를) 쳐서 소리를 내는
footwork (운동선수, 무용수의) 발놀림
gordito [스페인어] 통통한, 귀염둥이 (영어의 fat, chubby, 남미에서는 Darling)

❶ **Not bad for a dead guy!**
죽은 사람치고는 나쁘지 않은데!
Not bad for ~는 별로 기대치가 높지
않았는데 상대방이 예상보다 잘할 때
칭찬하거나, 때로는 약간 비꼬듯이, 혹은
머쓱해져서 하는 말로 '~치고는 나쁘지
않네'라고 할 때 쓰는 표현이에요. 예를 들어,
not bad for a little kid. '어린 꼬마치고는
괜찮게 하는데' 이렇게 말이에요.

CUT TO:
EDGE OF AUDIENCE

A **ripple** of glowing footprints leads Pepita and the Dead Riveras to the edge of the audience.

MAMÁ IMELDA   He's close. Find him.

The Dead Riveras **fan out** through the audience.

ON STAGE:
Héctor gets more creative with his dancing, head coming off, **limbs spinning around**. The audience **hoots**!

HÉCTOR   (singing)
            THE LOCO THAT YOU MAKE ME
            IT IS JUST UN POCO CRAZY
            THE SENSE THAT YOU'RE NOT MAKING...

MIGUEL   (singing) THE **LIBERTIES** YOU'RE **TAKING**...

HÉCTOR/MIGUEL   LEAVES MY **CABEZA** SHAKING
            YOU ARE JUST UN POCO LOCO

The audience starts clapping in time with the song. Dante lets out a howl.

The Riveras continue their search in the audience.

TÍO FELIPE/TÍO OSCAR   We're looking for a living kid... about 12?

CUT TO:

TÍA ROSITA   Have you seen a living boy?[1]

장면 전환:
관객석의 가장자리

빛나는 발자국들의 잔물결이 페피타와 망자 리베라 가족을 관객석의 가장자리로 이끈다.

이멜다 할머니   그가 근처에 있다. 그를 찾아.

망자 리베라 가족이 관객 속으로 흩어진다.

무대 위:
헥터의 춤이 점점 더 독창적으로 그의 머리가 떨어져 나오고 팔다리를 빙빙 회전한다. 관객들이 폭소를 터트린다!

헥터 (노래)
그대가 나를 미치게 만드네
단지 조금 미쳤을 뿐이야
이해가 안 되는 그대…

미구엘 (노래) 제멋대로 행동하는 그대…

헥터/미구엘   내 머리를 가로젓게 하네
그대는 단지 조금 미쳤을 뿐이에요

관객들이 노래에 맞춰 박수를 치기 시작한다. 단테가 울부짖는다.

리베라 가족이 관객 속에서 계속 수색하고 있다.

펠리페 삼촌/오스카 삼촌   살아있는 아이를 찾고 있어요… 한 12살쯤 됐나?

장면 전환:

로지타 고모   살아있는 소년을 봤나요?

---

ripple 잔물결, 파문
fan out 퍼지다, ~을 펼치다
limb 팔과 다리, 수족, (새의) 날개
spin around 몸을 획 돌리다
hoot 폭소를 터뜨리다, 비웃다
take liberty (규칙 따위를) 제멋대로 변경하다
cabeza [스페인어] 머리 (영어의 head)

❶ Have you seen a living boy?
혹시 살아있는 아이를 보셨나요?
누군가의 행방을 찾으면서 상대방에게 '혹시 ~ 못 보셨어요?'라고 물을 때는 문장을 Did you see로 시작하지 않고, 대부분 Have you seen으로 시작합니다. 예를 들어, Have you seen my cat? '혹시 제 고양이 (못) 보셨어요?' 이렇게요.

ON STAGE

HÉCTOR/MIGUEL UN POQUI-TI-TI-TI-TI-TI-TI-TI-
TI-TI-TO LOCO!!

The audience **erupts** into applause! Miguel smiles, **soaking in the moment**. He feels like a real musician.

HÉCTOR   Hey, you did good! I'm proud of you! Eso!

Miguel **swells** and looks back out the crowd when he suddenly **spots** Oscar and Felipe talking to a stranger. He looks over and there is Tía Rosita talking to someone else! Miguel looks to stage right, where he sees Papá Julio talking to the Emcee!

AUDIENCE *Otra*! Otra! Otra!

Panicking, Miguel pulls Héctor off stage. Héctor tries to pull back.

OFF STAGE

HÉCTOR   Hey, where are you going?

MIGUEL   We gotta get outta here.

HÉCTOR   What, are you crazy? We**'re about to** win this thing!

ON STAGE
The Emcee takes the microphone.

무대 위

헥터/미구엘 조금 미-치-치-치-치-치-치-치-치-치-쳐 미쳤다네!!

관객들이 폭발적으로 박수갈채를 보낸다! 미구엘이 웃으며 이 순간을 만끽한다. 진짜 음악가가 된 기분이다.

헥터 이야, 정말 잘했어! 자랑스럽구나! 최고야!

미구엘이 가슴 벅차하며 다시 한번 군중을 향해 눈을 돌리는데 그 순간 오스카 삼촌과 펠리페 삼촌이 모르는 사람에게 말을 거는 모습을 발견한다. 다른 쪽도 보니 로지타 고모가 다른 사람에게 얘기하는 모습도 보인다. 무대의 오른편을 보니 훌리오 할아버지가 진행자와 말을 하고 있다!

관객 한 번 데 한 번 데 한 번 데

깜짝 놀라서 미구엘이 헥터를 끌고 무대를 내려온다. 헥터는 다시 무대 위로 오르려고 한다.

무대 밖

헥터 야, 어디 가는 거야?

미구엘 여기서 벗어나야만 해요.

헥터 뭐야, 너 미쳤니? 지금 우승이 바로 코앞인데!

무대 위
진행자가 마이크를 든다.

---

erupt (분위기/화산이) 분출하다, 터지다
soak in the moment 어떤 순간에 푹 빠진/몰두한
swell (마음이) 가득하다/부풀다/벅차다
spot 발견하다, 찾다, 알아채다
otra [스페인어] 또 다른, 또 다른 것 (영어의 another)
be about to 막 ~하려던 참이다

바로 이장면!*

<u>**EMCEE**</u>	Damas y caballeros, I have an **emergency announcement.** (beat) Please be **on the lookout for** a living boy, **answers to the name of** Miguel. Earlier tonight he ran away from his family. They just want to send him back to the Land of the Living...

Murmurs of **concern rumble** through the audience.

OFF STAGE

<u>**EMCEE (O.S.)**</u>	...If anyone has information, please contact the **authorities**.
<u>**HÉCTOR**</u>	Wait, wait, wait! You said de la Cruz was your ONLY family. The ONLY person who could send you home.
<u>**MIGUEL**</u>	I do have other family, but–
<u>**HÉCTOR**</u>	You could have taken my photo back **this whole time**?!
<u>**MIGUEL**</u>	–But they hate music! I need a musician's blessing!
<u>**HÉCTOR**</u>	You lied to me!
<u>**MIGUEL**</u>	**Oh, you're one to talk!**❶

진행자 신사 숙녀 여러분. 긴급하게 알릴 말씀이 있습니다.
(정적) 살아있는 소년을 경계하십시오. 이름은 미구엘이라고 하네요. 오늘 저녁에 그가 가족에게서 도망쳤다고 합니다. 그의 가족은 그를 살아있는 자들의 땅으로 보내고 싶을 뿐이라고 하는군요...

관객석에서 우려의 목소리로 소곤거리며 웅성거리는 소리가 난다.

무대 밖

진행자 (화면 밖) ···혹시라도 아는 바가 있다면, 관계자에게 알려주세요.

헥터 잠깐, 잠깐, 잠깐! 너 델라 크루즈가 너의 유일한 가족이라고 했잖아. 너를 집으로 보내줄 수 있는 유일한 사람이라고.

미구엘 다른 가족들이 있긴 있어요. 하지만–

헥터 그럼 지금껏 내내 내 사진을 돌려놓을 수도 있었단 말이야?!

미구엘 –하지만 그들은 음악을 증오해요! 제겐 음악가의 축복이 필요하다고요!

헥터 넌 나를 속였어!

미구엘 오, 아저씨가 그런 말할 자격이 있나요!

---

emergency 비상
announcement 발표, 소식, (공공장소의) 방송
on the lookout for 세심히 살피다/지켜보다
answer to the name of ~라고 부르면 오다
concern 우려/걱정
rumble 우르르/우르릉 소리를 내다
authorities 당국, 관계자
(the/this) whole time 내내, 시종, 꼬박

❶ Oh, you're one to talk!
그런 말할 자격이 없으면서!
우리말에 남이 자신은 더 큰 잘못을 저질러 놓고 나를 비판할 때, 우리말에 '똥 묻은 개가 겨 묻은 개 나무란다'는 속담이 있죠? 그 속담을 생각하시면 돼요. '대체 누가 누굴 보고 뭐라는 거야?'라고 하는 어감이죠. 비슷한 상황에서 Look who's talking! 이 표현도 많이 쓰니 같이 알아두세요.

HÉCTOR	Look at me. I'm being **forgotten**, Miguel. I don't even know if I'm gonna **last** the night! (beat) I'm not gonna miss my one chance to **cross** that bridge 'cause you want to **live out** some stupid musical fantasy!	헥터 날 봐라. 난 잊혀지고 있어, 미구엘. 오늘 밤을 넘길 수 있을지나 모르겠다고! (정적) 난 너의 그 멍청한 음악적 판타지 때문에 내가 다리를 건널 유일한 기회를 놓치진 않을 거야!

MIGUEL	It's not stupid.	미구엘 멍청하지 않아요.

Héctor grabs Miguel's arm and pulls him toward the stage.

헥터가 미구엘의 팔을 잡고 무대 위로 잡아당긴다.

HÉCTOR	I'm taking you to your family.	헥터 널 너의 가족에게 데려갈 거야.

MIGUEL	Let go of me!❶	미구엘 그 손 놔요!

HÉCTOR	You'll thank me later–	헥터 나중에 나한테 오히려 고마워할 거다–

Miguel **yanks** his arms away.

미구엘이 그의 팔을 확 빼낸다.

MIGUEL	You don't wanna help me, you only care about yourself! Keep your dumb photo!	미구엘 아저씨는 저를 돕고 싶은 게 아니에요. 자기 자신밖에 모른다고요! 아저씨의 멍청한 사진 가져가세요!

He pulls Héctor's photo out of his pocket and throws it at him. Héctor tries to grab it but it **catches a breeze** and **drifts** into the crowd.

미구엘이 호주머니에서 헥터의 사진을 꺼내서 그에게 내던진다. 헥터가 잡으려고 하는데 바람을 타고 군중 속으로 들어간다.

HÉCTOR	No – no, no, no! No...	헥터 안 돼 – 안 돼, 안 돼, 안 돼 안 돼…

MIGUEL	Stay away from me!	미구엘 저리 가세요!

As Héctor **scrambles** to catch his photo, Miguel runs away. Héctor looks up but Miguel is gone.

헥터가 사진을 잡으려고 밀치며 나가는 동안, 미구엘이 도망친다. 헥터가 눈을 들어보니 미구엘은 사라졌다.

HÉCTOR	Hey, chamaco! Where did you go?! Chamaco! I'm sorry! Come back!	헥터 아, 꼬마야! 어디 간 거니? 꼬마! 미안해 돌아와!

---

forgotten 잊혀진, 망각된

last (특정한 시간 동안) 계속되다

cross 횡단하다, (가로질러) 건너다

live out (예전에 생각만 하던 것을) 실행하다

yank 〈비격식〉 확 잡아당기다

catch a breeze 바람을 쐬다, 바람을 타고 가다

drift (물, 공기에) 떠나다, 표류하다

scramble 재빨리 움직이다, 서로 밀치다

❶ **Let go of me!**
이거 놔요!
누가 확 잡아서 놓으라고 할 때 쓸 수 있는 표현입니다. 유사한 표현으로 더 간단하게 Let me go, 혹은 위의 대사에도 나온 Stay away from me, 등이 있습니다.

Making a Choice

선택한다는 것

🎧 18.mp3

EXT. PEDESTRIAN THOROUGHFARE

Miguel hustles to get away from Héctor. Dante bounds after him, but looks back and whimpers. He barks to get Miguel's attention.

MIGUEL   Dante, **cállate!**

But Dante is **insistent**, He **tugs** at Miguel's pants, pulling him back to Héctor.

MIGUEL (CONT'D)   No, Dante! Stop it! He can't help me!

Dante grabs onto his hoodie sleeve. Miguel tries to shake him off, but his hoodie **slips off**, revealing the arms of a living boy. Dante **redoubles** his **efforts**.

MIGUEL (CONT'D)   Dante, stop! Stop it! Leave me alone! You're not a spirit guide, you're just a dumb dog! Now get out of here!

Miguel yanks his hoodie away from Dante, who **shrinks** back, **rebuffed**. The **scuffle** has drawn the eyes of the crowd. Startled skeletons see Miguel's arms. He hurries to get his hoodie back on.

CROWD MEMBERS It's him! / It's that living boy! / I heard about him. / Look! / He's alive! / The boy's alive.

Miguel runs and jumps down some **scaffolding**. In the distance, he sees de la Cruz's tower. After only a few paces, Pepita lands in front of Miguel, **cutting off** his path! He **skids to a stop**.

외부, 보행자 대로

미구엘이 헥터에게서 멀어지고자 급히 움직인다. 단테가 그를 따라서 뛰어가지만, 뒤를 돌아보며 킹 킹거린다. 미구엘의 관심을 끌기 위해 짖는다.

미구엘 단테, 조용히 해!

하지만 단테가 계속 짖는다. 그가 미구엘의 바지를 물고 헥터에게로 다시 데려가려고 한다.

미구엘 (계속) 안 돼, 단테! 그만해! 아저씨는 날 도와줄 수가 없어!

단테가 미구엘의 후디 소매를 잡는다. 미구엘이 그를 떨쳐버리려다가, 후디가 벗겨지고, 살아있는 소년의 팔이 드러난다. 단테가 더 힘을 내 그를 잡아 끈다.

미구엘 (계속) 단테, 그만해! 날 좀 내버려 두라고! 넌 영혼의 안내자가 아니라, 그냥 멍청한 개일 뿐이야! 어서 여기서 꺼지라고!

미구엘이 다시 단테에게서 후디를 홱 잡아 빼앗고, 단테는 거절당해 움츠러든다. 실랑이가 벌어지자 군중들의 이목이 쏠린다. 놀란 해골들이 미구엘의 팔을 본다. 그가 서둘러 다시 후디를 입는다.

군중 그 아이다! / 그 살아있는 소년이야! / 쟤 얘기를 들었어. / 봐봐! / 살아있어! / 저 얘가 살아있다고.

미구엘이 공사장의 발판에서 뛰어내린 후 뛴다. 저 멀리 델라 크루즈의 타워가 보인다. 몇 걸음 못 가 페피타가 미구엘 앞에 착지하여, 그를 가로막는다! 미구엘이 끽 미끄러지듯 멈춘다.

---

thoroughfare (도시의) 주요/간선 도로

cállate [스페인어] 조용히 해! 닥체! (영어의 Shut up!)

insistent 고집/주장하는, 우기는

tug 잡아당기다, 끌어당기다

slip off 스르르 풀리다, 훌훌 벗다

redouble (노력 등을) 강화하다, 더욱 증대하다

effort 수고, 애, 노력

shrink 줄어들다, 오그라지다

rebuff (제안, 요청 등을) 퇴짜/묵살하다

scuffle 실랑이, 옥신각신함, 실랑이를 벌이다

scaffolding (건축 공사장의) 비계, 발판

cut something off ~을 자르다, ~에서 ~을 잘라 내다

skid to a stop (차 따위가) 갑자기 미끄러지며 멈추다

MIGUEL   AAHH!

Then, **peeking over** the jaguar's head is an even more **terrifying sight**: Mamá Imelda **riding atop**.

MAMÁ IMELDA   This **nonsense** ends now, Miguel! I am giving you my blessing and you are going home!

MIGUEL   I don't want your blessing!

Miguel scrambles **upright** and bounds for a narrow **alley** staircase.

MAMÁ IMELDA   Miguel! Stop!

Not able to get through on her spirit guide, Imelda **is forced to pursue** Miguel **on foot**.

EXT. NARROW STAIRCASE

MAMÁ IMELDA (CONT'D)   Come back! Miguel!

He **wriggles** through an iron gate.

MAMÁ IMELDA (CONT'D)   I am trying to save your life!

She is stopped by the gate.

MIGUEL   You're **ruining** my life!

MAMÁ IMELDA   What?

MIGUEL   Music's the only thing that makes me happy. And you, you wanna take that away! (beat) You'll never understand.

Miguel heads away from her **up the stairs**.

미구엘 아아!

그리곤, 그 재규어의 머리를 살짝 올려보는데 더 무서운 광경이 보인다. 이멜다 할머니가 페피타 위에 타고 있다.

이멜다 할머니 이제 허튼수작은 그만해, 미구엘 내가 축복해 줄 테니 집으로 돌아가라고!

미구엘 할머니의 축복은 싫어요!

미구엘이 수직으로 재빨리 움직이며 좁은 골목 계단으로 뛰어오른다.

이멜다 할머니 미구엘 멈춰!

그녀의 영혼의 안내지를 타고서는 통과할 수가 없게 되자, 이멜다 할머니는 어쩔 수 없이 직접 뛰어서 미구엘을 추격한다.

외부. 좁은 계단

이멜다 할머니 (계속) 돌아와! 미구엘!

그가 철문을 바둥거리며 빠져나간다.

이멜다 할머니 (계속) 할머니가 네 인생을 구하려고 이러는 거야!

그녀가 문 때문에 막혀서 못 가고 있다.

미구엘 할머니는 제 인생을 망치고 있어요!

이멜다 할머니 뭐라고?

미구엘 절 행복하게 하는 건 음악밖에 없다고요. 그런데 할머니가, 할머니가 그걸 빼앗아 가고 싶어 하잖아요! (정적) 할머닌 절대 이해 못 하실 거예요.

미구엘이 그녀에게서 멀어지며 계단을 올라간다.

---

peek over ~너머로 엿보다
terrifying 겁나게 하는, 끔찍한
sight 시력, 보기, 광경/모습
ride atop 꼭대기/위에 올라타다
nonsense 말도 안 되는 생각 또는 말, 허튼소리
upright (자세가) 꼿꼿한, 똑바른
alley 골목
be forced to ~하도록 강요당하다

pursue 추구하다, 뒤쫓다, 추적하다
on foot 걸어서, 도보로
wriggle (몸을) 꼼지락거리다, 꿈틀거림
ruin 망치다
(go/come) up the stairs 계단을 오르다

MAMÁ IMELDA	(singing) Y AUNQUE LA VIDA ME CUESTE, LLORONA... NO DEJARÉ DE QUERERTE...	이멜다 할머니 (노래) 목숨을 잃는다 하더라도, 흐느끼는 여인이여… 사랑하는 마음을 버리지 않으리…

Miguel stops **in his tracks**. When Imelda finishes, he **turns back**, **confused**.

미구엘이 가던 길을 멈춘다. 이멜다가 노래를 끝냈을 때 그가 혼란스러운 표정으로 돌아본다.

바로 이장면! *

MIGUEL	I thought you hated music.	미구엘 할머니는 음악을 싫어하시는 줄 알았어요.
MAMÁ IMELDA	Oh, I loved it. (**reminiscing**) I remember that feeling, when my husband would play, and I would sing and nothing else mattered. But when we had Coco, suddenly... there was something in my life that mattered more than music. I wanted to **put down roots**. He wanted to play for the world.	이멜다 할머니 오, 좋아했지. (회상하며) 난 그 느낌을 기억한다고. 우리 그이가 연주를 하고, 내가 노래를 하면 세상에 부러울 게 하나도 없었지. 그런데 우리에게 코코가 생겼을 때, 갑자기… 내 인생엔 음악보다도 더 중요한 것이 생겼단다. 난 한곳에 터를 잡고 살고 싶었어. 그이는 세상을 위해 연주하기를 원했고.

Mamá Imelda pauses for a moment, **lost in a memory**.

이멜다 할머니가 추억에 흠뻑 젖어 잠시 멈춘다.

MAMÁ IMELDA (CONT'D)	We each **made a sacrifice** to get what we wanted. Now you must make a choice.	이멜다 할머니 (계속) 원하는 것을 얻기 위해 우린 서로 한 가지씩 희생을 한 거지. 이젠 네가 선택을 해야만 해.
MIGUEL	But I don't wanna... **pick sides**! (beat) Why can't you be on MY side? That's what family's supposed to do – support you. (beat) But you never will.	미구엘 하지만 저는… 한쪽 편을 들고 싶지 않아요! (정적) 왜 제 편을 들어주실 수 없는 거죠? 원래 가족이면 그래야 하는 거 아닌가요, 서로에게 힘이 돼 주는 거. (정적) 하지만 할머니는 절대 그러시지 않겠죠.

Miguel wipes the corner of his eye, **frustrated**. Imelda is shocked to see him so hurt, but Miguel turns away before she can answer and **ascends** the narrow staircase toward de la Cruz's tower.

미구엘이 답답한 마음에 눈가에 흐른 눈물을 닦는다. 이멜다는 미구엘이 이렇게까지 아파하는 모습을 보며 억장이 무너진다. 하지만 그녀가 대답하기도 전에 미구엘은 돌아서서 델라 크루즈의 타워 쪽으로 가는 좁은 계단을 오른다.

---

cueste [스페인어] 값/비용이 ~이다/들다 (영어의 cost)

llorona [스페인어] 한 많은 여인, 여인의 영혼 (특히 멕시코에서는 '거리를 떠돌며 엉엉 우는 여인의 영혼'을 뜻함)

no dejaré de quererte [스페인어] 난 당신을 향한 사랑을 멈추지 않을 거예요 (영어로는 I will not stop loving you.)

in one's tracks 그 자리에서, 즉각, 당장

turn back 뒤로 돌아서다

confused 혼란스러워하는

reminisce (행복했던 시절에 대한) 추억/회상에 잠기다

put down roots 뿌리를 내리다

lost in a memory 회상/추억에 잠기다

make a sacrifice 희생하다

pick sides 편을 먹다

frustrated 좌절감을 느끼는, 답답한

ascend 오르다, 올라가다, 상승하다

EXT. BOTTOM OF THE TOWER

Miguel arrives **at the foot of** the hill to de la Cruz's tower.
Vehicles from all **eras** (limousines, motor cars, carriages) drop off
finely dressed guests who line up to get aboard a **funicular** that
scales the tower to the mansion.

A couple at the front of the line show a fancy invitation to a
SECURITY GUARD, who then lets them onto the funicular.

SECURITY GUARD Have a good time.

GUEST　　　　　Oh, how exciting!

EL SANTO, the **silver-masked** luchador, produces a fancy invitation
to the security guard.

SECURITY GUARD Oh! El Santo! **(giddy) I'm a big fan.**❶

The security guard **sheepishly** holds up a camera.

SECURITY GUARD You mind if I—❷

El Santo nods. The security guard removes his head and hands it to
the luchador for a **selfie**. His body proceeds to take the photo.

SECURITY GUARD Gracias, señor!

The security guard puts his head back on and El Santo heads past
the velvet rope. Miguel is revealed waiting in line behind him.

SECURITY GUARD Invitation?

MIGUEL　　　　It's okay. I'm Ernesto's great-great
　　　　　　　　grandson!

Miguel strikes de la Cruz's signature pose with his guitar.

외부. 타워 아랫쪽

미구엘이 델라 크루즈 타워로 향하는 언덕 기슭에
다다른다.
시대를 초월한 차들이 (리무진 자동차, 마차 멋지
게 차려입은 손님들을 내려주고, 타워를 타고 올
라가 맨션에 이르는 케이블카를 타기 위해 그들이
줄을 선다.

앞줄에 있던 커플이 경비원에게 화려한 초대장을
보여 주자, 그가 케이블카로 그들을 안내한다.

경비원　즐거운 시간 되십시오.

손님　오, 정말 흥분돼요!

은장식의 마스크를 쓴 프로레슬러 엘 산토가 경비
원에게 화려한 초대상을 내민나.

경비원　오! 엘 산토 씨! (들떠서) 정말 팬이에요.

경비원이 수줍게 카메라를 든다.

경비원　혹시 괜찮으시다면—

엘 산토가 고개를 끄덕인다. 경비원이 셀카를 찍기
위해 그의 머리를 떼서 레슬러에게 건넨다. 그의
몸이 사진을 찍기 위해 앞으로 나아간다.

경비원　감사합니다. 선생님!

경비원이 다시 머리를 붙이고 엘 산토가 벨벳 로
프를 지나간다. 그의 뒤로 미구엘이 줄 서 있는 모
습이 보인다.

경비원　초대장은?

미구엘　그런 건 없어도 돼요. 저는 에르네스토의
고조손자거든요!

미구엘이 기타를 들고 델라 크루즈만의 특유의 포
즈를 취한다.

---

at the foot of ~의 기슭에서, ~의 하단부에
era 시대
funicular 케이블카
scale (높고 가파른 곳을) 오르다
silver-masked 은으로 만든 마스크를 쓴
giddy 어지러운, 아찔한, 들뜬
sheepishly 소심하게, 순하게
selfie 셀프 카메라

❶ **I'm a big fan.** 정말 팬이에요.
인기인에게 팬이라고 자신을 소개할 때 주로
쓰는 표현이에요. 강조해서 I'm a huge fan!
이라고 할 수 있어요.

❷ **You mind if I ~** 혹시 ~해도 괜찮을까요?
상대방의 양해를 구할 때 쓰는 표현으로 대개
앞에 Do를 넣기도 합니다. 예시로 You mind
if I sit here? '여기에 앉아도 괜찮을까요?'
이렇게 쓸 수 있어요.

The Boy From the Land of the Living
살아있는 자들의 땅에서 온 소년

🎧 19.mp3

CUT TO:
Miguel is tossed out of the line. Just then he sees Los Chachalacos **unloading** their instruments from their van. He **runs up to** them.

MIGUEL   Disculpen, señores...

BAND LEADER   Hey guys, it's Poco Loco!

BAND MEMBER #2   You were on fire tonight!

MIGUEL   You too! Hey, musician to musician, **I need a favor...**❶

CUT TO:
The Band Leader hands an invitation to the security guard.

SECURITY GUARD   Ooo, the competition winners! Congratulations chicos!

Los Chachalacos **file** onto the funicular, the **sousaphone** player **angling** his instrument away from the security guard. After they get onto the funicular, he turns to reveal a pair of legs hanging out of the bell of the sousaphone. With a deep "TOOT!" Miguel spills out onto the floor of the funicular.

MIGUEL   Thanks guys!

The funicular ascends.

EXT. DE LA CRUZ'S MANSION
The doors of the funicular open to reveal de la Cruz's **lavish** mansion. Los Chachalacos all file out.

장면 전환:
미구엘이 줄 밖으로 내던져진다. 바로 그때 그의 눈에 로스 차차라코스가 그들의 밴에서 악기를 내리는 모습이 보인다. 미구엘이 그들에게로 달려간다.

미구엘 실례합니다, 여러분…

밴드 리더 얘들아, '조금 미친' 부른 그 아이다!

밴드 멤버#2 너 오늘 정말 잘했어!

미구엘 당신들도요! 저기, 음악가 대 음악가로 말하는데, 제 부탁 좀 들어주시겠어요…

장면 전환:
밴드 리더가 경비원에게 초대장을 건넨다.

경비원 오, 대회 우승자들! 축하해요 젊은이들!

로스 차차라코스 멤버들이 줄을 서서 케이블카 위로 올라서고, 수자폰 연주자는 그의 악기를 경비에게서 먼 쪽으로 향한다. 그들이 케이블카에 올라선 후, 수자폰 연주자가 돌아서서 악기입구에 매달린 두 다리를 보인다. 낮은 "뚜우!" 소리와 함께 미구엘이 케이블카의 바닥으로 미끄러지듯 내려온다.

미구엘 고마워요 아저씨들!

케이블카가 올라간다.

외부. 델라 크루즈의 대저택
케이블카의 문들이 열리면서 델라 크루즈의 호화로운 대저택의 모습이 드러난다. 로스 차차라코스 멤버들 모두 줄 서서 내린다.

---

unload (자동차에서) 짐을 내리다

run up to ~에 뛰어가다

disculpen [스페인어] 용서/실례하다 (영어의 forgive, excuse)

file 앞뒤로 줄지어 가다

sousaphone 수자폰 (튜바와 비슷하게 생긴 금관 악기)

angle 비스듬히 움직이다/놓다

lavish 호화로운, 사치스러운

❶ **I need a favor.**
부탁 좀 할게.
상대방에게 부탁을 할 때 쓰는 표현이에요. 같은 상황에서 I have a favor to ask of you.라고 할 수도 있고, Would you do me a favor? 또는 더 간단하게 Do me a favor. 라고 표현하기도 한답니다.

MIGUEL   Whoa...

BAND LEADER   Enjoy the party, little músico!

MIGUEL   Gracias!

Miguel heads off toward the mansion.

On the stairs **leading up**, the party is **bustling** – performers, servers and guests **dressed to the nines**. A **fire breather** lets out flames that transform into a **flurry** of butterflies.

GUEST   Look, it's Ernesto!

Miguel **catches a glimpse** of de la Cruz heading deeper into the party. Miguel pursues.

MIGUEL   De la Cruz.

INT. DE LA CRUZ'S MANSION
Miguel heads into the **foyer** but loses de la Cruz in the crowd.

MIGUEL   Señor de la Cruz!

Miguel elbows his way through the room.

MIGUEL   Pardon me, Señor de la Cruz! Señor de la–

He finds himself in a huge hall with hundreds of guests, **the heart of** the party. Film clips play all around the room from de la Cruz's movies.

DE LA CRUZ (FILM CLIP)   When you see your moment, you mustn't let it pass you by. You must seize it.

Miguel **takes it** all **in**. **Synchronized swimmers** make formations in a sparkling **indoor pool**. A DJ lays a decades-**spanning mash-up soundtrack**.

미구엘 우와…

밴드 리더 즐거운 파티 되거라, 꼬마 음악가!

미구엘 고마워요!

미구엘이 대저택을 향해 간다.

대저택으로 올라가는 계단에는, 파티로 북적거린다 – 공연자들, 서빙하는 사람들과 손님들 모두 대단히 우아하게 차려입고 있다. 차력사가 불을 뿜자 불꽃이 나비 한 무리로 변신해서 날아간다.

손님 저길 봐, 에르네스토야!

파티의 한 가운데로 들어가고 있는 델라 크루즈의 모습을 미구엘의 눈에 힐끗 보인다. 미구엘이 그를 따라간다.

미구엘 델라 크루즈 씨.

내부. 델라 크루즈의 대저택
미구엘은 입구 쪽으로 향해 가다가 인파 속에서 델라 크루즈를 놓친다.

미구엘 델라 크루즈 씨!

미구엘이 팔꿈치로 밀치며 나아간다.

미구엘 실례합니다, 델라 크루즈 씨! 델라 –

미구엘은 수백 명의 손님이 모여 있는 거대한 홀 안, 파티의 중심에 서 있는 자신을 발견한다. 델라 크루즈의 영화 속 영상들이 사방에서 재생되고 있다.

델라 크루즈 (영상) 당신의 순간을 만나면, 절대 그냥 지나가게 해서는 안 돼요. 꼭 잡아야만 해요.

미구엘이 이 모든 광경을 마음속으로 받아들인다. 싱크로나이즈 선수들이 반짝이는 실내수영장에서 대형을 지으며 연기를 한다. 디제이가 수십 년간의 영화음악을 믹스해서 들려주고 있다.

---

lead up 위쪽으로 이끌다
bustling 부산한, 북적거리는
dressed to the nines 우아하게/격식을 갖춰 입은
fire breather 불을 뿜는 것, 위협하는 것
flurry 돌풍, 혼란, 세차게 몰아치다
catch a glimpse 힐끗/얼핏 보다
foyer (극장, 호텔의) 로비, (주택) 현관/입구
the heart of ~의 한가운데에

take something in ~을 눈여겨보다, 이해하다
synchronized swimmer 수중발레선수
indoor pool 실내수영장
span (어떤 일이 지속되는) 기간/시간
mash-up 매쉬업 (여러 노래를 믹스한 음악/음반)
soundtrack (한 영화의 전체적인) 음악, 영화삽입곡

A clip of de la Cruz riding his noble **steed** plays behind Miguel.

DE LA CRUZ (FILM CLIP) We're almost there, Dante.

미구엘의 뒤에서 귀족 같은 말을 타고 있는 델라 크루즈의 영상이 돌아간다.

델라 크루즈 (영상) 거의 다 왔어, 단테.

Miguel jumps to see above the crowd.

미구엘이 사람들 위로 보려고 뛰어오른다.

MIGUEL Señor de la Cruz! Señor de la–

미구엘 델라 크루즈 씨! 델라–

Miguel is unable to get his great-great grandfather's attention. Meanwhile, a clip behind Miguel **features** de la Cruz as a **good-natured** priest:

미구엘이 그의 고조할아버지의 시선을 끌지 못한다. 그러는 동안, 미구엘의 뒤에 있는 영상 속에서 온화한 신부 역할을 하는 델라 크루즈가 등장한다.

NUN (FILM CLIP) But what can we do? It is **hopeless**...

수녀 (영상) 하지만 우리가 뭘 할 수 있겠어요? 희망이 없어요…

DE LA CRUZ (FILM CLIP) You must have faith, sister.

델라 크루즈 (영상) 믿음을 가져야만 해요, 자매님.

NUN (FILM CLIP) Oh but Padre, he will never listen.

수녀 (영상) 아 하지만 신부님, 그는 절대 듣지 않을 거예요.

DE LA CRUZ (FILM CLIP) He will listen... to MUSIC!

델라 크루즈 (영상) 그는 들을 거예요… 음악을!

The passionate words **embolden** Miguel. He climbs a **pillar** to the **landing** of a grand staircase, he stands above the crowd. Miguel **takes a breath** and throws out a grito as loud as he can. It **echoes** through the space, and party guests turn. The DJ fades the music.

열정적인 대사가 미구엘을 대담하게 한다. 기둥을 타고 웅장한 계단의 꼭대기로 올라가, 그는 군중의 위에 선다. 미구엘이 심호흡을 하고 있는 힘껏 큰 소리를 내지른다. 그의 목소리가 실내에 울려 퍼지고 파티에 온 손님들이 돌아본다. 디제이가 음악 소리를 줄인다.

Garnering some attention, Miguel plays his guitar. More guests turn. As a **hush** falls on the crowd, the sound of Miguel's guitar becomes **singular**.

시선을 모은 후, 미구엘이 기타를 친다. 더 많은 손님들이 돌아본다. 군중이 숨을 죽이자 미구엘의 기타 소리가 두드러진다.

MIGUEL (singing)
SEÑORAS Y SEÑORES
BUENAS TARDES, BUENAS NOCHES
BUENAS TARDES, BUENAS NOCHES
SEÑORITAS Y SEÑORES
TO BE HERE WITH YOU TONIGHT
BRINGS ME JOY! ¡QUÉ ALEGRÍA!
FOR THIS MUSIC IS MY LANGUAGE
AND THE WORLD ES MI FAMILIA

미구엘 (노래)
신사 숙녀 여러분
좋은 오후, 좋은 저녁이에요
좋은 오후, 좋은 저녁이에요
신사 숙녀 여러분
오늘 밤 그대들과 함께하니 참 기뻐요
행복해요! 참 멋져요!
이 음악이 나의 언어이기 때문에
그리고 세상이 나의 가족이기 때문에

---

steed (승마용) 말
feature 특별히 포함하다, 특징으로 삼다
good-natured 온화한, 부드러운
priest 신부, 성직자
hopeless 희망이 없는, 가망 없는, 절망적인
embolden 대담하게 만들다
pillar 기둥
landing 층계참 (층계의 중간에 있는 넓은 공간)

take a breath 숨을 쉬다
echo (소리의) 메아리, 울림, 반향
garner (정보, 지지 등을) 얻다, 모으다
hush (명령문) 쉿, 조용히 해, 침묵
singular 뛰어난, 두드러진
Buenas tardes [스페인어] 좋은 오후 (영어의 Good afternoon)
qué [스페인어] 그것, 누구 (영어의 that, who)
alegría [스페인어] 기쁨, 행복 (영어의 joy, happiness)

Miguel continues to play and sing as he **nervously** walks forward; the crowd **parting**, he moves closer to **DLC**.

MIGUEL   FOR THIS MUSIC IS MY LANGUAGE
AND THE WORLD ES MI FAMILIA

He passes a movie screen where a clip features de la Cruz singing the same song in one of his films, the songs **overlapping** for a **brief** moment.

MIGUEL/DE LA CRUZ   FOR THIS MUSIC IS MY LANGUAGE
AND THE WORLD ES MI FAMILIA

Miguel's soul **pours into** the strings as he approaches his hero—

MIGUEL   FOR THIS MUSIC IS MY LANG—

SPLASH! Miguel **tumbles** into the indoor pool.

The **party-goers** gasp, but it's Ernesto who rolls up his sleeves, and, **in** true movie hero **fashion**, jumps into the pool and lifts a **coughing** Miguel to the edge.

바로 이장면!*

DE LA CRUZ   Are you all right, niño?

Miguel looks up, **mortified**. His painted face begins to run, revealing him to be a living boy. De la Cruz's eyes go wide. The crowd gasps and murmurs.

DE LA CRUZ   It's you... you, you are that boy, the one who came from the Land of the Living.

미구엘이 긴장 속에 앞쪽으로 걸어 나가며 계속 연주하며 노래한다. 군중이 옆으로 갈라지고, 그는 델라 크루즈에게 더 가까이 다가선다.

미구엘 왜냐하면 이 음악이 나의 언어이기 때문에 그리고 세상이 나의 가족이기 때문에

그가 영화 스크린 옆을 지나고 스크린에 나오는 영상에는 델라 크루즈가 미구엘이 부르는 노래와 같은 노래를 부르고 있는데, 잠시 둘의 노래가 겹쳐진다.

미구엘/ 왜냐하면 이 음악이 나의 언어이기 때문에 그리고 세상이 나의 가족이기 때문에

미구엘이 그의 영웅에게 다가가면서 그의 영혼이 기타 줄 속으로 쏟아져 들어간다.

미구엘 왜냐하면 이 음악은 나의 언어-

첨벙! 미구엘이 실내수영장 안으로 굴러떨어진다.

파티 참석자들이 헉하며 놀라는데, 에르네스토가 소매를 말아 올리더니, 영화 속의 친장한 히어로와 같은 모습으로, 수영장 안으로 뛰어들어가 기침하고 있는 미구엘을 들어서 가장자리로 꺼낸다.

괜찮니, 얘야?

미구엘이 당황해 하며 위를 올려다본다. 페인트칠한 그의 얼굴이 흘러내리기 시작하고, 그가 살아있는 소년이라는 것이 드러난다. 델라 크루즈의 눈이 휘둥그레진다. 군중이 놀라서 웅성웅성 댄다.

너로구나... 너, 네가, 살아있는 자들의 땅에서 왔다는 바로 그 아이로구나.

---

nervously 신경질적으로, 초조하게

part 나눠지다, 가르다

DLC 델라 크루즈 (DE LA CRUS의 이니셜)

overlap 겹치다, 포개지다

brief (시간이) 짧은, 잠시 동안의

pour into ~에 흘러 들어가다, ~에 들이/쏟아붓다

splash 철벅/첨벙 소리, (물, 흙탕물 등을) 끼얹다, 튀기다

tumble 굴러떨어지다, 폭락, 빠른 하락

party-goer 파티 손님, 파티를 즐기는 사람

in (a) ~ fashion ~한 방식으로

cough 기침하다

mortify 굴욕감을 주다, 몹시 당황하게 만들다

MIGUEL	You... know about me?	미구엘	당신이… 저에 관해서 아세요?
DE LA CRUZ	You are all anyone has been talking about! Why have you come here?	델라 크루즈	사람들이 다들 네 얘기밖에 안 하던 걸! 넌 왜 여기에 온 거니?
MIGUEL	I'm Miguel. Your great-great grandson.	미구엘	전 미구엘이에요. 당신의 손자의 손자예요.

More murmuring from the crowd. De la Cruz is **shocked**.

군중들이 더 심하게 웅성거린다. 델라 크루즈는 충격을 받았다.

DE LA CRUZ	I... have a great-great grandson?	델라 크루즈	내가… 고손자가 있어?
MIGUEL	I need your blessing so I can go back home and be a musician, just like you. (beat) The rest of our family, they wouldn't listen. But I... I hoped you would?	미구엘	전 할아버지의 축복이 필요해요. 그래야 내가 집으로 돌아가서 음악가가 될 수 있거든요. 바로 할아버지처럼 말이에요. (정적) 나머지 가족들은, 모두 제 얘기를 들으려고 하지 않아요. 하지만 저는… 할아버지께서는 들어주시기를 바랐는데?
DE LA CRUZ	My boy, with a talent like yours, **how could I not listen?**❶	델라 크루즈	너와 같은 재능을 가진 내 아이의 얘기를, 내가 어떻게 안 들을 수가 있겠니?

Miguel hugs de la Cruz who **sweeps** Miguel **up** onto his shoulders, **showing him off** to the room.

크루즈는 미구엘을 들어 목마를 태우고 그는 할아버지의 목을 꼭 껴안는다. 델라 크루즈는 룸을 돌며 그를 자랑한다.

DE LA CRUZ	I HAVE A GREAT-GREAT GRANDSON!	델라 크루즈	나에게 고손자가 있어요!

The crowd **roars**.

사람들이 함성을 지른다.

---

shocked 충격을 받은, 어안이 벙벙한
sweeps someone up ~를 (부드럽게) 휙 들어 올리다
show someone/something off ~를 자랑하다
roar (큰 짐승 등이) 으르렁거리다/포효하다, (크고 깊은 소리로) 울리다, 포효, 함성, 폭소

❶ **How could I not listen?**
내가 어떻게 안 들어 줄 수 있겠니?
How could I~는 '내가 어떻게 ~하겠니'라는 의미로 위 대화에서는 누구 부탁인데 안 들어 주겠니 라는 뉘앙스입니다. 비슷한 표현으로 How can(could) I say no?, How can I refuse~ 등이 있습니다.

The World Is Our Family!

세상이 우리 가족이란다!

🎧 20.mp3

CUT TO: **EXT. BOTTOM OF THE TOWER**	장면 전환: 외부. 타워의 아랫쪽
<u>CROWD</u> Look, it's Frida!	군중 저기 봐. 프리다야!
The silhouette of Frida Kahlo steps up to the security guard.	프리다 칼로의 실루엣이 경비원에게 다가선다.
<u>HÉCTOR</u> Yes, it is I. Frida Kahlo.	헥터 네, 저예요. 프리다 칼로.
The security guard lets her in **immediately**. No need to check the list.	경비원이 그녀를 즉시 들여보낸다. 명단을 볼 필요도 없다.
<u>SECURITY GUARD</u> **It is an honor,**❶ señora!	경비원 영광입니다. 여사님!
<u>HÉCTOR</u> Gracias.	헥터 고마워요.
Héctor steps onto the funicular, **readjusting** his unibrow to **maintain** his disguise.	헥터가 케이블카에 올라타서 변장을 유지하기 위해 일자 눈썹을 매만진다.
CUT TO: **EXT. DE LA CRUZ'S MANSION**	장면 전환: 외부. 델라 크루즈의 대저택
Quick cuts over instrumental version of "Remember Me:"	"날 기억해줘"의 연주 버전으로 빠른 장면 전환:
De la Cruz **barges** into several conversations, proudly introducing Miguel. He seems almost giddy. They **wedge** themselves into a group laughing in the garden (which includes **Jorge Negrete** & **Pedro Infante**)	델라 크루즈가 돌아다니며 대화를 나누고 있는 사람들 사이에 불쑥 끼어들어 미구엘을 자랑스럽게 소개한다. 그가 좀 들뜬 것으로 보인다. 그들이 정원에서 웃고 있는 사람들 사이에 끼어든다 (그 사람들 사이에 호르헤 네그레테와 페드로 인판테도 있다)
<u>DE LA CRUZ</u> Hey Negrete! Infante! Have you met my great-great-grandson?	델라 크루즈 이봐 네그레테! 인판테! 내 고손자와 인사 나누었는가?

---

honor 명예, 영광, 특권

readjust (변화 등에) 다시 적응/조정하다

barge 밀치고 가다. (난폭하게) 부딪히다

wedge 쐐기, (좁은 틈 사이에) 끼우/밀어 넣다

Jorge Negrete 호르헤 네그레테 (멕시코 영화 배우/가수)

Pedro Infante 페드로 인판테 (멕시코 영화 배우/가수)

❶ **It is an honor.**
영광입니다.
여러분이 좋아하거나 존경하는 누군가를 만났을 때 '만나뵙게 되어 영광입니다'라고 말할 때 쓸 수 있는 표현입니다. 비슷한 표현으로 It is such an honor.이 있고, 뒤에 to 동사를 연결해서 더 명확하게 ~to talk (말할 수 있어), to serve (모시게 되어) 등으로 활용할 수 있습니다.

CUT TO:
De la Cruz and Miguel ride up **on horseback** while guests play polo.

DE LA CRUZ   My great-great grandson!

CUT TO:
In the **parlor**

DE LA CRUZ   He's alive! And a musician **to boot**!

CUT TO:
Miguel **chats away** with de la Cruz and guests.

MIGUEL   Dimple. No dimple. Dimple. No dimple.

De la Cruz laughs, delighted.

DE LA CRUZ   No dimple!

CUT TO:
A film clip is projected in the main hall.

ON SCREEN – Don Hidalgo turns raising two glasses. Miguel acts along with the clip.

DON HIDALGO (FILM CLIP)   **To our friendship!**...❶

DON HIDALGO (FILM CLIP)/MIGUEL   ...I would **move Heaven and Earth** for you, mi amigo. **Salud!**

In the clip Don Hidalgo and de la Cruz drink. De la Cruz spits.

DON HIDALGO (FILM CLIP)/MIGUEL   Poison!

장면 전환:
손님들이 폴로 경기를 하는 동안 델라 크루즈와 미구엘은 말을 타고 있다.

델라 크루즈 나의 고조손이라네!

장면 전환:
객실에서

델라 크루즈 그는 살아있다네! 게다가 음악가야!

장면 전환:
미구엘이 델라 크루즈와 손님들과 이런저런 이야기를 나눈다.

미구엘 보조개 있고, 보조개 없고, 보조개 있고, 보조개 없고.

델라 크루즈가 아주 즐거워하며, 웃는다.

델라 크루즈 보조개 없다!

장면 전환:
영화 영상이 중앙홀에 비친다.

스크린 영상 – 돈 히달고가 두 개의 잔을 들어 올리며 몸을 돌린다. 미구엘이 영상 속의 연기를 따라 한다.

돈 히달고 (영상) 우리의 우정을 위하여...

돈 히달고 (영상)/미구엘 ...난 자네를 위해서라면 하늘과 땅을 옮길 수도 있다네, 나의 친구여. 건배!

영상 속에서 돈 히달고와 델라 크루즈가 술을 마신다. 델라 크루즈가 뱉어 낸다.

돈 히달고 (영상)/미구엘 독이야!

---

on horseback 말을 타고
parlor 응접실, 거실, 객실
to boot 그것도 (앞서 한 말에 덧붙일 때)
chat away 잡담하다, 떠들다, 지껄이다
move heaven and earth 온갖 노력/전력을 다하다
Salud! 건배!
poison 독, 독약

❶ **To our friendship!**
우리의 우정을 위하여!
건배할 때 우리는 '~을 위하여!'라고 외치죠. 영어로 이 표현을 할 때는 전치사로 for를 쓰지 않고 to를 씁니다. 실수하기 좋은 표현이니 잘 기억해 두세요.

Miguel and de la Cruz **gleefully act out** the **ensuing fist fight**.

DE LA CRUZ   You know, I did all my own **stunts**.

CUT TO:

A small crowd sways, arms around shoulders, as Miguel and Ernesto lead them in a chorus of "Remember Me."

INT. DE LA CRUZ'S OFRENDA ROOM

De la Cruz gestures to the **massive** piles of gifts from his fans: bread, fruits, flowers, instruments, etc. All **piled up** to the ceiling.

DE LA CRUZ   All of this came from my amazing fans in the Land of the Living! They leave me more offerings than I know what to do with!

Miguel takes in the room, it's almost too much to **absorb**. Something seems to be **on the boy's mind**.

바로 이장면!*

DE LA CRUZ   Hey, what's wrong? Is it too much? You look **overwhelmed**...

MIGUEL   No– it's all great.

DE LA CRUZ   But...?

MIGUEL   It's just – I've been **looking up to** you my whole life. You're the guy who actually did it! But... (beat) Did you ever regret it? **Choosing music over... everything else**.

De la Cruz **kneels down** and looks into Miguel's eyes.

미구엘과 델라 크루즈가 신이 나서 뒤따라 나오는 주먹다짐을 연기한다.

델라 크루즈   그거 아니, 난 모든 스턴트를 대역 없이 했단다.

장면 전환:

미구엘과 에르네스토가 "날 기억해줘" 후렴구를 부르며 이끌어가자 사람들 중에 몇 명이 팔을 어깨에 올리고 몸을 흔든다.

내부. 델라 크루즈의 오프렌다

델라 크루즈가 팬들에게 받은 선물들이 엄청 높게 쌓여있는 곳을 가리킨다. 빵, 과일, 꽃, 악기, 등등. 모든 것이 천장까지 쌓여있다.

델라 크루즈   이 모든 것들이 살아있는 자들의 땅에 있는 나의 멋진 팬들에게서 온 것이야! 그들은 내가 감당할 수 없을 정도로 많은 제물들을 바친단다!

미구엘이 방을 살펴보는데, 정말 감당하기 어려울 정도다. 뭔가 미구엘의 마음에 떠오른 듯하다.

델라 크루즈   얘야, 왜 그러니? 너무 많아서 그래? 감당하기 어려워하는 것처럼 보이는군…

미구엘   아네요 – 모두 좋아 보여요.

델라 크루즈   그런데…?

미구엘   단지 그냥 – 전 평생 동안 할아버지를 존경해왔어요. 정말 인생을 멋지게 산 사람이시잖아요. 하지만… (정적) 혹시 후회한 적은 없으신가요? 다른 모든 것들을 제쳐두고… 음악을 선택한 것을.

델라 크루즈가 무릎을 꿇고 자세를 낮춰 미구엘의 눈을 들여다본다.

---

gleefully 유쾌하게, 신이 나서
act out (연기하듯) 실연해 보이다
ensue 뒤따르다
fist fight 주먹다짐, 주먹싸움
stunt (영화에서) 고난이도 연기, 스턴트
massive 거대한, 엄청나게 큰, 심각한
pile up (양이) 많아지다, 쌓이다
absorb 흡수하다, 빨아들이다, 받아들이다

on one's mind ~으로 머리가 가득하여, 신경이 쓰여
overwhelmed 압도된
look up to ~을 존경하다, 우러러보다
choose something over something else ~대신 ~을 선택하다
kneel down 무릎을 꿇고 있다

DE LA CRUZ   It was hard. Saying goodbye to my **hometown**. Heading off **on my own**…

MIGUEL   Leaving your family?

DE LA CRUZ   Sí. But **I could not have done it differently.❶** (beat) One cannot **deny** who one **is meant to** be. And you, my great-great grandson, are meant to be a musician!

Miguel smiles, chest swelling. He feels **validated** for the first time in his life.

DE LA CRUZ (CONT'D)   You and I, we are artists, Miguel! We cannot belong to one family. The world is our family!

De la Cruz gestures to the sparkling city beyond his hilltop estate. Fireworks **go off** on the veranda.

DE LA CRUZ (CONT'D)   Ooo, the fireworks have begun!

델라 크루즈 힘들었지. 우리 고향을 향해 이별을 고하는 것, 나 홀로 떠나는 것이…

미구엘 가족을 떠나온 것이요?

델라 크루즈 맞아. 하지만 다른 선택의 여지가 없었단다. (정적) 운명을 거스를 수는 없는 거니까. 그리고 너, 나의 고손자, 넌 음악가가 될 운명이란다!

미구엘이 가슴 벅차하며 미소 짓는다. 살면서 처음으로 인정받은 듯한 기분이다.

델라 크루즈 (계속) 너와 나. 우리는 아티스트야. 미구엘. 우린 한 가정에 속할 수가 없어. 세상이 우리의 가족이야!

델라 크루즈가 언덕 꼭대기에 있는 그의 땅 저편에서 반짝이는 도시를 가리킨다. 베란다에서 폭죽들이 터진다.

델라 크루즈 (계속) 우우. 불꽃놀이가 시작되었구나!

---

hometown 고향
on one's own 혼자서, 단독으로
deny 부인하다, 부정하다
be meant to ~할 운명이다
validate 입증하다, 인증하다
go off 발사되다, 폭발하다, 자리를 뜨다

❶ **I could not have done it differently.**
다른 선택의 여지가 없었다.

differently는 '다르게'라는 의미이니까, 이 문장의 뜻을 조금 더 직역해 보면 '난 이것을 다르게 할 수가 없었다'는 의미가 되지요. 바꿔 말하면, '이 방법밖에는 없었다' This was the only way to do it. 이라는 뜻이네요.

Héctor Meets de la Cruz
헥터와 델라 크루즈의 만남

🎧 21.mp3

CUT TO:
EXT. veranda

The party guests move outside to watch the light show.

INT. DE LA CRUZ'S MANSION
The hall has emptied, the lights are turned down. Bursts of color from outside flash across the walls. The only light coming from inside the hall are de la Cruz's film clips that continue to play on the walls.

De la Cruz and Miguel descend the staircase into the empty hall.

DE LA CRUZ　Soon, the party will move across town for my "Sunrise Spectacular!"
(beat) Miguel, you must come to the show! You will be my **guest of honor!**

Miguel's eyes **light up.**

MIGUEL　You mean it?!❶

DE LA CRUZ　Of course, my boy!

Miguel's chest swells. Then **deflates.** He lifts his shirt, revealing the skeletal **transition partway** up his **torso.**

MIGUEL　I can't... I have to get home before sunrise.

DE LA CRUZ　Oh, I really do need to get you home.

De la Cruz plucks a marigold petal from a vase.

장면 전환:
외부. 베란다

파티 참석자들이 불꽃놀이를 보러 밖으로 나간다.

내부. 델라 크루즈의 대저택
홀이 비었고, 조명은 꺼졌다. 밖에서 터지는 불꽃들이 벽을 가로지르며 빛난다. 실내에서 나오는 불빛은 벽에 계속해서 돌아가고 있는 델라 크루즈의 영상뿐이다.

델라 크루즈와 미구엘이 계단을 타고 비어 있는 홀로 내려온다.

델라 크루즈　이제 곧, 파티는 나의 "해돋이 쇼!"를 보기 위해 저쪽 동네로 이동할 거야.
(정적) 미구엘, 너도 그 쇼에 꼭 와야만 해! 네가 나의 주빈이 될 거란다!

미구엘의 눈빛이 빛난다.

미구엘　정말이세요?!

델라 크루즈　물론이지, 얘야!

미구엘이 가슴 벅차한다. 그리고는 기운이 빠진다. 그가 셔츠를 들어 올리니, 그의 몸통 일부가 해골로 변한 모습이 드러난다.

미구엘　전 못 가요… 해가 뜨기 전에 집에 가야 해서요.

델라 크루즈　오, 내가 정말 너를 집에 보내 줘야겠구나.

델라 크루즈가 꽃병에서 금잔화 꽃잎을 뽑는다.

---

guest of honor 주빈, 귀빈
light up 빛나다, 밝히다
deflate 공기를 빼다, 기를 꺾다/죽이다
transition (다른 상태로) 이행, 과도
partway 도중까지, 도중에서, 어느 정도
torso 몸통

❶ **You mean it?**
정말인가요?
mean은 '의미하다, ~의 뜻이다, 의도하다'라는 뜻이 있는데, 여기서도 앞서 상대가 말한 것에 (믿기 힘들다 듯이) 정말/진심이냐고 재차 확인하는 표현입니다. Really보다는 더 정중하게 느껴지네요. 참고로 mean은 형용사로는 못된, 인색한 등의 뜻입니다.

125

DE LA CRUZ (CONT'D)   It has been an honor. I am sorry to see you go, Miguel. I hope you die very soon. (beat) You know what I mean. (beat) Miguel, I give you my bles–

HÉCTOR (O.S) **We had a deal,**❶ chamaco!

They are startled.

DE LA CRUZ   Who are you? What is the meaning of this?

From the shadows, Héctor, dressed as Frida, steps into the light.

DE LA CRUZ (CONT'D)   Oh, Frida! I thought you couldn't **make it**.

Héctor takes off the **wig** and throws his **outfit** off.

HÉCTOR   You said you'd take back my photo. You promised, Miguel.

Miguel turns, backing into de la Cruz's arms. De la Cruz **rises to his feet**, hands **defensively** on Miguel's shoulders.

DE LA CRUZ   (to Miguel) You know this, uh... man?

MIGUEL   I just met him tonight. He told me he knew you—

As Héctor steps forward with the photo, de la Cruz slowly **recognizes** him.

DE LA CRUZ   Hé— Héctor?

HÉCTOR   Please Miguel, put my photo up.

델라 크루즈 (계속) 널 만나서 영광이었구나. 네가 가야만 한다니 아쉬워, 미구엘. 네가 어서 죽었으면 좋겠다. (정적) 네 말이 무슨 말인지 알 거야. (정적) 미구엘, 난 너를 축복 –

헥터 (화면 밖) 우리 약속했잖아, 꼬마야!

그들이 깜짝 놀란다.

델라 크루즈 당신은 누구요? 이건 대체 뭐지?

어둡게 그늘진 곳에서, 프리다처럼 옷을 입은 헥터가 밝은 곳으로 나온다.

델라 크루즈 (계속) 오, 프리다! 난 당신이 못 오는 줄 알았소.

헥터가 가발을 벗고 의상을 벗어 던진다.

헥터 내 사진을 가져간다고 말했잖아. 네가 약속했다고, 미구엘.

미구엘이 돌아서서 델라 크루즈의 팔쭉으로 뒷걸음질 친다. 델라 크루즈가 일어서서, 방어적으로 그의 손을 미구엘의 어깨에 올린다.

델라 크루즈 (미구엘에게) 너 이, 어… 남자를 아니?

미구엘 오늘 밤에 처음 만난 사람이에요. 이 사람이 할아버지를 안다고 했어요—

헥터가 사진을 들고 앞쪽으로 나서자, 델라 크루즈가 서서히 그를 알아본다.

델라 크루즈 헤—헥터?

헥터 제발 미구엘, 내 사진을 걸어 줘.

---

make it 성공하다. (간신히) 시간 맞춰 가다. (모임 등에) 참석하다
wig 가발
outfit 의상, 옷
rise to one's feet 기립하다. 일어서다
defensively 방어적으로, 수동적으로
recognize 알아보다

❶ **We had a deal.**
우리 합의했었잖아.
deal은 거래, 합의, 카드 돌리기 등의 의미로 비즈니스 협상에서 자주 쓰이는데 위 대화문에서처럼 일반적인 약속할 때도 잘 쓸 수 있습니다. It's a deal!하면 '합의 봤어, 조건에 동의한다'는 의미이고 짧고 굵게 Deal! '좋아, 합의!'라고 할 수 있어요.

Héctor pushes the photo into Miguel's hands. De la Cruz **intercepts** it.

He looks from the picture to the gray, faded skeleton who kneels before him. Héctor looks weak.

DE LA CRUZ	My friend, you're being forgotten...
HÉCTOR	And whose fault is that?
DE LA CRUZ	Héctor, please–

바로 이장면!*

HÉCTOR	Those were MY songs you took. MY songs that made YOU famous.
MIGUEL	W-What?
HÉCTOR	If I'm being forgotten, it's because you never told anyone that I wrote them–
MIGUEL	That's crazy, de la Cruz wrote all his own songs.
HÉCTOR	(to de la Cruz) You wanna tell him, or should I?
DE LA CRUZ	Héctor, I never **meant to take credit**. (beat) We **made a great team** but – you died and I – I only sang your songs because I wanted to keep a part of you alive.
HÉCTOR	Oh, **how generous.**❶
MIGUEL	You really did play together...

헥터가 사진을 미구엘의 손에 밀어 넣는다. 델라 크루즈가 그 사진을 잡아챈다.

그는 사진을 보다가, 그의 앞에 무릎을 꿇고 희미해지는 해골을 본다. 헥터가 약해 보인다.

델라 크루즈 나의 친구, 자네가 잊혀지고 있군…

헥터 그게 누구 잘못인 것 같나?

델라 크루즈 헥터, 제발 –

헥터 네가 가져간 노래들은 나의 노래들이었고, 내 노래가 자네를 유명하게 만들어줬지

미구엘 뭐–뭐라고요?

헥터 내가 잊혀지고 있는 거라면, 그건 네가 그 노래들을 내가 만든 거라고 아무에게도 얘기하지 않기 때문이야 –

미구엘 말도 안 돼요, 델라 크루즈 씨의 노래는 모두 그가 만든 거라고요.

헥터 (델라 크루즈에게) 네가 얘한테 얘기할래, 아님 내가 할까?

델라 크루즈 헥터, 난 공을 차지할 의도는 전혀 없었어. (정적) 우린 정말 좋은 팀이었지만 – 자네는 죽었고 난 – 난 단지 자네의 일부가 계속 살아 숨 쉴 수 있게 하고 싶어서 그 노래들을 불렀을 뿐이라고.

헥터 오, 침으로 인자하시네.

미구엘 두 분이 정말로 같이 활동하셨군요…

---

intercept (중간에) 가로채다, 가로막다

mean to ~할 셈이다, ~하려는 의도이다

take credit 공을 차지하다

make a great team 멋진/훌륭한 팀을 이루다

generous 너그러운, 관대한, 후한

❶ **How generous.**
참으로 인자하군.
표현 그대로 번역을 하면 '참 친절하시군요'이지만, 위 맥락에서는 약간 비아냥거리는 투로 쓰였습니다. 정말 큰 실수를 했을 때 '잘~했다'라고 반어적으로 쓰이는 것처럼요. 어감에 따라 정말 고마워서 혹은 그 반대임을 다르게 표현할 수 있겠죠.

HÉCTOR	Look, I don't want to fight about it. I just want you to **make it right**. Miguel can put my photo up–	헥터 이봐, 난 이것에 대해서 싸우고 싶진 않아. 난 단지 네가 똑바로 해놓기를 원할 뿐이야. 미구엘이 내 사진을 걸어놓을 수 있도록 –
DE LA CRUZ	Héctor...	델라 크루즈 헥터…
HÉCTOR	–And I can cross over the bridge. I can see my girl.	헥터 –그러면 내가 다리를 건널 수 있게 되지. 내 딸을 볼 수 있게 되고.

De la Cruz looks at the photo, **deliberating**.

델라 크루즈가 사진을 바라본다. 세심히.

HÉCTOR	Ernesto... Remember the night I left?	헥터 에르네스토… 내가 떠났던 날 밤 기억하나?
DE LA CRUZ	That was a long time ago.	델라 크루즈 오래전 일이야.
HÉCTOR	We drank together and you told me you would **move heaven and earth**[1] for your amigo. Well, I'm asking you to now.	헥터 우린 같이 술을 마셨고 넌 친구를 위해서는 세상에 못 할 일이 없다고 내게 말했지. 음, 난 지금 네가 그러기를 부탁하는 거야.
MIGUEL	Heaven and earth? Like in the movie?	미구엘 하늘과 땅? 영화에서처럼요?
HÉCTOR	What?	헥터 뭐라고?
MIGUEL	That's Don Hidalgo's **toast**... in the de la Cruz movie, "**El Camino A Casa**."	미구엘 그건 돈 히달고의 건배사예요… 델라 크루즈 영화, "집으로 가는 길"에 나오는 대사라고요.
HÉCTOR	I'm talking about my real life, Miguel.	헥터 난 나의 진짜 인생에 대해 얘기하고 있는 거야. 미구엘.
MIGUEL	No, it's in there. Look.	미구엘 아뇨, 영화에 있어요. 봐요.

Miguel looks around and points to the movie clip projected across the room.

미구엘이 주위를 둘러보다가 방 저편에 보이는 영화 영상을 가리킨다.

---

make it right 옳게/바르게 하다
deliberate 고의의, 의도적인, 신중히 생각하다
toast 건배, ~을 위해 축배를 들다
el camino [스페인어] 길, 도로 (영어의 the road)
casa [스페인어] 집 (영어의 house)

❶ move heaven and earth
온갖 노력을 다하다
위 표현을 직역하면 '~을 위해 하늘과 땅을 움직이다'인데 즉 '하늘과 땅을 움직일만큼 (무엇을 달성하기 위해) 백방으로 노력하다'라는 아주 절실하면서도 살짝 과장이 담긴 표현이죠. 뒤에 to~를 연결해 명확한 목적, 행위를 명확히 묘사할 수 있어요.

FILM CLIP

DON HIDALGO (FILM CLIP) Never were truer words spoken. This **calls for** A TOAST! To our **friendship**! I would move Heaven and Earth for you, mi amigo.

돈 히달고 (영상) 세상에 이보다 더 진실한 말은 없었지. 건배를 해야겠네! 우리의 우정을 위하여! 난 널 위해서라면 세상에 못 할 일이 없어, 나의 친구여.

MIGUEL But in the movie, Don Hidalgo poisons the drink...

미구엘 하지만 영화에서는, 돈 히달고가 술에 독을 타는데…

DON HIDALGO (FILM CLIP) Salud!

돈 히달고 (영상) 건배!

In the clip Don Hidalgo and de la Cruz drink. De la Cruz **spits** his drink.

영상 속에서 돈 히달고와 델라 크루즈가 술을 마신다. 델라 크루즈가 술을 내뱉는다.

DE LA CRUZ (FILM CLIP) Poison!

델라 크루즈 (영상) 독이야!

Héctor's gears are turning[1] too.

헥터도 뭔가를 깨닫기 시작한다.

HÉCTOR That night, Ernesto. The night I left...

헥터 그날 밤, 에르네스토, 내가 떠났던 그 밤…

---

call for ~을 필요로 하다. (공식적으로) 요구하다. (술 등을) 청하다
friendship 우정
spit 뱉다

[1] His gears are turning.
그의 머리가 복잡하게 돌아가고 있다.
자동차의 기어가 돌아가듯 누군가의 머릿속에서 기어들이 돌아가고 있다는 이 표현은 뭔가를 이해하거나 알아내기 위해서 '열심히 머리를 굴리고 있다'는 뜻으로 쓰이는 구어체적 표현이에요.

To Our Friendship!
우리들의 우정을 위하여!

🎧 22.mp3

FLASHBACK:

INT. MEXICO CITY HOTEL ROOM
Héctor throws a songbook in a suitcase, shuts it. He grabs his guitar case like he means to leave.

회상:

내부. 멕시코 시티 호텔 방
헥터가 여행 가방에 노래책을 던저 넣고, 가방을 닫는다. 그는 떠날 것처럼 그의 기타케이스를 잡는다.

바로 이장면!*

HÉCTOR (V.O.)	We'd been performing **on the road** for months. I got **homesick** – and I **packed up** my songs...	**헥터 (목소리만)** 우린 수개월간 순회공연을 하던 중이었어. 난 향수병에 걸렸지 – 그리고 난 내 노래들을 가방에 챙겨 넣었지…
YOUNG DE LA CRUZ	You wanna give up now? When we're this close to reaching our dream?	젊은 델라 크루즈 이제 와서 포기하고 싶다는 거야? 아주 조금만 더 가면 곧 우리의 꿈을 이룰 수 있는데?
YOUNG HÉCTOR	This was your dream. You'll **manage**.	젊은 헥터 너의 꿈이었지. 너 혼자서 잘 해낼 거야.
YOUNG DE LA CRUZ	I can't do this without your songs. Héctor–	젊은 델라 크루즈 너의 노래들이 없이는 난 할 수 없어. 헥터–

De la Cruz grabs young Héctor's suitcase, but Héctor pulls away.

델라 크루즈가 젊은 헥터의 여행 가방을 잡는다. 하지만 헥터가 뒤로 물러선다.

YOUNG HÉCTOR	I'm going home, Ernesto. (beat) Hate me if you want, but **my mind is made up.**❶	젊은 헥터 난 집으로 돌아갈 거야. 에르네스토. (정적) 날 증오해도 좋아. 하지만 내 마음은 이미 정해졌어.

De la Cruz looks angry. For a moment his face darkens. But he **composes** himself.

델라 크루즈가 화난 모습이다. 잠시 그의 얼굴이 어두워진다. 하지만 그는 평정을 되찾는다.

YOUNG DE LA CRUZ	Oh, I could never hate you. If you must go, then I'm... I'm **sending you off** with a toast!	젊은 델라 크루즈 오, 난 절대 널 증오하진 않을 거야. 네가 가야만 한다면, 그렇다면 난… 내가 건배를 하고 보내줄게!

---

flashback (영화, 연극) 플래시백, 회상 장면
on the road 여행 중인, 순회공연 중인
homesick 향수병을 앓는
pack up (떠나기 위해) 짐을 싸다/챙기다
manage 간신히 해내다. (어떻게든) ~하다
compose 구성하다. (감정, 표정 등을) 가다듬다
send someone off ~을 배웅하다. ~를 퇴장시키다

❶ **My mind is made up.**
내 마음은 결정됐어.
이 문장에서는 수동형으로 쓰였는데, make up one's mind는 '마음을 먹다/정하다/결정하다'라는 의미로 쓰이는 숙어예요. 기억하기 쉽게 명령형으로 Make up your mind! '(어떻게 할 건지 오락가락하지 말고 내 마음을) 결정해!' 이 문장을 외워 두시면 좋겠네요.

De la Cruz pours a couple of drinks. He gives one to Héctor.

YOUNG DE LA CRUZ (CONT'D) To our friendship. I would move Heaven and Earth for you, mi amigo. Salud!

They both drink.

EXT. EMPTY STREET

HÉCTOR (V.O.) You walked me to the train station.

They walk an empty street at night, Héctor with suitcase and guitar case **in tow**. Héctor stumbles, de la Cruz **steadies** him, takes his guitar case.

HÉCTOR (V.O.) But I **felt a pain in my stomach**. I thought it must have been something I ate...

YOUNG DE LA CRUZ Perhaps it was that chorizo my friend...

HÉCTOR (V.O.) Or something I... drank.

A few more steps and Héctor **collapses** in the street.
FADE TO BLACK.

HÉCTOR (V.O.) I woke up dead. ❶

델라 크루즈가 술을 두세 잔 따른다. 그가 한 잔을 헥터에게 준다.

젊은 델라 크루즈 (계속) 우리의 우정을 위하여. 난 너를 위해서라면 하늘과 땅을 옮길 수도 있어. 나의 친구여. 건배!

그들이 같이 술을 마신다.

외부. 텅 빈 거리

헥터 (목소리만) 네가 나를 기차역까지 배웅해 줬지.

그들이 밤에 텅 빈 거리를 걷는다. 헥터가 여행 가방과 기타케이스를 들고 간다. 헥터가 비틀거리고, 델라 크루즈는 그를 안정시키며, 그의 기타케이스를 가져간다.

헥터 (목소리만) 하지만 난 배가 아팠어. 내가 먹었던 무엇인가 때문에 그렇다고 생각했었지…

젊은 델라 크루즈 어쩌면 그 소시지 때문이었을지도 몰라, 친구…

헥터 (목소리만) 아니면 내가… 마신 것 때문이었을지도.

몇 걸음 더 가서 헥터가 길거리에 쓰러진다. 화면이 검게 변한다.

헥터 (목소리만) 깨어보니 죽었더군.

BACK TO:
INT. DE LA CRUZ'S MANSION

HÉCTOR You... POISONED me.

DE LA CRUZ You're confusing movies with **reality**, Héctor.

돌아와서:
내부. 델라 크루즈의 대저택

헥터 네가… 날 독살했어.

델라 크루즈 자넨 영화와 현실을 혼동하는 거야, 헥터.

---

in tow (사람을) 뒤에 데리고, 뒤에 가지고 가는
steady 꾸준한, 변함없는, 진정시키다
feel a pain in one's stomach 배/위장에 통증을 느끼다
collapse 쓰러지다
reality 현실

❶ **I woke up dead.**
깨어보니 죽었더군.
wake up '일어나다, 정신 차리다'와 dead '죽음'이라는 상반되는 어휘가 만난 독특한 표현입니다. 밤에 잠이 들어 다음 날 아침 깨어나지 못하고 잠든 채 죽은 상황을 표현합니다. 헥터는 죽은 사람이라 이렇게 말하는 게 가능하겠죠?

| HÉCTOR | All this time I thought it was just bad luck. | 헥터 지금껏 내내 난 그냥 운이 나빠서 그런 줄 알고 있었어. |

FLASHBACK:
EXT. EMPTY STREET

회상:
외부. 텅 빈 거리

Héctor's suitcase is opened. A hand reaches in to take the song-book.

헥터의 여행 가방이 열려 있다. 노래책을 꺼내려고 손이 들어간다.

| HÉCTOR | I never thought that you might have... that you... | 헥터 네가 그랬을 수도 있을 거라고는 단 한 번도 생각해 본 적이 없었는데… 그게 너였어… |

BACK TO:
INT. DE LA CRUZ'S MANSION

돌아와서:
내부. 델라 크루즈의 대저택

Héctor **clenches his jaw**. Then he **bounds** at de la Cruz, **tackling him to the ground**.

헥터가 턱을 악문다. 그리고는 델라 크루즈에게 뛰어올라, 그를 바닥에 넘어뜨린다.

HÉCTOR	How could you?!	헥터 어떻게 네가 그럴 수가 있어?!
MIGUEL	Héctor!	미구엘 헥터!
DE LA CRUZ	Security! Security!	델라 크루즈 경비원! 경비원!

Miguel watches as Héctor and Ernesto scuffle on the floor.

미구엘이 헥터와 에르네스토가 바닥에서 뒹굴며 싸우는 모습을 본다.

| HÉCTOR | You took everything away from me! | 헥터 네가 내 모든 것을 다 빼앗아 갔어! |

Security guards rush in to pull Héctor off Ernesto. Héctor **struggles**, but **it's no use.**❶

경비원이 뛰어와서 헥터를 에르네스토에게서 떼어놓는다. 헥터가 몸부림치지만 소용없다.

| HÉCTOR | You **rat**! | 헥터 이런 쥐새끼! |
| DE LA CRUZ | Have him taken care of. He's **not well**. | 델라 크루즈 그를 잘 처리하게. 정신이 온전치가 못해. |

The guards drag Héctor through a wide doorway.

경비원이 헥터를 넓은 문으로 끌고 간다.

| HÉCTOR | I just wanted to go back home! No, no, NO! | 헥터 난 집으로 돌아가고 싶었을 뿐이라고! 안 돼, 안 돼, 안 돼! |

---

clench one's jaw 이를 악물다
bound 껑충 뛰다
tackle someone to the ground 태클을 걸어 바닥에 쓰러뜨리다
struggle 몸부림치다, 힘겹게 나아가다
rat 들쥐, 쥐새끼 같은 놈, 비열한 놈
be not well 건강이 좋지 않은

❶ **It's no use.**
소용없어.
'그렇게 해 봐야 헛수고다/소용없다'라고 말하고 싶을 때 쓰면 유용한 표현이에요. 단순히 이렇게 짧게 표현할 수도 있지만, 뒤에 내용을 더 넣는 것도 가능해요. 예를 들어, It's not use asking him about it. '그에게 그걸 물어봐야 소용없어.' 이렇게요.

The doors slam shut and cut off his shouts. Miguel is left alone with de la Cruz.

DE LA CRUZ　I apologize. **Where were we?**❶

MIGUEL　You were going to give me your blessing...

DE LA CRUZ　Yes. Uh... sí.

De la Cruz pulls up a marigold petal, but **hesitates**.

DE LA CRUZ　Miguel, my **reputation**, it is very important to me. I would hate to have you think...

MIGUEL　That you murdered Héctor... for his songs?

DE LA CRUZ　You don't think that. Do you?

MIGUEL　I – no! Everyone knows you're the... the good guy.

Doubt enters Miguel's mind. De la Cruz darkens, he **places** the photo of Héctor in his coat pocket, gears turning in his mind.

MIGUEL　Papá Ernesto? My blessing?

De la Cruz **crumples** the marigold petal.

DE LA CRUZ　Security!

De la Cruz's guards appear in the doorway.

DE LA CRUZ (CONT'D)　Take care of Miguel. He'll be **extending his stay.**

The guards grab Miguel by the shoulder.

MIGUEL　What?! But I'm your family!

문이 쾅 닫히고 그의 고함이 더 이상 들리지 않는다. 미구엘은 델라 크루즈와 단둘이 남았다.

델라 크루즈　미안하구나. 우리가 아까 무슨 얘기하고 있었지?

미구엘　저에게 축복해 주시려고…

델라 크루즈　그래. 어… 그렇군.

델라 크루즈가 금잔화 꽃잎을 꺼내 들었지만, 망설인다.

델라 크루즈　미구엘, 나의 명성은, 내게 있어 굉장히 중요하단다. 네가 그렇게 생각하지는 않았으면 좋겠는데…

미구엘　할아버지가 헥터를 죽인 거요… 그의 노래들 때문에?

델라 크루즈　넌 그렇게 생각하지 않지, 그렇니?

미구엘　전 – 아니요! 모두가 다 알아요, 할아버지가… 좋은 사람이라는 걸.

미구엘의 마음에 의심이 싹튼다. 델라 크루즈의 표정이 어두워지고, 그는 헥터의 사진을 옷 주머니에 넣는다. 그의 마음이 복잡해진다.

미구엘　빠빠 에르네스토? 제 축복은요?

델라 크루즈 금잔화 꽃잎을 구겨 버린다.

델라 크루즈　경비원!

델라 크루즈의 경비원이 문 앞에 나타난다.

델라 크루즈 (계속)　미구엘을 잘 돌봐. 그가 여기에 더 머물게 될 거야.

경비원이 미구엘의 어깨를 잡는다.

미구엘　뭐예요?! 전 할아버지의 가족인데!

---

slam the door shut 문을 쾅 닫다
apologize 사과하다
hesitate 망설이다
reputation 평판, 명성
place (조심스럽게) 놓다/두다, 배치하다
crumple 구기다, 구겨지다
extend one's stay 체류 기간을 연장하다

❶ **Where were we?**
우리가 아까 어디까지 했더라?
상대방과 대화를 나누다가 도중에 다른 곳/일에 신경을 쓸 일이 생겨 잠시 대화를 멈춘 후 다시 대화를 재개할 때 '우리 아까 무슨 얘기하고 있었지?', '어디까지 얘기했었지?'라고 말할 때 쓰는 표현이에요.

DE LA CRUZ   And Héctor was my best friend.

Miguel goes **pale**.

DE LA CRUZ   **Success doesn't come for free,**[1] Miguel. You have to **be willing to** do **whatever it takes** to... seize your moment. I know you understand.

Miguel is **dragged away**.

MIGUEL   No, NO!

엘라 크루즈   헥터도 나의 절친이었어.

미구엘의 얼굴이 창백해진다.

델라 크루즈   성공은 공짜로 얻어지는 게 아냐. 미구엘. 무슨 일이든 기꺼이 할 마음을 가져야만 하지… 너의 순간을 잡기 위해서는. 너도 분명 이해할 거야.

미구엘이 끌려간다.

미구엘   안 돼요, 안 돼!

---

pale 창백한, 핼쑥한

for free 공짜로, 무료로

be willing to 흔쾌히/기꺼이 ~하다

whatever it takes 무슨 일이 있어도

drag away 끌어 내다, 떼어 놓다

❶ **Success doesn't come for free.**
성공은 공짜로 얻어지는 게 아냐.
성공이 for free(무료료, 공짜로) come(오는 게) 아니다. 즉 무슨 일이든 노력이 따른다는 표현입니다. 무보수로 일한다고 할 때는 work for free, 무료 사용(자유 입장)은 free for all 이라고도 합니다.

Coco, My Daughter
나의 딸, 코코

🎧 23.mp3

EXT. DE LA CRUZ'S TOWER
The guards drag Miguel out the back of de la Cruz's mansion.

MIGUEL   Let go!

They throw him into a **cenote**, an **inescapable sinkhole** behind the estate.

INT. CENOTE

MIGUEL   NO! AHHHHHH!

He falls four stories and splashes into the pool at the bottom of the hole. He breaks the **surface** and swims to a stone island in the center.

MIGUEL   Help! Can anyone hear me? I wanna go home!

Miguel collapses on the stone island. His **soaked** hoodie **sags** off his shoulders. The skeletal transition is almost complete. A moment of silence. He is alone.

Suddenly, Miguel hears a noise. **Footsteps**. Héctor emerges from the darkness, looking **beat up**. Héctor **stumbles**.

MIGUEL   Héctor?

HÉCTOR   Kid?

MIGUEL   Oh, Héctor!

They run to each other. Héctor **embraces** Miguel. But Miguel **is overcome with shame.**

외부. 델라 크루즈의 타워
경비원이 델라 크루즈의 대저택 뒤쪽으로 끌고 나간다.

미구엘 놔요!

그들은 저택 뒤쪽에 달아날 수 없는 웅덩이인, 세노테 샘에 미구엘을 던져 버린다.

내부. 세노테

미구엘 안 돼! 아아아아!

그가 4층 높이만큼 떨어져서 구멍의 바닥에 있는 물웅덩이에 첨벙 빠진다. 그가 수면으로 올라와 중간에 있는 돌섬으로 헤엄쳐 간다.

미구엘 도와줘요! 제 목소리 들리나요? 전 집에 가고 싶다고요!

미구엘이 돌섬 위로 쓰러진다. 그의 흠뻑 젖은 후디가 어깨 위로 축 늘어진다. 거의 해골로 변해간다. 적막. 그는 혼자다.

갑자기, 미구엘이 어디선가 나는 소리를 듣는다. 발걸음 소리. 헥터가 녹초가 된 모습으로, 어둠 속에서 등장한다. 헥터가 비틀거린다.

미구엘 헥터?

헥터 꼬마?

미구엘 오, 헥터!

그들이 서로에게 달려든다. 헥터가 미구엘을 껴안는다. 하지만 미구엘은 수치심에 사로잡힌다.

---

let (somebody) go ~를 풀어주다/석방하다
cenote 세노테 (중미 지역의 깊은 석회암 천연 우물)
inescapable 피할 수 없는, 달아날 수 없는
sinkhole 싱크홀, 큰 웅덩이
surface (사물의) 표면/표층, 지면, 수면
soak 흠뻑 적시다, (액체 속에 푹) 담그다
sag (가운데가) 축 처지다/늘어지다
footstep 발자국, 발소리

beat-up 낡아/닳아빠진, 몹시 지친
stumble 발이 걸리다, 발을 헛디디다
embrace (껴)안다, 포옹하다
be동사 + overcome with (피로, 졸음 등이) 몰려오다
shame 수치심, 창피, 부끄러움

MIGUEL	You were right. **I should have gone back to my family—**[1]	미구엘 아저씨가 옳았어요. 전 우리 가족에게 돌아갔어야 했어요—

Héctor tries to **calm** him but Miguel is shaking.

헥터가 그를 진정시키려 하지만 미구엘은 몸을 떨고 있다.

HÉCTOR	Hey— hey, hey...	헥터 얘야— 야, 야…

MIGUEL	They told me not to be like de la Cruz, but I didn't listen—	미구엘 우리 가족이 나보고 델라 크루즈처럼 되지 말라고 했는데, 전 듣지 않았어요—

HÉCTOR	Hey, it's okay...	헥터 얘야, 괜찮아…

MIGUEL	I told them I didn't care if they remembered me. I didn't care if I was on their stupid ofrenda.	미구엘 난 그들에게 날 기억하건 말건 상관없다고 그랬다고요. 그들의 바보 같은 오프렌다에 걸려 있건 말건 상관없다고 말이에요.

Héctor holds Miguel to his chest. Miguel is **tense**.

헥터가 미구엘을 꼭 안아준다. 미구엘이 많이 긴장했다.

HÉCTOR	Hey, chamaco, it's okay. It's okay.	헥터 꼬마야, 괜찮아, 괜찮다고.

MIGUEL	I told them I didn't care.	미구엘 난 상관없다고 했다고요.

Suddenly, a golden **flicker flutters** through Héctor's bones, and he **falls to his knees.**

갑자기, 헥터의 뼈 사이로 황금빛이 반짝이며 펄럭이더니, 그는 무릎을 꿇으며 쓰러진다.

HÉCTOR	Hhuuh!	헥터 허어어!

MIGUEL	Héctor! Héctor—	미구엘 헥터! 헥터—

바로 이장면!*

HÉCTOR	She's... forgetting me.	헥터 그녀가… 날 잊어가고 있어.

Miguel looks at Héctor **with concern**.

미구엘이 걱정스러운 눈으로 헥터를 본다.

MIGUEL	Who?	미구엘 누구요?

---

calm 침착한, 차분한, 진정시키다
tense 긴장한, 신경이 날카로운, 긴박한
flicker (전깃불이나 불길이) 깜박거리다, 깜박거림
flutter (빠르고 가볍게) 흔들리다/ 떨다
fall to one's knees 무릎을 꿇다, 무릎을 꿇고 애원하다
with concern 염려하며

❶ I should have gone back to my family. 전 우리 가족에게 돌아갔어야 했어요.

〈should have + p.p.(과거분사)〉 구문으로 과거에 해야 했던 일이나 할 수 있었지만 못했던 일에 대한 아쉬움을 표현하는 말로 '~했어야 했다'라고 해석할 수 있어요. 예를 들어, I should have studied for the test. 시험 끝나고 '공부를 더 할걸'하며 후회하는 표현입니다.

HÉCTOR   My daughter...

MIGUEL   She's the reason you wanted to cross the bridge...

HÉCTOR   I just wanted to see her again... (beat) I never should have left Santa Cecilia. **I wish I could apologize.**❶ I wish I could tell her that her Papá was trying to come home. That he loved her so much. (beat) My Coco...

A **chill runs through** Miguel.

MIGUEL   Coco?

Miguel reaches into his hoodie and **pulls out** the photo of Imelda, Coco, and the faceless musician. Miguel shows the photo to Héctor. Héctor is confused; it's like he's seen a ghost.

HÉCTOR   Where... where did you get this?

MIGUEL   That's my Mamá Coco. That's my Mamá Imelda. Is that... you?

Gears turn in both of their heads.

HÉCTOR   We're...

HÉCTOR/MIGUEL   ...family?

Héctor is as shocked as Miguel. He looks at his great-great grandson. He looks to the photo, touches the image of baby Coco, and he becomes **saddened**.

헥터 내 딸…

미구엘 아저씨는 그녀 때문에 다리를 건너려고 했던 거군요…

헥터 난 그저 내 딸을 다시 보고 싶을 뿐이야… (정적) 애초에 내가 산타 세실리아를 떠나지 말았어야 했어. 사과할 수 있다면 얼마나 좋을까. 아빠가 집으로 돌아오려고 애썼노라고 딸에게 말해줄 수만 있다면 얼마나 좋을까. 그 애를 정말 사랑했노라고. (정적) 나의 코코…

미구엘의 등골이 오싹해진다.

미구엘 코코?

미구엘이 후디에 손을 넣어 이멜다, 코코, 그리고 얼굴 없는 음악가의 사진을 꺼낸다. 미구엘이 헥터에게 사진을 보여준다. 헥터가 혼란스러워한다; 마치 유령이라도 본 듯.

헥터 어디… 어디서 이걸 구한 거야?

미구엘 저분은 코코 할머니예요. 저분은 이멜다 할머니고요. 저분은… 당신인가요?

둘의 머릿속이 복잡해지며 어찌 된 상황인지 깨닫는다.

헥터 우리가…

헥터/미구엘 …가족?

헥터는 미구엘 만큼이나 충격을 받았다. 그가 그의 손자의 손자를 바라본다. 그는 사진을 보며, 아기 코코를 만진다. 그리고는 슬퍼진다.

chill 냉기, 오싹함
run through (빠르게) 퍼지다, 번지다, 가득하다
pull out 꺼내다, 뽑다
sadden (수동태로) 슬프게 하다

❶ **I wish I could apologize.**
사과할 수 있다면 얼마나 좋을까.
hope는 실현 가능성이 높은 희망이나 바라는 것에 대해 말할 때 쓰이지만, wish는 가능성이 낮거나 불가능한 일을 바랄 때 '~이면 좋겠다'고 말할 때 쓰이지요. wish 뒤에 따르는 동사는 항상 현재형이 아닌 과거형 또는 과거분사라는 것 잊지 마세요. 예를 들어, I wish I could be there, '나도 거기에 있었으면 얼마나 좋을까!' 이렇게 말이지요.

HÉCTOR   I always hoped I'd see her again. That she'd miss me... maybe put up my photo. But it never happened. (beat) You know the worst part? (beat) Even if I never got to see Coco in the living world... I thought at least one day I'd see her here. Give her the biggest hug... (beat) But **she's the last person who remembers me.**❶ The moment she's gone from the living world...

MIGUEL   You disappear... from this one. You'll never get to see her...

HÉCTOR   ...Ever again.

Héctor is quiet for a moment.

HÉCTOR   You know, I wrote her a song once. We used to sing it; every night at the same time, **no matter how** far apart we were. What I wouldn't give to sing it to her... one last time.

Héctor sings softly, **plaintively**.

DISSOLVE TO:

FLASHBACK:
INT. YOUNG COCO'S BEDROOM – DAY

HÉCTOR   (singing)
REMEMBER ME
THOUGH I HAVE TO SAY GOODBYE
REMEMBER ME
DON'T LET IT MAKE YOU CRY

FOR EVEN IF I'M FAR AWAY
I HOLD YOU IN MY HEART
I SING A SECRET SONG TO YOU
EACH NIGHT WE ARE APART
REMEMBER ME

헥터   난 늘 그녀를 다시 볼 수 있기를 바랐어. 그녀가 나를 그리워하기를… 혹시라도 내 사진을 걸어두기를 바랐지. 하지만 그런 일은 일어나지 않았지. (정적) 그중에서도 최악은 뭔지 알아? (정적) 이승에서 다시는 코코를 볼 수 없지만… 적어도 여기서는 언젠가 그녀를 볼 수 있을 거로 생각했지, 꼭 껴안아 주고… (정적) 하지만 그녀는 날 기억하지 못하는 사람이야. 그녀가 이승에서 떠나는 그 순간…

미구엘   당신이 사라지면… 여기에서. 그녀를 결코 다시 만날 수가 없겠네요…

헥터   …절대 다시는.

헥터가 잠시 말이 없다.

헥터   그거 아니, 내가 그녀를 위해 쓴 노래가 있단다. 우린 같이 그 노래를 부르곤 했어: 매일 밤 같은 시간에. 우리가 아무리 멀리 떨어져 있더라도 말이야. 그녀에게 그 노래를 불러줄 수만 있다면 못 할 게 없어… 마지막으로 단 한 번만이라도.

헥터가 조용히 구슬프게 노래한다.

화면이 사라지고:

회상:
내부. 어린 코코의 침실 – 오후

헥터   (노래)
날 기억해줘
난 떠나야만 하지만
날 기억해줘
그것 때문에 울지는 말아줘

왜냐하면 내가 아무리 멀리 있더라도
내 마음속에 널 간직하고 있으니
너에게 비밀스레 노래를 부르네
우리가 떨어져 있는 밤마다
날 기억해줘

---

no matter how 어떻게 ~하든, 아무리 ~해도
plaintively 구슬프게, 하소연하듯이
dissolve 녹다. 사라지다. 흩어지다

❶ **She's the last person who remembers me.**
그녀는 나를 가장 기억 못하는 사람이다.
이 문장에서 the last person을 '마지막 사람'이라고 해석하면 안 돼요. 여기에서는 the last person '가장 ~을 못하는 사람'이라는 의미로 쓰였답니다.

YOUNG COCO (**giggling**) *Papá!*

어린 코코 (키득거리며) 아빠!

HÉCTOR (singing)
THOUGH I HAVE TO TRAVEL FAR
REMEMBER ME
EACH TIME YOU HEAR A SAD GUITAR[1]

헥터 (노래)
난 멀리 여행을 떠나야 하지만
기억해줘
슬픈 기타 소리를 들을 때마다

Father and daughter **sing the song together**.

아빠와 딸이 같이 노래를 부른다.

HÉCTOR/YOUNG COCO (singing)
KNOW THAT I'M WITH YOU
THE ONLY WAY THAT I CAN BE
UNTIL YOU'RE IN MY ARMS AGAIN
REMEMBER ME

헥터/어린 코코 (노래)
내가 너와 함께란 걸 알아줘
그게 내가 할 수 있는 유일한 방법이야
네가 나의 팔에 다시 안길 때까지
날 기억해줘

---

giggle 피식 웃다, 낄낄/키득거리다
though 비록 ~이지만
sing a song together 함께 노래를 부르다

[1] **Each time you hear a sad guitar.**
슬픈 기타 소리를 들을 때 마다.
Each time은 접속사 기능으로 '~할 때마다, 언제나'라는 의미로 쓰였습니다. when과 비슷한 역할을 하죠. 예를 들어 Each time she tried, she failed. '그녀는 시도할 때마다, 실패했다'라고 쓸 수 있습니다.

My Proud Great-great Grandpa
나의 자랑스러운 고조할아버지

🎧 24.mp3

FADE TO:

희미하게 전환:

INT. CENOTE
The echo of Héctor's song fades to **silence**.

내부. 세노테
헥터의 노래가 메아리로 울리다가 고요 속으로 사라진다.

*바로 이장면!**

MIGUEL   He **stole** your guitar... He stole your songs... (beat) You should be the one the world remembers, not de la Cruz!

미구엘 그가 당신의 기타를 훔쳤어요… 그가 당신의 노래를 훔쳤다고요… (정적) 세상이 기억하는 건 당신이어야 한다고요. 델라 크루즈가 아니라!

HÉCTOR   I didn't write "Remember Me" for the world... I wrote it for Coco. I'm a pretty **sorry excuse** for a great-great grandpa.

헥터 난 세상 사람들을 위해서 "날 기억해줘"를 쓴 게 아니야… 난 코코를 위해 그 노래를 쓴 거란다. 난 참으로 안쓰러운 고조할아버지로구나.

MIGUEL   Are you kidding? A minute ago I thought I was **related to** a **murderer**. You're a **total upgrade**!

미구엘 농담하세요? 조금 전까지만 해도 난 내가 살인자의 가족이라고 생각했어요. 당신은 그에 비하면 완전 수직 상승된거죠!

Héctor doesn't smile. Miguel kneels close.

헥터는 웃지 않는다. 미구엘이 가까이 다가서 무릎을 꿇는다.

MIGUEL   My whole life, there's been something that made me different... and I never knew where it came from. (beat) But now I know. It comes from you. (beat) I'm proud we're family!

미구엘 내 한평생, 내겐 다른 사람들과 다른 그 무엇인가가 있었어요… 지금껏 단 한 번도 그게 어디에서 비롯된 것인지 모르고 살았고요. (정적) 하지만 이젠 알아요. 당신에게서 물려받은 거라고요. (정적) 우리가 가족이란 게 자랑스러워요!

Miguel looks up **defiantly** at the hole in the cenote.

미구엘이 세노테 속의 구멍을 비장하게 올려다본다.

MIGUEL (CONT'D) I'm proud to be his family! TRRRRRAI-HAY-HAY-HAY-HAAAY!

미구엘 (계속) 내가 그의 가족이어서 자랑스럽다네! 츄레이-헤이-헤이-헤에이!

Héctor **perks up**.

헥터가 기운을 차린다.

---

silence 고요, 정적, 침묵
stole 훔쳤다 (steal의 과거형)
sorry excuse 하찮은 변명
related to ~와 관련 있는, ~와 친척 사이인
murderer 살인자, 살해범
total 총, 전체의, 완전한, 전면적인
upgrade 개선하다, 승진/승급시키다
defiantly 반항적으로, 도전적으로

perk up 기운을 차리다

142

HÉCTOR	TRRRRRRAAAAAI-HAAAI-HAAAAAY! I'm proud to be HIS family!	헥터 츄레에에에이-헤에이-헤에에이! 내가 그의 가족이어서 자랑스럽다네!

They **trade off** their gritos until the cenote echoes with the sound. Soon though, the echoes fade. They're still **stuck**. Suddenly they hear a distant howling.

그들이 한 번씩 교대로 소리를 지르자 세노테 안이 메아리로 가득 찬다. 하지만 곧, 그 울림이 사그라진다. 그들은 여전히 갇혀있다. 그 순간 멀리서 울부짖는 소리가 들린다.

DANTE (O.S)   Rooo-rooo-rooooooooo!

단테 (화면 밖)   로오-로오-로오오오!

Miguel and Héctor look up.

미구엘과 헥터가 위를 올려다본다.

MIGUEL   Dante?

미구엘   단테?

DANTE (O.S.)   (louder) Rooooooo-roo-roo-rooo!

단테 (화면 밖)   (더 크게) 로오오-로오-로오-로오오!

Up at the top of the cenote, Dante **pokes** his head in the **opening**.

세노테의 꼭대기 위에서 단테가 뚫려있는 구멍으로 머리를 들이민다.

MIGUEL   Dante! It's Dante!

미구엘   단테! 단테예요!

Dante pants and **wags** his **tail** happily. Behind him Pepita **peeks** down through the hole and gives a powerful roar. Pepita's call shakes the **cavern**. She **lowers** her head to reveal Mamá Imelda riding **atop** her. Miguel and Kami. Imelda laugh with joy. Until her **gaze** falls **upon** Héctor.

단테가 헐떡이며 기쁨에 겨워 꼬리를 흔든다. 그의 뒤로 페피타가 구멍 안쪽을 들여다보며 우렁차게 으르렁 울부짖는다. 페피타의 포효가 동굴을 흔든다. 그녀가 머리를 내리며 이멜다 할머니가 그의 등에 타고 있다. 미구엘과 카미, 이멜다 할머니가 기뻐하며 웃는다. 그녀의 눈이 헥터를 향하기 전까지 말이다.

HÉCTOR   Imelda!

헥터   이멜다!

MAMÁ IMELDA   (**icy**) Héctor.

이멜다 할머니   (얼음처럼 차갑게) 헥터.

HÉCTOR   You look good...

헥터   당신 좋아 보이는군…

EXT. CENOTE – MOMENTS LATER
Pepita flies out of the cenote; Imelda, Héctor, Miguel, and Dante ride on her back. She **ascends** above the clouds.

외부. 세노테 – 잠시 후
페피타가 날아서 세노테에서 나간다; 이멜다, 헥터, 미구엘, 그리고 단테가 그녀의 등에 올라탔다. 그녀가 구름 위로 날아오른다.

---

trade off 교환하다

stuck 갇힌, 꼼짝 못하는

poke 쑥 내밀다

opening (사람 등이 지나갈 수 있는) 구멍/틈

wag (개가 꼬리를) 흔들다

tail 꼬리

peek 흘낏 보다, 훔쳐 보다

cavern (특히 큰) 동굴

lower 낮추다, 내리다

atop 맨 위에, 꼭대기에

gaze upon ~로 시선이 향하다

icy 얼음같이 찬, 얼음에 뒤덮인

ascend 오르다, 올라가다

EXT. NIGHT SKY
Miguel, wind in his hair, hugs Dante fiercely.

MIGUEL   Dante, you knew he was my Papá Héctor
               the whole time! You ARE a real spirit guide!
               (**doggy-praise**) Who's a good spirit guide?
               You are!

Dante smiles at Miguel dumbly. Suddenly, before Miguel's eyes,
neon patterns spread outward from the dog's paws. Dante begins to
freak out.

MIGUEL   Whoa...

A pair of little wings sprout on the dog's back. He spreads them. He
jumps up to fly... and **plummets** beneath the clouds!

MIGUEL   Dante!

But then he's back up, flapping goofily and barking **his head off**, a
full-blown spirit guide!

EXT. SMALL PLAZA
Pepita flies in, landing in a small plaza where the other Riveras
wait.

PAPÁ JULIO   Look, **there they are!**❶

The Dead Riveras come rushing up.

FAMILY   Miguel! / Miguelito! / Ay, gracias a Dios!
               / It's Miguel! / He's all right! / Oh thank
               goodness! / Gracias, Dios mío!

They **dismount** from Pepita. Héctor falls off first but gets up and
raises his arm to help Imelda. She gives him a **withering** stare and
dismounts without his help. Miguel pets Dante and Pepita gives
Miguel a big lick.

외부. 밤하늘
미구엘이, 머리에 바람을 맞으며, 단테를 격하게
껴안는다.

미구엘 단테, 넌 이 분이 나의 헥터 할아버지라는
걸 처음부터 계속 알고 있었구나! 넌 진정한 영혼
의 안내자야! (강아지를 칭찬하며) 누가 훌륭한 영
혼의 안내자지? 바로 너야!

단테가 미구엘을 보며 멍청한 표정으로 웃는다. 갑
자기, 미구엘의 눈앞에 네온 무늬가 개의 발에서부
터 바깥쪽으로 퍼져나간다. 단테가 경악하기 시작
한다.

미구엘 우와…

개의 등에 작은 날개 두 개가 피어난다. 그가 날개
를 펼친다. 날아가려고 점프를 하는데… 구름 밑으
로 곤두박질친다.

미구엘 단테!

하지만 그러더니 다시 올라오며, 우스꽝스럽게 펄
럭거리며 있는 힘껏 짖어댄다. 만개한 영혼의 안내
자!

외부. 작은 광장
페피타가 날아들어와, 다른 리베라 가족들이 기다
리고 있는 작은 광장에 착지한다.

훌리오 할아버지 저길 봐, 그들이 왔구나!

망자 리베라 가족이 서둘러 달려온다.

가족 미구엘! / 미구엘리토! / 아아, 신이시여 감
사합니다! / 미구엘이야! / 멀쩡하네! / 오, 정말 다
행이야! / 감사합니다, 신이시여!

그들이 페피타의 등에서 내려온다. 헥터가 처음엔
넘어지지만 다시 일어나 이멜다를 도우려고 팔을
들어 올린다. 그녀가 그의 기를 죽이는 눈으로 쳐
다보며 그의 도움 없이 내려온다. 미구엘이 단테를
어루만지고 페피타는 미구엘을 크게 핥는다.

---

doggy-praise 개를 찬양/칭찬하는 것
freak out 자제력을 잃다, 기겁하다
plummet 곤두박질치다, 급락하다
one's head off 몹시, 지나치게, 맹렬히
full-blown ~의 모든 특성을 갖춘, 완전히 발달한
dismount (말, 자전거에서) 내리다
withering 기를 죽이는, 위축시키는

❶ **There they are!**
그들이 저기 온다!
찾고 있던 사람(들)이 눈앞에 나타났을 때 쓰는
표현이에요. 예를 들어, There he is! '그가
저기 있다/온다!', There you are! '너 거기
있었구나!' 이렇게 표현해요.

Imelda rounds Pepita's shoulder and folds Miguel into a tight hug.

MAMÁ IMELDA Mijo, I was so worried! Thank goodness we found you **in time**!

Imelda's eyes fall on Héctor, who holds his hat in his hands sheepishly.

MAMÁ IMELDA And you! How many times must I **turn you away**?

HÉCTOR Imelda—

MAMÁ IMELDA **I want nothing to do with you.** ❶ Not in life, not in death! (beat) I spent **decades** protecting my family from your mistakes. He spends five minutes with you and I have to **fish him out of** a sinkhole!

Miguel steps between Imelda and Héctor.

MIGUEL I wasn't in there '**cause** of Héctor. He was in there 'cause of me. (beat) He was just trying to get me home... I didn't wanna listen, but he was right... nothing is more important than family.

Mamá Imelda looks at Héctor, shocked to hear the sentiment.

MIGUEL (CONT'D) I'm ready to **accept** your blessing... and your conditions. But first, I need to find de la Cruz. To get Héctor's photo.

MAMÁ IMELDA What?

MIGUEL So he can see Coco again. Héctor should be on our ofrenda. He's part of our family—

이멜다가 페피타의 어깨를 돌아 미구엘을 꽈 껴안 는다.

이멜다 할머니 얘야, 얼마나 걱정을 했는데! 널 너무 늦지 않게 찾아서 정말 다행이야!

이멜다의 눈이 온순하게 자신의 손에 모자를 들고 있는 헥터에게로 향한다.

이멜다 할머니 그리고 당신! 도대체 몇 번을 거절 해야 날 내버려 둘 건가요?

헥터 이멜다—

이멜다 할머니 난 당신과 아무런 관계도 맺고 싶 지 않아요. 살아서도, 죽어서도! (정적) 난 당신의 잘못으로부터 우리 가족을 보호하기 위해 수십 년 을 바쳤어요. 미구엘이 당신과 딱 5분 같이 있는 데도 난 그를 웅덩이에서 건져내야 했다고요.

미구엘이 이멜다와 헥터 사이에 끼어든다.

미구엘 전 헥터 때문에 그 안에 있었던 게 아니에 요. 제 잘못으로 거기에 있었던 거죠. (정적) 그는 저를 집에 돌려보내려고 했던 것뿐이에요… 전 그 의 말을 듣지 않으려고 했는데, 그가 옳았어요… 가족보다 더 중요한 건 세상에 없다고.

이멜다 할머니가 헥터를 보며, 그런 감정을 듣고 충격을 받은 듯하다.

미구엘 (계속) 전 할머니의 축복을 받아들일 준비 가 됐어요… 그리고 할머니의 요구도요. 하지만 먼 저, 델라 크루즈를 찾아야만 해요. 헥터의 사진을 되찾으려면.

이멜다 할머니 뭐라고?

미구엘 그래서 그가 코코를 다시 만날 수 있게요. 그는 우리의 제단에 올려져야 해요. 그는 우리 가 족의 일원이니까요—

---

in time 제 시간에

turn someone away (~에 들어오지 못하게) ~을 돌려보내다

decades 수십 년

fish something/someone out of (~에서) ~을 꺼내다/빼내다

'cause 왜냐하면 (because의 비격식 표기)

accept 받아들이다, 받아주다

❶ **I want nothing to do with you.**
난 너와 아무런 관계도 맺고 싶지 않아.
'have something to do with ~'는 '~와 어떤 관련/관계가 있다'는 의미의 숙어로 something을 nothing으로 바꾸면 '~와 아무런 관련/관계가 없다'는 의미가 되지요. 또 그 부분에 a lot을 넣으면 '~와 관련/관계가 많다'는 뜻이 돼요.

MAMÁ IMELDA   He left this family!

이멜다 할머니   그는 우리 가족을 버렸어!

MIGUEL   He tried to go home to you and Coco... but de la Cruz murdered him!

미구엘   그는 할머니와 코코를 만나러 집으로 돌아가려고 했어요… 하지만 델라 크루즈가 그를 죽인 거예요!

Startled, she looks to Héctor for **confirmation**.

깜짝 놀라 그녀가 헥터에게 확인하려고 한다.

HÉCTOR   It's true, Imelda.

헥터   사실이야, 이멜다.

Imelda **wrestles with** her emotions.

이멜다의 감정이 뒤엉킨다.

MAMÁ IMELDA   And so what if it's true? You leave me alone with **a child to raise** and I'm just supposed to forgive you?

이멜다 할머니   그게 사실이라고 해도 달라질 게 뭐가 있어? 당신이 나 혼자 애를 키우게 놔두고 떠나버렸는데 나보고 그냥 용서해야 한다는 거야?

HÉCTOR   Imelda, I—

헥터   이멜다. 난—

Héctor's body suddenly **shimmers**, leaving him winded. Imelda gasps.

헥터의 몸이 갑자기 빛을 받아 일렁거리고, 그가 숨 차 한다. 이멜다가 헉하고 놀란다.

MIGUEL   Héctor?

미구엘   헥터?

HÉCTOR   **I'm running out of time.**[1] It's Coco...

헥터   난 이제 더 이상 지체할 시간이 없어. 코코가…

MAMÁ IMELDA   She's forgetting you...

이멜다 할머니   그녀가 당신을 잊어버리고 있어요…

MIGUEL   You don't have to forgive him... But we shouldn't forget him.

미구엘   그를 용서하실 필요는 없어요… 하지만 우린 그를 잊지 말아야 해요.

MAMÁ IMELDA   (to Héctor) I wanted to forget you. I wanted Coco to forget you too, but—

이멜다 할머니   (헥터에게) 난 당신을 잊고 싶었어요. 코코 역시도 당신을 잊었으면 했고요. 하지만—

HÉCTOR   This is my fault, not yours. (beat) I'm sorry, Imelda.

헥터   내 잘못이지, 당신 잘못이 아니야. (정적) 미안해요, 이멜다.

Mamá Imelda, **holding in her emotions**, turns to Miguel.

이멜다 할머니, 감정을 억누르며, 미구엘에게로 돌아선다.

---

confirmation 확인, 확약, 인준
wrestle with ~을 해결하려고 애쓰다
raise a child 아이를 양육하다/키우다
shimmer 희미하게 빛나다, 어른거리다. (일렁이는 듯한) 희미한 빛
hold in one's emotions (감정을) 억누르다

❶ I'm running out of time.
난 이제 시간이 없어.
run out of something은 '~을 (거의) 다 써버리다, ~이 바닥을 드러내다'라는 의미의 숙어예요. 이 표현은 무엇인가를 거의 다 써 버려서 곤란한 상황에 처했을 때 주로 쓰이지요. 예를 들어, We're running out of cash. '우리 현금이 거의 바닥났어!' 이렇게 말이에요.

| **MAMÁ IMELDA** | Miguel, if we help you get his photo... you will return home? No more music? | 이멜다 할머니 미구엘, 우리가 그의 사진을 찾도록 널 도우면… 집으로 돌아갈 거니? 더 이상 음악은 안 하고? |

| **MIGUEL** | **Family comes first.**[1] | 미구엘 가족이 먼저예요. |

Mamá Imelda **considers**. She turns to Héctor.

이멜다 할머니가 고민한다. 그녀는 헥터에게 돌아선다.

| **MAMÁ IMELDA** | I– I can't forgive you. But I will help you. | 이멜다 할머니 난 – 난 당신을 용서할 수 없어요. 하지만 도와줄게요. |

Miguel smiles.

미구엘이 미소 짓는다.

| **MAMÁ IMELDA** | (to Miguel) So how do we get to de la Cruz? | 이멜다 할머니 (미구엘에게) 그래서 우리가 어떻게 해야 델라 크루즈에게 가는 거지? |

Miguel **furrows** his **brow**.

미구엘이 미간을 찡그린다.

| **MIGUEL** | I might know a way... | 미구엘 제가 방법을 알 것 같아요… |

---

consider 사려/고려/숙고하다

furrow (얼굴의) 깊은 주름, (미간을) 찡그리다, (밭의) 고랑

brow 이마 (furrow one's brow 이마에 주름지게 하다)

[1] **Family comes first.**
가족이 먼저다.
그 무엇보다 중요한 것 또는 소중한 것을 표현할 때 〈주어 + come first〉의 패턴을 사용해요. 주어만 바꿔주면 되니까 익히기 아주 쉽죠. 예를 들어, My career comes first. '난 내 일/경력이 제일 중요해' 이런 식으로 말이죠.

The Love of My Life
내 영혼의 사랑

🎧 25.mp3

EXT. SUNRISE SPECTACULAR AMPHITHEATER – BEFORE DAWN
Crowds are **congregated** at de la Cruz's Sunrise Spectacular which takes place in an **open air amphitheater**. They hurry to their seats as the lights begin to **dim**.

외부. 해돋이 쇼 원형극장 – 동이 틀 무렵
개방 원형극장에서 열리는 델라 크루즈의 해돋이 쇼에 관객들이 모여든다. 조명이 어두워지면서 그들은 서둘러 좌석을 찾아간다.

ON STAGE
Frida's performance piece begins. Dramatic **symphonic** music plays as a giant papaya appears to **ignite** on stage. The "seeds" in the body of the papaya **unfurl** to reveal that they are dancers, each dressed like Frida Kahlo, right down to the painted on unibrow. The dancers roll out of the "**flaming**" papaya and **gyrate** their bodies **nonsensically**.

무대 위
프리다의 공연이 시작된다. 거대한 파파야가 무대에 나와 불을 붙이고 웅장한 교향악이 울려 퍼진다. 파파야 몸에 있는 "씨앗들"이 펼쳐지는데 그것은 댄서들로 드러난다. 각자 프리다 칼로처럼 옷을 입고, 일자 눈썹을 칠하고 내려온다. 댄서들이 "불타는" 파파야의 몸에서 굴러 내려오며 별 의미 없이 제자리에서 빙빙 돈다.

A giant cactus that resembles Frida is illuminated, and all the dancers **slink** to it. **In the midst of** this, eight familiar looking dancers (the Dead Riveras and Miguel) **inch their way** out of the spotlights and to the wings of the stage.

프리다를 닮은 거대한 선인장이 빛나고, 모든 댄서들이 그것에 살금살금 다가온다. 이런 가운데 8명의 낯익은 댄서들(망자 리베라 가족과 미구엘)이 조명에서 조금씩 벗어나며 무대의 대기 공간으로 이동한다.

STAGE WING

무대의 대기 공간

FRIDA   Good luck, muchacho.

프리다 행운을 빌어, 꼬마야.

MIGUEL   Gracias Frida!

미구엘 감사해요 프리다!

INT. BACKSTAGE CORRIDOR – MOMENTS LATER
The Dead Riveras congregate in a hidden backstage corridor, **shedding** their Frida outfits. Miguel rips off his unibrow.

내부. 무대 뒤 통로 – 잠시 후
망자 리베라 가족이 으슥한 무대 뒤 통로에 모인다. 입고 있던 프리다 의상을 벗어던진다. 미구엘은 일자 눈썹을 떼어버린다.

MIGUEL   Ow!

미구엘 아우!

Dante has snuck in under Tío Oscar's skirt. Héctor sees that Imelda is **tangled up** in her outfit.

단테는 오스카 삼촌의 치마 밑으로 숨어들었다. 헥터는 의상에 엉켜있는 이멜다를 본다.

---

congregate 모이다
open air 옥외, 야외
amphitheater 원형 극장, 계단식 관람석
dim (빛이) 어둑한, (형체가) 흐릿한
symphonic 교향악의, (음이) 조화를 이루는
ignite 불이 붙다, 점화되다
unfurl (동그랗게 말린 것이) 펼쳐지다
flaming 격렬한, 불타는

gyrate 빙빙 돌다, 선회하다
nonsensically 실없이
slink 살금살금 움직이다
in the midst of ~가 한창일 때, ~하는 중에
inch one's way 조금씩 다가가다/움직이다
shed 없애다, (옷을) 벗다
tangle up 뒤엉키다, 얽히다

| HÉCTOR | Here, let me help you with– | 헥터 자, 내가 도와줄게– |

HÉCTOR Here, let me help you with–

MAMÁ IMELDA Don't touch me.

The family joins together **in a huddle**.

MIGUEL Everyone clear on the plan?**❶**

TÍA VICTORIA Find Héctor's photo.

PAPÁ JULIO Give it to Miguel.

MAMÁ IMELDA Send Miguel home.

HÉCTOR Got your petals?

Each family member raises a marigold petal. Imelda leads the way out of the corridor.

MAMÁ IMELDA Now, we just have to find de la Cruz–

Right around the corner is de la Cruz who turns with a smile.

DE LA CRUZ Yes?

MAMÁ IMELDA Ah!

The family stops in their tracks, still **hidden from** de la Cruz's **view**. It's just him and Imelda. His smile drops.

바로 이장면!*

DE LA CRUZ Don't I know you?

Imelda pulls off her shoe and **slaps** de la Cruz across the face with it.

헥터 자, 내가 도와줄게–

이멜다 할머니 만지지 마요.

가족이 다 같이 옹기종기 모인다.

미구엘 우리의 계획을 모두 다 이해했죠?

빅토리아 고모 헥터의 사진을 찾아서.

훌리오 할아버지 미구엘에게 주고.

이멜다 할머니 미구엘을 집으로 보내자.

헥터 꽃잎 챙겼지?

가족들은 각자 금잔화 꽃잎을 높이 든다. 이멜다가 통로를 빠져나가는 데 앞장선다.

이멜다 할머니 자 이제, 우린 델라 크루즈를 찾기만 하면 된다–

바로 저 모퉁이 쪽에 델라 크루즈가 얼굴에 미소를 띠고 돌아본다.

델라 크루즈 날 찾았나?

이멜다 할머니 아!

가족들이 가던 길에 멈칫하고, 그들은 델라 크루즈의 눈에 띄지 않는 곳에 아직 숨어있다. 델라 크루즈와 이멜다 둘뿐이다. 그가 정색한다.

델라 크루즈 우리 아는 사이 아닌가?

이멜다가 신발을 벗어 델라 크루즈의 얼굴을 찰싹 때린다.

---

in a huddle 혼잡하게, 어지럽게, 옹기종기 모여
hidden from someone's view ~의 시야/눈에 띄지 않게 가려진/숨은
slap (손바닥으로) 찰싹 때리다/치다

❶ Everyone clear on the plan?
모두들 어떻게 해야 할지 잘 알겠지?
여러 명이 같이 어떤 책략/계략을 꾸민 후, 실행에 옮기기 전 누군가가 (특히 리더가) 모두에게 확인하면서 쓰는 관용표현이에요. 착오 없이 확실히 계획을 이행할 수 있겠느냐고 다짐을 받는 것이지요.

MAMÁ IMELDA	That's for murdering the **love of my life**!	이멜다 할머니 그건 내가 가장 사랑하는 사람을 죽인 것에 대한 한방!
DE LA CRUZ	**(disoriented)** Who the?	델라 크루즈 (혼란에 빠져) 그게 누구?

Héctor **leaps out** from around the corner.

헥터 모퉁이에서 뛰쳐나온다.

HÉCTOR	She's talking about me! (to Imelda) I'm the love of your life?	헥터 나에 대해 얘기하는 거야! (이멜다에게) 내가 당신이 가장 사랑하는 사람이야?
MAMÁ IMELDA	I don't know! I'm still **angry at you**.	이멜다 할머니 몰라요! 나 아직 당신한테 화 안 풀렸어요.
DE LA CRUZ	Héctor?! How did you—	델라 크루즈 헥터? 자네가 어떻게—

Imelda slaps de la Cruz again.

이멜다가 다시 한 번 델라 크루즈의 뺨을 후려친다.

MAMÁ IMELDA	And that's for trying to murder my grandson!	이멜다 할머니 그리고 이건 나의 손자를 죽이려고 했던 것에 대한 한방이야!
DE LA CRUZ	Grandson?	델라 크루즈 손자?

Now Miguel leaps out of the corridor.

이번에는 미구엘이 통로에서 뛰쳐나온다.

MIGUEL	She's talking about me!	미구엘 내 얘기하시는 거예요!

De la Cruz sees the three of them and **puts the pieces together**.

델라 크루즈가 그들 셋을 보면서 조각을 맞춘다.

DE LA CRUZ	You! Wait, you're related to Héctor?	델라 크루즈 너! 잠깐. 네가 헥터와 가족이야?

Miguel sees the photo in de la Cruz's pocket.

미구엘이 델라 크루즈의 주머니에 있는 사진을 본다.

MIGUEL	The photo!	미구엘 그 사진이다!

The rest of the Riveras emerge from the corridor. **Outnumbered**, de la Cruz turns and runs.

남은 리베라 가족 모두가 복도에서 등장한다. 수적인 열세를 알아차리고, 델라 크루즈가 돌아서 뛴다.

MAMÁ IMELDA	After him!	이멜다 할머니 저놈을 쫓아라!

---

love of one's life 일생을 통틀어 가장 사랑하는 사람, 단 하나의 사랑
disoriented 혼란에 빠진, 방향감각을 잃은
leap out (갑자기) 뛰쳐나오다
angry at someone ~에게 화가 난
put the pieces together 퍼즐 조각을 끼워 맞추듯 조각난 정보들을 끼워 맞추다
outnumber ~보다 수가 더 많다, 수적으로 우세하다

Mamá Imelda Sings
이멜다 할머니의 노래

🎧 26.mp3

INT. BELOW STAGE
De la Cruz **knocks over** a group of giant sugar skull dancers. He emerges **at a full sprint** to where his **rising platform** is set up.

내부. 무대 밑
델라 크루즈가 거대한 설탕 해골 댄서들 무리를 넘어뜨린다. 그가 전속력으로 뛰어 그의 공연을 위해 마련된 상승형 플랫폼에 나타난다.

바로 이장면!*

DE LA CRUZ   Security! **Ayúdenme**!

델라 크루즈 경비원! 도와줘!

The Riveras **flood out** after him. Héctor **jogs** next to Imelda.

리베라 가족이 그를 쫓아 쏟아져 나온다. 헥터가 이멜다 옆에서 뛰고 있다.

HÉCTOR   You said "love of your life..."

헥터 "내가 가장 사랑하는 사람…"이라고 말했잖소.

MAMÁ IMELDA   I don't know WHAT I said!

이멜다 할머니 내가 뭐라고 했는지 나도 몰라요!

MIGUEL   That's what I heard...

미구엘 나도 그렇게 들었는데…

A **brawl** ensues between the family and the guards. De la Cruz runs to a stage door.

가족과 경비원들 간의 몸싸움이 뒤따른다. 델라 크루즈가 무대 뒷문으로 뛴다.

STAGEHAND   Places, señor, you're on in 30 seconds!

무대 담당자 자리에서 대기하세요. 선생님. 이제 30초 후면 무대에 오르셔야 해요!

De la Cruz **shoves** the stagehand out of the way.

델라 크루즈가 무대 담당자를 거칠게 밀쳐버린다.

As security guards try to **wrangle** the Riveras, Imelda reaches de la Cruz and gets her hands on Héctor's photo. De la Cruz scuffles with her to get it back, when Miguel tackles de la Cruz to the ground. De la Cruz **loses his grip**; Imelda **tumbles backward**, photo in hand.

경비원들이 리베라 가족과 몸싸움을 하는 동안, 이멜다가 델라 크루즈에게 다가가 헥터의 사진을 손에 넣는다. 델라 크루즈가 사진을 다시 빼앗으려고 그녀와 옥신각신하는데, 미구엘이 델라 크루즈를 태클 걸어 넘어뜨린다. 델라 크루즈가 통제력을 잃는다; 이멜다가 사진을 손에 쥔 채, 뒤로 구른다.

MAMÁ IMELDA   Miguel! I have it!

이멜다 할머니 미구엘 사진 여기 있다!

Miguel turns toward Imelda but is chased by guards.

미구엘이 이멜다를 향해 돌아서는데 경비원들이 그를 추격한다.

---

knock over 때려눕히다, ~를 치다
at a full sprint 전속력으로
rising platform 무대 위로 솟아오른 플랫폼
Ayúdenme! [스페인어] 도와줘! (영어의 Help me!)
flood out 홍수처럼 쏟아붓다, 뒤덮다
jog 조깅하다
brawl (공공장소에서의) 싸움/소동
shove (거칠게) 밀치다/떠밀다

wrangle (보통 오랫동안) 언쟁을 벌이다, 다투다
lose one's grip 통제력을 잃다, 잡을 것을 놓치다
tumble 굴러떨어지다, 폭락하다
backward 뒤의, 뒷걸음질하는

153

Suddenly, Imelda rises into the air. She is on de la Cruz's rising platform! She is lifted through the ceiling and up to the stage.

갑자기, 이멜다가 공중으로 붕 오른다. 그녀는 델라 크루즈의 무대 상승형 플랫폼 위에 있다! 그녀가 천장을 뚫고 들어 올려져 무대 위에 선다.

De la Cruz hurries up the stairs after her.

델라 크루즈가 그녀의 뒤를 쫓아 계단을 뛰어오른다.

Miguel is **detained** by a security guard when Dante flies in and **knocks the guard's head clean off**. Miguel, Héctor, Tía Victoria, and Tía Rosita hurry up the stairs after de la Cruz.

미구엘이 경비원에게 잡혀있는데 단테가 날아들어 경비원의 머리를 내동댕이친다. 미구엘, 헥터, 빅토리아 고모, 그리고 로지타 고모가 계단을 뛰어오르며 델라 크루즈를 쫓는다.

MIGUEL   Hurry, come on!

미구엘 서둘러요, 어서요!

Papá Julio, Tío Oscar, and Tío Felipe block the guards from following the others.

훌리오 할아버지, 오스카 삼촌, 그리고 펠리페 삼촌이 다른 가족을 쫓지 못하게 경비원을 가로막는다.

ON STAGE

무대 위

ANNOUNCER (O.S.)   Ladies and gentlemen... **the one, the only...** ERNESTO DE LA CRUZ!

아나운서 (화면 밖) 신사 숙녀 여러분… 유일무이한… 에르네스토 델라 크루즈!

The platform rises onto the stage and the spotlight falls on Imelda. Neon letters **blast** brightly behind her, spelling "ERNESTO!" The audience bursts into applause!

플랫폼이 무대 위로 올라가고 스포트라이트가 이멜다에게 쏟아진다. 그녀의 뒤에서 "에르네스토"라고 쓰여진 네온 글씨가 휘황찬란하게 터진다! 관객들의 박수갈채가 터진다!

CROWD MEMBER   Nesto!

관객 네스토!

Imelda appears **onscreen** for all to see.

모두가 볼 수 있는 스크린 위로 이멜다가 보인다.

STAGE WING RIGHT:
De la Cruz rushes up a staircase and arrives in the wings. He gets the attention of his guards and points to Imelda.

무대 옆 대기 공간 오른쪽:
델라 크루즈가 계단을 빨리 뛰어올라 무대 옆 공간에 다다른다. 경비원들이 그를 알아보자 그가 이멜다를 가리킨다.

DE LA CRUZ   Get her off the stage!❶

델라 크루즈 그녀를 무대에서 끌어내!

His guards hustle onto the stage, scaling the set to get to her.

경비원들이 사람들을 밀치며 무대 위로 올라가 그녀를 잡기 위해 세트를 타고 올라간다.

STAGE WING LEFT:
Miguel, Héctor, Victoria, and Rosita emerge to see Imelda **spotlit** above them.

무대 옆 대기 공간 왼쪽:
미구엘, 헥터, 빅토리아, 그리고 로지타가 나타나서 그들 위로 이멜다가 스포트라이트를 받는 것을 본다.

---

detain 구금/억류하다. (가지 못하게) 붙들다

knock something clean off ~을 깨끗이/완전히 해치우다

the one, the only 유일하게 하나밖에 없는 (the one and only)

blast 폭발, 폭발시키다

onscreen 영화의, 화면의

spotlit 스포트라이트/환한 조명이 켜진

❶ **Get her off the stage!**
그녀를 무대에서 끌어내!
Get off 사전에서 '떠나다, 퇴근하다, 그만하다, 저리 가' 등의 다양한 뜻이 있는데요. 위 대화에서는 'get someone off something(장소)' 형태로 '~가 …하는 것을 막다' 혹은 '~를 …에서 떼어내다'라는 뜻으로 해석됩니다.

ON STAGE:
De la Cruz's guards begin to approach Imelda. She is frozen, **unable to** move.

MIGUEL (O.S.)   Sing!

무대 위:
델라 크루즈의 경비원들이 이멜다에게 다가가기 시작한다. 그녀는 겁에 질려 얼어붙어 움직일 수가 없다.

미구엘 (화면 밖) 노래를 불러요!

Mamá Imelda looks down and sees Miguel in the wing.

MIGUEL (CONT'D) SING!

Imelda, seeing that the guards are approaching, closes her eyes, **grasps** the mic, and follows Miguel's **instructions**.

MAMÁ IMELDA   (singing)
                   AY DE MÍ, **LLORONA**
                   LLORONA DE **AZUL CELESTE**...

STAGE WING LEFT:
Héctor's mouth **gapes** open. Tía Victoria and Tía Rosita go wide-eyed.

Miguel sets Héctor up with a guitar, then adjusts a **mic stand** in front of him. Héctor plays the guitar, its sound **amplified** through the stage speakers.

ON STAGE

MAMÁ IMELDA   AY DE MÍ, LLORONA
                   LLORONA DE AZUL CELESTE...

The guards reach the edge of her spotlight but **stop short**, not wanting to **interrupt** the performance.

이멜다 할머니가 아래를 보니 대기 공간에 있는 미구엘이 보인다.

미구엘 (계속) 노래해요!

이멜다는, 경비원들이 다가오고 있는 것을 보고, 두 눈을 감고, 마이크를 잡는다, 그리고 미구엘의 말을 따른다.

이멜다 할머니 (노래)
아 가엾은 여인, 흐느끼는 여인이여
하늘처럼 푸른 여인이여...

무대 옆 대기 공간 왼쪽:
헥터의 입이 딱하고 벌어진다. 빅토리아 고모와 로지타 고모의 눈이 휘둥그레진다.

미구엘은 헥터가 기타를 칠 수 있게 준비시킨 후, 그의 앞에 있는 마이크 스탠드를 조정한다. 헥터가 기타를 치고, 그 소리가 무대의 스피커를 통해 큰 소리로 증폭된다.

무대 위

이멜다 할머니 아 가엾은 여인, 흐느끼는 여인이여
하늘처럼 푸른 여인이여...

경비원들이 스포트라이트의 가장자리까지 다가서지만 공연을 방해하고 싶지 않은 마음에 갑자기 멈춰 선다.

---

be unable to ~할 능력이 없다, ~을 할 수 없다

grasp 꽉 잡다, 움켜쥐다

mic 마이크 (=microphone)

instruction 설명, 지시, 명령

llorona [스페인어] 울보, 우는 여자

azul [스페인어] 파란, 푸른, 청명한 (영어의 blue)

celeste [스페인어] 하늘색의, 하늘 같은 (영어의 sky blue, heavenly)

gape (놀라서) 입을 딱 벌리고 바라보다

mic stand 마이크 스탠드

amplify 증폭시키다, 더 크게 하다

stop short (하던 일을) 갑자기 뚝 멈추다, 중단시키다

interrupt 방해하다

Imelda takes the spotlight with her as she descends the onstage staircase. As she comes down, she makes eye contact with her husband in the wing. He smiles as he accompanies her. Imelda's eyes **glint**, touched to see him supporting her.

이멜다가 무대 위 계단을 내려오며 스포트라이트를 받는다. 내려오면서, 그녀는 대기 공간에 있는 남편과 눈을 맞춘다. 그는 미소 지으며 그녀의 노래에 반주를 해준다. 그가 그녀를 뒷받침해 주고 있는 것에 대해 감동해서, 이멜다의 눈이 반짝거린다.

MAMÁ IMELDA   Y AUNQUE LA VIDA ME CUESTE, LLORONA,
NO DEJARÉ DE QUERERTE.
NO DEJARÉ DE QUERERTE!

이멜다 할머니   그리고 삶이 힘겨워도,
흐느끼는 여인이여
난 당신을 사랑하는 것을 멈추지 않겠소.
난 당신을 사랑하는 것을 멈추지 않겠소!

As Héctor accompanies Imelda, she becomes more confident. The audience begins to clap.
De la Cruz **grunts** in **frustration**. Soon, the **stage conductor** joins with more **instrumentation**, which **kicks into high gear**.

헥터가 이멜다와 함께하자, 그녀는 더 자신감을 얻는다. 관객들이 박수치기 시작한다.

델라 크루즈가 답답한 마음에 끙끙댄다. 이내, 무대 지휘자가 더 많은 악기 연주를 이끌더니, 본격적으로 연주를 시작한다.

MAMÁ IMELDA   ME SUBÍ AL PINO MÁS ALTO, LLORONA,
A VER SI TE **DIVISABA**.

이멜다 할머니   난 저 높은 곳의 소나무에 오르네,
흐느끼는 여인이여,
나무에서 그를 찾네.

She **doubles down** on her performance, taking the spotlight with her as she moves to put distance between her and the guards.

그녀는 더 열정적으로 공연을 하는데, 스포트라이트를 받으며 그녀와 경비원들의 거리를 더 멀리 두려고 이동한다.

Imelda continues to **vamp**, trying to **navigate** away from the guards and toward her family. One guard blocks her way, but she grabs him and forces him to dance. Scared of the spotlight, he runs away.

이멜다가 경비원에게서 멀어져 그녀의 가족에게 가려고 애쓰면서 계속해서 즉흥적으로 공연을 이어 간다. 한 경비원이 그녀를 가로막자, 그녀는 그를 잡아서 억지로 춤을 추게 한다. 스포트라이트가 두려워서, 그는 줄행랑을 친다.

MAMÁ IMELDA   COMO EL PINO ERA **TIERNO**, LLORONA
AL VERME LLORAR, **LLORABA**.

AY DE MÍ, LLORONA, LLORONA,
LLORONA DE AZUL CELESTE...

이멜다 할머니   소나무처럼 여리고, 울보여서
내가 우는 것을 보면 따라 울었다.

아 가엾은 여인, 흐느끼는 여인이여
하늘처럼 푸른 여인이여...

She heads to leave the stage when she is stopped by a hand on her wrist. A voice **joins her in harmony**, the spotlight **widens** to reveal Ernesto de la Cruz singing too. The crowd goes wild.

그녀가 무대에서 벗어나려 하는데 어떤 손 하나가 그녀의 손목을 잡으며 그녀를 막아선다. 한목소리가 그녀와 화모니를 이루는데, 스포트라이트가 넓게 펼쳐지며 에르네스토 델라 크루즈도 함께 노래하는 모습을 비춘다. 관객들이 열광한다.

DE LA CRUZ/**MAMÁ IMELDA**   AY DE MÍ, LLORONA,
LLORONA
LLORONA DE AZUL CELESTE...

델라 크루즈/**이멜다 할머니**   아 가엾은 여인, 흐느끼는 여인이여
하늘처럼 푸른 여인이여...

---

glint (작게) 반짝거리다

grunt 꿀꿀거리다, 끙 앓는 소리를 내다

frustration 불만, 좌절감

stage conductor 무대의 음악 지휘자

instrumentation 기기장치, 기악법, 연주곡

kick into high gear 본격적으로 시작하다

DIVISABA [스페인어] 알아채다, 찾다 (영어의 spot, sight)

double down 더 열심히, 끈질기게 하다

vamp 즉석 반주를 하다

navigate (지도 등을 보며) 길을 찾다, 항해하다

TIERNO [스페인어] 부드러운, 사랑스러운 (영어의 tender, loving)

LLORAR [스페인어] 울다 (영어의 cry)

join someone in harmony 화음을 넣으며 함께하다

widen 넓어지다, 넓히다

He dances Imelda around the stage all the while trying to get to Héctor's photo.

가 계속해서 헥터의 사진을 빼앗으려고 하며 이멜다를 데리고 무대를 돌며 춤을 춘다.

DE LA CRUZ/MAMÁ IMELDA   Y AUNQUE LA VIDA ME CUESTE, LLORONA, NO **DEJARÉ** DE **QUERERTE**.

델라 크루즈/**이멜다 할머니**   그리고 삶이 힘겨워도, 흐느끼는 여인이여 난 당신을 사랑하는 것을 멈추지 않겠소.

DE LA CRUZ   Y AUNQUE LA VIDA ME CELESTE, LLORONA, NO DEJARÉ DE QUERERTE. NO DEJARÉ DE QUERERTE!

델라 크루즈   그리고 삶이 힘겨워도, 흐느끼는 여인이여 난 당신을 사랑하는 것을 멈추지 않겠소. 난 당신을 사랑하는 것을 멈추지 않겠소.

MAMÁ IMELDA   Let go of me!

이멜다 할머니   이거 놔라고!

DE LA CRUZ   NO DEJARÉ DE QUERERTE! ... AY, AY, AY!

델라 크루즈   난 당신을 사랑하는 것을 멈추지 않겠소. ...아이, 아, 애

At the **finale** of the song, Imelda **stomps** her **heel** into de la Cruz's foot on his **high note**, causing him to let her go. She runs off stage with the photo.

이멜다는 그녀의 발뒤꿈치로 델라 크루즈가 높은 음을 부를 때 그의 발을 꽉 밟아 버리고, 이멜다는 그로부터 풀려난다. 그녀가 사진을 들고 무대 밖으로 뛰어나간다.

---

dejaré [스페인어] 떠날 것이다 (영어로 to leave)
quererte [스페인어] 사랑하는 것을 (영어로 to love)
finale (쇼, 음악 작품 등의) 마지막 부분, 피날레
stomp 쿵쿵거리며 걷다, 발을 구르며 춤추다
heel 발뒤꿈치
high note 고음

The Dark Past of De la Cruz
델라 크루즈의 어두운 과거

🎧 27.mp3

BACKSTAGE:
Imelda arrives off stage and, **somewhat high on adrenaline**, she embraces Héctor.

MAMÁ IMELDA   I forgot what that felt like.

Héctor is **taken by surprise**. Imelda, realizing the **impropriety**, pulls away from him **awkwardly**.

HÉCTOR   You... still got it.

They smile at each other, softening. Miguel, **off to the side**, **clears his throat**.

MIGUEL   Ahem.

MAMÁ IMELDA   Oh!

Imelda, now **reminded**, gives Miguel the photo. She pulls out her petal.

MAMÁ IMELDA   Miguel, I give you my blessing.

The petal glows.

MAMÁ IMELDA (CONT'D)   To go home... to put up our photos... (beat) And to never...

Miguel looks **slightly** saddened, **anticipating** the condition.

MIGUEL   Never play music again...

무대 뒤:
이멜다가 무대 밖으로 나와, 아드레날린 분비가 과해졌는지, 헥터를 껴안는다.

이멜다 할머니 그게 어떤 기분이었는지 잊고 살았어요.

헥터가 엄청 놀란 채 그녀를 안는다. 이멜다는, 부적절했음을 깨닫고, 어색하게 그에게서 멀어진다.

헥터 당신… 아직 여전히 잘하는군요.

서로에게 미소를 지으며, 감정이 누그러진다. 미구엘은, 옆에서, 괜한 헛기침을 한다.

미구엘 에헴.

이멜다 할머니 오!

이멜다는, 이제야 생각난 듯, 미구엘에게 사진을 준다. 그녀가 꽃잎을 꺼내 든다.

이멜다 할머니 미구엘, 내가 너를 축복하노라.

꽃잎이 빛을 낸다.

이멜다 할머니 (계속) 집으로 돌아가서… 우리의 사진을 걸고… (정적) 그리고 다시는…

미구엘은 점차 슬퍼 보이는데, 어떤 조건일지 예상한다.

미구엘 다시는 음악을 하지 않도록…

---

somewhat 어느 정도, 약간, 다소
high on adrenaline 아드레날린이 넘치는, 흥분한
taken by surprise (뜻밖으로) ~을 충격적으로 받아들인, 깜짝 놀란
impropriety (책임 있는 자리에 있는 사람으로) 부적절한/부도덕한 행동
awkwardly 어색하게
off to the side 한쪽/옆쪽으로 떨어져 있는
clear one's throat (말을 하기 전에) 목을 가다듬다, 헛기침하다
remind 상기시키다

slightly 약간, 조금
anticipate 예상하다, 기대하다

Imelda smiles.

MAMÁ IMELDA	To never... forget how much your family loves you.

이멜다가 미소 짓는다.

이멜다 할머니 절대 다시는… 네 가족이 널 얼마나 사랑하는지 잊지 않도록.

The petal **surges**. Miguel brightens, **touched**.

꽃잎이 순간적으로 솟아오른다. 미구엘이 감동하여 표정이 밝아진다.

HÉCTOR You're going home.

헥터 너 집으로 가는구나.

DE LA CRUZ You're not going anywhere!

델라 크루즈 가긴 어딜 개!

Suddenly Miguel is yanked away from his great-great grandparents by de la Cruz. De la Cruz has grabbed Miguel by the **scruff** of his hoodie. Imelda **lunges** at de la Cruz, but he pushes her to the floor.

갑자기 델라 크루즈가 미구엘을 그의 고조부모에게서 홱 가로챈다. 델라 크루즈가 미구엘의 후디의 목덜미를 잡았다. 이멜다가 델라 크루즈를 향해 돌진하지만, 그가 그녀를 바닥으로 밀쳐낸다.

HÉCTOR Imelda–

헥터 이멜다–

De la Cruz drags Miguel away as his family **encroaches**.

델라 크루즈가 미구엘을 끌어당기고 그의 가족은 미구엘을 구하려고 다가온다.

DE LA CRUZ **Stay back!❶** Stay back. All of you!

델라 크루즈 다가오지 마! 물러서. 너희들 모두!

De la Cruz drags Miguel further and further back on the stage.

델라 크루즈가 다시 무대 위쪽으로 미구엘을 끌고 점점 더 멀리 간다.

DE LA CRUZ Stay back! Not one more step.

델라 크루즈 물러서라고! 단 한 발자국도 더 오지 마.

Dante growls and tries to grab Miguel.

단테가 으르렁거리며 미구엘을 잡으려고 한다.

MIGUEL Dante!

미구엘 단테!

De la Cruz pulls Miguel away, closer to the ledge of the building. Héctor struggles but continues pursuing de la Cruz.

델라 크루즈가 미구엘을 끌고, 건물 끝으로 다가간다. 헥터가 힘겹게 계속 델라 크루즈를 쫓아간다.

바로 이 장면!*

HÉCTOR (winded) Ernesto, stop! Leave the boy alone!

헥터 (숨차 하며) 에르네스토, 그만해! 그 아이를 놔주라고!

Héctor stumbles, shimmering like before. He falls to the ground.

헥터가 전처럼 희미하게 빛나며 휘청거린다. 그는 바닥에 엎어진다.

---

surge 휩싸다
touched 감동을 받은
scruff 목덜미
lunge 달려들다/돌진하다
encroach (남의 시간, 권리 등을) 침해하다

❶ **Stay back!**
뒤로 물러서! / 나서지 마!
여러 상황에 쓸 수 있는 유용한 표현입니다. 사고가 났을 때 물러서라고 하거나, 싸움이나 사건 등에 끼어들지 말라고 할 때도 쓸 수 있답니다. 그리고 학교(학년)나 어떤 계급에서 오르지 않고 머물러야 할 때, 수업을 다시 들어야 할 때도 이 표현을 씁니다.

DE LA CRUZ	I've worked too hard. Héctor... Too hard to let him destroy everything...	델라 크루즈 난 너무 열심히 일했어. 헥터... 얘가 나의 모든 것을 망쳐놓기엔 난 너무 열심히 살았다고...

In the stage wings, Tía Rosita **commandeers** one of the cameras and points it toward de la Cruz. Tía Victoria **sidles up** to a **control board** and pushes a volume **dial** up.

무대 옆 공간, 로지타 고모가 카메라 한 대를 골라 잡고 델라 크루즈를 비춘다. 빅토리아 고모는 음향 조정반에 쭈빗쭈빗 다가가 소리 볼륨을 높인다.

HÉCTOR	He's a living child, Ernesto!	헥터 그는 살아있는 아이야, 에르네스토!
DE LA CRUZ	He's a **threat**!	델라 크루즈 그는 위협적인 존재야!

CUT TO: STADIUM
The image of de la Cruz **holding Miguel hostage** is projected on the stadium screens, the audience **falls to a hush** as they watch.

장면 전환 경기장
델라 크루즈가 미구엘을 인질로 잡고 있는 모습이 경기장 스크린에 투영되고, 관중들이 숨을 죽이고 그 장면을 보고 있다.

BACK TO: BACKSTAGE
Miguel struggles against de la Cruz.

다시 돌아가서: 무대 뒤
미구엘은 델라 크루즈를 상대로 힘겨워하고 있다.

DE LA CRUZ	You think I'd let him go back, to the land of the living with your photo? To keep your memory alive? (beat) No.	델라 크루즈 내가 이 아이를 다시 돌아가게 할 것 같은가, 자네 사진을 가지고 살아있는 자들의 세상으로? 자네에 대한 기억이 계속 살아남을 수 있도록? (정적) 그건 안되지.
MIGUEL	You're a **coward**!	미구엘 당신은 겁쟁이예요!
DE LA CRUZ	I am Ernesto de la Cruz, the greatest musician of all time!	델라 크루즈 난 에르네스토 델라 크루즈야, 역사상 가장 위대한 음악가라고!
MIGUEL	Héctor's the real musician, you're just the guy who murdered him and stole his songs!	미구엘 헥터가 진정한 음악가예요, 당신은 그를 살해하고 그의 노래를 훔쳐간 사람일 뿐이라고요!

CUT TO: STADIUM
The crowd is **gobsmacked** by what they are hearing.

장면 전환: 경기장
관객들은 자신들이 듣고 있는 이야기에 너무 놀라 정신을 못 차린다.

CROWD	Murder?	관객 살해?

BACK TO: BACKSTAGE

다시 돌아가서: 무대 뒤

---

commandeer (전시에 군대가 건물, 차량 등을) 징발하다

sidle up ~에 쭈빗쭈빗 다가가다

control board 제어반

dial 다이얼을 돌리다, 전화를 걸다

threat 위협, 협박

hold someone hostage ~를 인질로 잡아두다

fall to a hush 조용히 하기 시작하다

coward 겁쟁이, 비겁자

gobsmacked 너무 놀라 정신을 못 차리는

| DE LA CRUZ | I am the one who is willing to do what it takes to seize my moment... (darkening) Whatever it takes. | 델라 크루즈 난 내 기회를 잡기 위해서라면 필요한 건 무엇이든 하는 사람이야… (침울해 하며) 그 어떤 무엇이라도. |

Suddenly, de la Cruz **throws** Miguel **off** of the **structure**.

| **MIGUEL** | AHHH! | 미구엘 아아악! |

| **HÉCTOR** | NO! | 헥터 안 돼! |

The family runs to the **ledge**, **horrified**.

가족이 건물 끄트머리 쪽으로 달려가며, 경악한다.

| **TÍO OSCAR/TÍO FELIPE** | Miguel! | 오스카 삼촌/펠리페 삼촌 미구엘 |

| **MAMÁ IMELDA** | Miguel! | 이멜다 할머니 미구엘 |

---

throw off 던지다
structure 구조, 구조물, 건축물
ledge 절벽에서 튀어나온 바위, 가장자리
horrified 겁에 질린, 충격받은

Out of Time
임박한 시간

🎧 28.mp3

CUT TO: STADIUM
The audience gasps. Some **shrieks**.

BACK TO: BACKSTAGE
De la Cruz crosses from the ledge, past Héctor, who remains collapsed on the floor, breathless.

DE LA CRUZ   Apologies old friend, but **the show must go on...❶**

CUT TO:
Miguel is in **free fall**, the photo still in his hand. As the wind whips against his face, he hears a faint howling.

Dante slices downward through the air, catches Miguel's shirt in his teeth, and opens his wings. He and Miguel **jerk** upward, but the photo falls from Miguel's hands and is **gone from sight**.

Miguel and Dante twist in the air, Dante trying to slow their **descent** but the two of them are too heavy. Miguel's shirt rips and Dante loses him.

Miguel plummets toward the base of the tower. Suddenly Pepita flies in and **scoops** up Miguel. Dante follows close behind. Miguel looks over the side of Pepita down towards the water.

The photo is lost.

BACK TO: BACKSTAGE
De la Cruz steps up to the curtain, **slicks** back his hair, and emerges to his audience.

장면 전환: 경기장
관객이 헉하고 놀란다. 어떤 이들은 비명을 지른다.

다시 돌아가서: 무대 뒤
델라 크루즈가 끄트머리에서 가로질러, 숨이 멎은 채로 아직 바닥에 쓰러져 있는 헥터를 지나쳐 간다.

델라 크루즈   미안하네 친구, 하지만 쇼는 계속되어야 하지 않겠나…

장면 전환:
미구엘이 자유 낙하하는데, 손에는 여전히 사진이 쥐어져 있다. 그의 얼굴을 바람이 세차게 스치면서, 희미하게 울부짖는 소리를 듣는다.

단테가 아래쪽을 향해 공기를 가르며 날아와, 그의 이빨로 미구엘의 옷을 물고, 날개를 편다. 그와 미구엘이 위로 재빠르게 홱 올라가지만, 미구엘의 손에서 사진이 떨어져 시야에서 사라진다.

미구엘과 단테가 공중에서 엉키는데, 단테가 하강 속도를 늦추려고 하지만 둘의 무게가 너무 무겁다. 미구엘의 셔츠가 찢어지며 단테가 그를 놓친다.

미구엘이 타워의 바닥으로 추락한다. 갑자기 페피타가 날아와서 미구엘을 퍼 올리듯 구한다. 단테가 바로 뒤에서 따라간다. 미구엘이 페피타의 몸 옆으로 아래쪽 물이 있는 방향을 내려다본다.

사진을 잃어버렸다.

다시 돌아가서: 무대 뒤
델라 크루즈가 커튼 쪽으로 다가가서, 그의 머리를 다시 반지르르하게 만지고, 관객들 앞에 모습을 드러낸다.

---

shriek 소리/비명을 지르다

free fall 자유 낙하

jerk 홱 움직이다

gone from sight 시야에서 사라진

descent 내려오기, 하강

scoop (큰 숟갈로) 뜨다/파다, 재빨리 들어 올리다

slick (머리에 기름 등을 발라) 매끈하게/반지르르하게 하다

❶ **The show must go on.**
쇼는 계속되어야 한다.
이 표현은 힘든 상황을 겪고 있는 상대방에게 멈추지 말고 힘을 내서 더욱 열심히 하라고 용기를 북돋아 주고 격려할 때 쓰는 표현이에요. 본문에서는 델라 크루즈가 자신의 탐욕과 악행을 멈추지 않겠다는 의미로 쓰였답니다.

ON STAGE: De la Cruz is found by a spotlight.

DE LA CRUZ   Ha ha!

He is **met with boos**. He looks confused.

CROWD   Boo! Murderer!

DE LA CRUZ   Please, please, mi familia...

AUDIENCE MEMBER   Get off the stage!

More booing. De la Cruz tries to **kick up** the orchestra.

DE LA CRUZ   Orchestra! A-one-A-two-A-one–

The **conductor** snaps his **baton**. More booing.

DE LA CRUZ   (singing)
REMEMBER ME, THOUGH I HAVE TO—
(beat) HEY!–

The crowd **pelts** de la Cruz with fruit and **offerings**.

CROWD MEMBER   Look!

Crowd members point up to the screen. Pepita rises above the ledge with Miguel on her back. Miguel slides off her wing and runs to his family.

CROWD MEMBER   He's alright!

The crowd cheers. There are sighs of **relief**.

De la Cruz, **seeing this play out** on screen, realizes his backstage **treachery** has been projected to the whole world. He watches horrified as the image of Pepita grows larger and larger on the screen as she **prowls** past the camera.

무대 위: 델라 크루즈 위로 스포트라이트가 비친다.

델라 크루즈   하하!

그에게 관객들이 야유를 보낸다. 그는 혼란스러운 표정이다.

관객   우우! 살인재!

델라 크루즈   오, 오, 제발, 나의 가족 여러분...

관객   무대에서 내려와라!

더 많은 야유 소리. 델라 크루즈가 오케스트라 소리를 키우려고 한다.

델라 크루즈   오케스트라! 아-원-아-투-아-원-

지휘자가 그의 지휘봉을 꺾는다. 더 많은 야유 소리.

델라 크루즈   (노래) 날 기억해줘, 내가 떠나야만 하지만- (정적) 얘-

관객이 과일과 제물들을 델라 크루즈에게 던진다.

관객   저기 봐!

관객들이 스크린 위를 가리킨다. 페피타가 그녀의 등에 미구엘을 태우고 위로 떠오른다. 미구엘이 그녀의 날개에서 미끄러져 내려와 그의 가족에게 달려간다.

관객   그가 무사하다!

관객들이 환호한다. 안도의 한숨 소리가 들린다.

델라 크루즈는, 스크린 장면을 보며, 무대 뒤에서 벌어진 그의 기만적인 행위가 세상에 모두 드러났다는 것을 깨닫는다. 페피타가 카메라를 지나 먹이를 찾아 돌아다니는 모습이 스크린 속에서 점점 더 커지고 있는 것을 델라 크루즈가 공포에 휩싸여 보고 있다.

---

meet with (특정한 대우 · 취급 등을) 받다
boo 우우하며 야유를 보내는 소리, 야유
kick up 거세지기 시작하다.
conductor 지휘자
baton 지휘봉
pelt (무엇을 던지며) 공격하다, 퍼붓다
offering 공물, 제물
relief 안도, 안심

see a play out 장면(연극)을 끝까지 보다
treachery 배반, 배신
prowl (먹이 또는 범행 대상을 찾아) 돌아다니다/배회하다

De la Cruz begins to back up just as Pepita emerges through the curtain, **eyes locked on him**.

DE LA CRUZ   Nice kitty...

Suddenly Pepita **head-butts** de la Cruz and lifts him into the sky, **flinging** the singer in the air like a kitten playing with **a ball of yarn**.

DE LA CRUZ   AAAHHHH! Put me down! No, **please**! **I beg of you,** ❶ stop! Stop! NO!

She swings him around to **gain momentum**, then throws him over the audience.

DE LA CRUZ   NO! AAAHHH!

He flies out of the stadium, hitting a giant church bell in the distance. The stadium erupts in cheers.

In the midst of the cheering, an **unsuspecting** crowd member returns from **concessions**.

CROWD MEMBER   **What did I miss?** ❷

BACK TO: BACKSTAGE
Miguel is surrounded by family, safe. He hugs Dante.

MIGUEL   Good boy, Dante.

Imelda runs to Miguel and embraces him.

MAMÁ IMELDA   Miguel!

Behind them, Héctor struggles to get to his feet but stumbles with a flicker. Miguel runs to support him.

MIGUEL   Héctor! The photo, I lost it...

페피타가 커튼을 통과하고 나타나 델라 크루즈에게 시선을 고정하자 델라 크루즈가 뒷걸음질 치기 시작한다.

델라 크루즈   아웅아, 착하지..

갑자기 페피타가 델라 크루즈를 들이받아 그를 하늘 높이 공중으로 들어 올리는데, 마치 고양이가 털실 뭉치를 가지고 놀듯 그 가수를 공중에서 이리저리 내던지고 즐긴다.

델라 크루즈   아아아아! 날 내려 줘! 아냐, 제발! 부탁이야, 그만해! 멈추라고! 안 돼!

그녀가 속도를 높여 그를 휙휙 돌리다가, 관객들 속으로 던져 버린다.

델라 크루즈   안 돼! 아아아!

그가 장외로 날아가다가, 저 멀리 있는 거대한 교회 종에 부딪힌다. 경기장 전체가 크게 환호한다.

환호가 계속되는 와중에, 아무것도 모르는 관객 한 명이 구내매점에 뭘 사러 갔다가 돌아온다.

돌아온 관객   나 없는 동안 무슨 일이 있었나?

다시 돌아가서 무대 뒤
미구엘이 안전하게 가족에게 에워싸여 있다. 그가 단테를 안는다.

미구엘   잘했어, 단테.

이멜다가 미구엘에게 달려가서 그를 껴안는다.

이멜다 할머니   미구엘!

그들 뒤에서, 헥터가 일어나려 애쓰지만 깜박거림으로 인해 힘들어한다. 미구엘이 그를 도우려고 달려간다.

미구엘   헥터! 그 사진을, 내가 그만 잃어버렸어요…

---

eyes locked on someone ~에게 시선이 고정된
head-butt 박치기를 하다
fling (거칠게) 내던지다
a ball of yarn 털실 뭉치
gain momentum 탄력/가속도가 붙다
unsuspecting 의심하지 않는
concession 영업장소, 가게

❶ **I beg of you.** 아무쪼록 제발.
상대방에게 나의 부탁/바램을 들어달라고 애원할 때 쓰는 please와 같은 의미의 표현이에요.

❷ **What did I miss?** 내가 뭐 놓친 거 있나?
잠시 전화를 하고 오거나, 화장실에 다녀오거나 해서 아주 좋은 볼거리를 놓쳤을 때 상대방에게 '혹시 내가 없는 동안에 무슨 특별한 일이라도 일어났나?' 이런 뜻으로 쓰이는 표현이에요.

HÉCTOR It's okay, mijo. It's–

Suddenly Héctor suffers his most **violent** flickering yet. He collapses. Miguel kneels by him.

MIGUEL Héctor! Héctor?!

Héctor can **barely** move his limbs.

HÉCTOR Coco...

MIGUEL No! We can still find the photo...

Mamá Imelda looks to the **horizon**, the first rays of sunlight peeking over.

바로 이장면!*

MAMÁ IMELDA Miguel, it's almost sunrise!

MIGUEL No, no, no, I can't leave you. I promised I'd put your photo up. I promised you'd see Coco!

Héctor looks at Miguel. The skeletal transformation is **creeping in** on the edges of Miguel's face. He's almost full skeleton now.

HÉCTOR **We're both out of time,**❶ mijo.

The shimmering of Héctor's bones **advances**.

MIGUEL No, no... she can't forget you!

HÉCTOR I just wanted her to know that I loved her.

Héctor **musters** the strength to grab the marigold petal.

MIGUEL Héctor—-

헥터 괜찮다, 얘야. 그건–

갑자기 헥터가 가장 심하게 요동지는 깜박거림을 겪는다. 그가 쓰러진다. 미구엘이 그의 옆에서 무릎을 꿇고 있는다.

미구엘 헥터! 헥터?!

헥터기 그의 수족을 가까스로 지탱한다.

헥터 코코...

미구엘 안 돼요! 아직 사진을 찾을 수 있을 거예요...

이멜다 할머니가 수평선을 바라보니, 해돋이의 첫 빛이 저 너머로 보인다.

이멜다 할머니 미구엘, 곧 동틀 때가 됐구나!

미구엘 안 돼, 안 돼, 안 돼요. 할아버지를 떠날 수는 없어요. 제가 할아버지 사진을 걸겠다고 약속했잖아요. 할아버지가 코코를 만날 수 있을 거라고 약속했잖아요!

헥터가 미구엘을 바라본다. 미구엘의 얼굴 가장자리에도 서서히 해골로의 변화가 나타나기 시작한다. 그는 이제 거의 해골이다.

헥터 우린 둘 다 시간이 촉박하구나, 얘야.

헥터의 뼈들을 감싸고 있는 희미한 빛의 일렁임이 점점 더해진다.

미구엘 안 돼, 안 돼요... 그녀는 당신을 잊을 수 없어요!

헥터 난 그저 그녀가 내가 그녀를 사랑했다는 걸 알길 원한단다.

헥터가 금잔화 꽃잎을 잡으려고 마지막 남아있는 힘을 발휘한다.

미구엘 헥터——

---

violent 폭력적인, 난폭한
barely 간신히, 가까스로
horizon 수평선, 지평선
creep in 몰래 기어들다/나가다
advance (공격하려고) 다가가다, 진격하다
muster (힘을) 내다/발휘하다

❶ **We're both out of time.**
우리 둘 다 시간이 얼마 안남았어.
'시간이 다 되다, 얼마 안남았다'라는 표현은 더 명확히 하면 앞에 run을 붙여 run out of time이라고 합니다. 비슷한 표현으로 You're almost out of time. '시간이 다 됐어요' He ran out of time. '그는 시간이 부족했어' 등이 있습니다.

HÉCTOR   You have our blessing, Miguel.

MAMÁ IMELDA   No conditions.^❶

The petal glows. Héctor struggles to lift the petal to Miguel. Mamá Imelda takes his hand in hers.

MIGUEL   No, Papá Héctor, please!

Imelda and Héctor move their joined hands toward Miguel's **chest**.

MIGUEL   No...

Héctor's **eyelids** begin to close.

HÉCTOR   Go home...

MIGUEL   I promise I won't let Coco forget you! Aaahh!–

WHOOOOSH! A whirlwind of marigold petals, and everything goes white.

헥터   우리의 축복이 너와 함께하노라, 미구엘.

이멜다 할머니   아무 조건 없이.

꽃잎이 밝게 빛난다. 헥터가 꽃잎을 들어 미구엘에게 주려고 애쓴다. 이멜다 할머니가 그의 손을 그녀의 손에 포개어 잡는다.

미구엘   안 돼요, 헥터 할아버지, 제발!

이멜다와 헥터가 둘이 붙잡은 손을 옮겨 미구엘의 가슴으로 가져간다.

미구엘   안 돼요…

헥터의 눈꺼풀이 감기기 시작한다.

헥터   집으로 가거라…

미구엘   코코가 절대 할아버지를 잊지 않게 하겠다고 약속할게요! 아아아!―

휘이잉! 금잔화 꽃잎들의 회오리바람이 일어나고 모든 것이 하얗게 변한다.

---

chest 가슴
eyelid 눈꺼풀
whoosh 쉭 하는 소리 (공기, 물이 빠르게 지나가며 내는 소리)

❶ **No conditions.**
아무 조건 없이.
condition은 일반적으로 '컨디션(기분, 상태) 어때?' 라고 할 때 많이 쓰이죠. 이 영화에서 condtion은 rule과 같이 요구 조건, 전제 조건 의미로 쓰였어요. 즉 조상님이 미구엘에게 현세로 돌아가게 축복을 내리며 대신 조건/요구를 내 거는 상황이랍니다.

Remember Me!

날 기억해 줘!

🎧 29.mp3

FADE IN:

회면이 점점 선명해짐

INT. DE LA CRUZ'S MAUSOLEUM – SUNRISE
Miguel finds himself back in de la Cruz's tomb. Dazed, he looks through the windows. **Day has broken.**

내부. 델라 크루즈의 묘 – 일출
미구엘이 다시 델라 크루즈의 무덤에 돌아온 것을 인식한다. 멍하게, 그가 창문 밖을 본다. 날이 밝았다.

On the floor is the skull guitar. Miguel grabs it. He exits the tomb and takes off out of the cemetery.

바닥에 해골 기타가 있다. 미구엘이 기타를 집어 든다. 그가 무덤에서 나와 공동묘지를 빠져나온다.

EXT. PLAZA
Miguel races through the plaza, past the statue of de la Cruz.

외부. 광장
미구엘이 델라 크루즈 동상을 지나 광장을 가로질러 질주한다.

Miguel races through the streets towards home. He **blows** right past his Tío Berto **snoring** and Primo Abel sleeping on a bench.

미구엘이 거리를 가로질러 질주하며 집으로 향한다. 그는 코를 골고 있는 베르토 삼촌과 벤치에서 자고 있는 사촌 아벨을 광속으로 지나간다.

TÍO BERTO (**jolting awake**) There he is!

베르토 삼촌 (잠에서 깨어 정신이 번쩍 들며) 미구엘이 저기에 있네!

Abel falls off the bench. Papá comes from around a corner as Miguel is running.

아벨이 벤치에서 떨어진다. 미구엘이 달려가는데 아빠가 골목에서 나온다.

PAPÁ   Miguel!? Stop!

아빠 미구엘? 멈춰!

EXT. RIVERA COMPOUND
Miguel rounds the corner and follows the trail of marigolds through the front gate.

외부. 리베라 단지
미구엘이 모통이를 돌아 정문을 지나 금잔화가 뿌려진 길을 따라간다.

He runs for Mamá Coco's bedroom. Just as he makes it to the doorway, Abuelita steps up and **blocks** him.

미구엘이 코코 할머니 방을 향해 달려간다. 마침내 입구에 다다랐을 때, 할머니가 그의 앞으로 다가와 그를 막아선다.

ABUELITA **Where have you been?!**❶

할머니 너 어디 갔다가 오는 거니?!

MIGUEL   Ah! I need to see Mamá Coco, please–

미구엘 애 코코 할머니를 봐야 해요. 제발요 –

---

day has broken 날이 밝았다
blow (바람이) 불다. (손, 무기 등으로) 세게 때림
snore 코를 골다
jolt 갑자기 거칠게, 덜컥거리며 움직이다
awake (잠에서) 깨다/깨우다
block 막다, 차단하다

❶ **Where have you been?!**
너 어디에 있었니?!
찾고 있었는데 한동안 안 보였던 상대방에게 어디에 있었느냐고 물을 때 쓰는 표현이에요. 이 상황에서는 Where did you go?라고 하는 것보다는 위의 문장으로 쓰는 것이 더 일반적이에요. 또한, 상대방이 누구나 다 알고 있는 소식을 모를 경우에, 그동안 어디에 있었길래 '그런 것도 몰라?'라고 표현할 경우에도 쓸 수 있답니다.

Abuelita **spies** the guitar in Miguel's hand.

| ABUELITA | What are you doing with that? Give it to me! |

할머니가 미구엘의 손에 기타가 들려있는 것을 알아챈다.

할머니 너 그건 왜 들고 있는 거니? 이리 내놔!

Miguel pushes past Abuelita, and slams the door shut.

| ABUELITA | Miguel! Stop! Miguel! Miguel! Miguel! MIGUEL! |

미구엘이 할머니를 밀치고 가서, 문을 쾅 닫는다.

할머니 미구엘! 멈춰! 미구엘! 미구엘! 미구엘! 미구엘!

INT. MAMÁ COCC'S ROOM
Miguel locks the door and goes up to Mamá Coco. She stares into space, eyes completely **vacant**.

| MIGUEL | Mamá Coco? **Can you hear me?**❶ It's Miguel. |

내부. 코코 할머니의 방
미구엘이 문을 걸어 잠그고 코코 할머니에게 간다. 그녀는 완전히 멍한 눈으로 허공을 바라보고 있다.

미구엘 코코 할머니? 제 말 들리세요? 저 미구엘이에요.

Miguel looks into her eyes.

| MIGUEL (CONT'D) | I saw your papá. Remember? Papá? Please – if you forget him, he'll be gone... forever! |

미구엘이 그녀의 눈을 들여다본다.

미구엘 (계속) 제가 할머니의 아빠를 봤어요. 기억나세요? 아빠? 제발 – 할머니가 그를 잊으면, 그는 사라질 거예요… 영원히!

She doesn't **respond**. Miguel's father **bangs on the door**.

| PAPÁ (O.S.) | Miguel, open this door! |

그녀는 응답이 없다. 미구엘의 아빠가 문을 쾅쾅 두드린다.

아빠 (화면 밖) 미구엘, 이 문 열어!

Miguel shows her the guitar.

| MIGUEL | Here – this was his guitar, right? He used to play it to you? See, there he is. |

미구엘이 그녀에게 기타를 보여준다.

미구엘 여기요 – 이건 그의 기타였어요, 맞죠? 그가 할머니에게 이걸 연주해 주셨죠? 봐요, 그가 저기 있잖아요.

Still nothing. Her eyes are **glazed**.

| MIGUEL (CONT'D) | Papá, remember? Papá? |

여전히 아무 반응이 없다. 그녀의 눈빛이 멍하다.

미구엘 (계속) 아빠, 기억나요? 아빠?

Mamá Coco stares forward, as if Miguel isn't even there.

| PAPÁ | Miguel! |

코코 할머니는 마치 미구엘이 그곳에 존재하지 않는 것처럼, 앞쪽을 응시한다.

아빠 미구엘!

---

spy 보다, 알아채다
vacant 비어 있는, 사람이 없는, (시선, 표정이) 멍한
respond 대답/응답하다
bang on the door 문을 거세게 쾅쾅 두드리다
glazed (특히 눈이) 멍한

❶ **Can you hear me?**
내 말 들려요?
매우 간단하면서도 유용한 표현이죠. 상대방이 내 얘기를 잘 듣는 지 확인할 때 '내 말 잘 듣고 있니?' 혹은 전화 통화하다가 갑자기 잘 안들릴 때, 한 공간에서 약간 멀리 떨어져서 상대방 존재를 확인해야 할 때 등 상황에 따라 쓰임이 다양합니다. hear 대신 drive, call, take 등 다른 동사를 넣어 연습해 보세요.

MIGUEL Mamá Coco, please, don't forget him.

With a **rattle** of keys, the door **flies open**. The family pours in.

바로 이 장면!*

ABUELITA What are you doing to that poor woman?

Abuelita **brushes** Miguel **aside** to comfort her mother.

ABUELITA It's okay, Mamita, it's okay.

PAPÁ What's gotten into you?❶

Miguel looks down, **defeated**. Tears drip off his nose. Papá's anger **gives way to** relief. He embraces his son.

PAPÁ I thought I'd lost you, Migue...

MIGUEL I'm sorry, Papá.

Mamá steps forward.

MAMÁ We're all together now, **that's what matters.**❷

MIGUEL Not all of us...

Abuelita returns from **consoling** Mamá Coco.

ABUELITA It's okay, **mamita**. (beat)
Miguel, you apologize to your Mamá Coco!

Miguel looks at Mamá Coco and approaches her.

MIGUEL Mamá Coco...

미구엘 코코 할머니, 제발, 그를 잊지 말아요.

열쇠들이 덜컹거리는 소리가 들리고, 문이 휙 열린다. 가족들이 몰려 들어온다.

할머니 그 불쌍한 여인에게 너 무슨 짓을 하는 거니?

할머니가 미구엘을 제쳐두고 그녀의 어머니를 위로한다.

할머니 괜찮아요, 엄마, 괜찮아요.

아빠 너 도대체 왜 이러는 거니?

미구엘이 절망감을 느끼며 고개를 떨군다. 눈물이 그의 코를 타고 내려와 뚝뚝 떨어진다. 아빠의 분노가 안도로 바뀐다. 그가 아들을 껴안는다.

아빠 난 널 잃은 줄만 알았단다, 미게…

미구엘 죄송해요, 아빠.

엄마가 앞으로 다가선다.

엄마 이제 우리가 모두 함께 있잖아요, 그게 중요한 거죠.

미구엘 모두 다는 아니에요…

할머니가 코코 할머니를 위로하고 돌아온다.

할머니 괜찮아요, 엄마. (정적)
미구엘 코코 할머니께 사과하거라!

미구엘이 코코 할머니를 보며 그녀에게 다가간다.

미구엘 코코 할머니…

---

rattle 달가닥/덜거덕거리다
fly open 휙 열리다
brush someone aside ~을 무시하다
defeated 패배한, 좌절한
give way to ~로 바뀌다. (감정에) 무너지다
console 위로하다. 위안을 주다
mamita [스페인어] 엄마의 비격식 표현 (영어의 mommy)

❶ **What's gotten into you?**
너 도대체 왜 이러는 거니?
상대방이 평소에 하지 않던 이상한 행동을 하거나 도무지 이해가 되지 않는 행동을 할 때 쓸 수 있는 표현이에요.

❷ **That's what matters.** 중요한 건 그거야.
이것만은 정말 중요한 것이라고 말하고 싶을 때 쓰는 표현이에요.

His toe **accidentally taps** against Héctor's skull guitar, a soft **hollow ringing resonates**.

그의 발가락이 우연히 헥터의 해골 기타에 닿는데, 작은 빈 울림소리가 울려 퍼진다.

ABUELITA Well? Apologize.

할머니 어? 사과하래도.

He **comes to a realization**.

그가 뭔가를 깨닫는다.

MIGUEL Mamá Coco? Your Papá – he wanted you to have this.

미구엘 코코 할머니? 할머니의 아빠가 – 그는 할머니가 이걸 갖기를 원하셨어요.

He picks up the guitar. Abuelita steps forward to **intervene** but Papá **places a hand on** her shoulder.

그가 기타를 든다. 할머니가 가로막으려 앞으로 다가오는데 아빠가 그녀의 어깨에 손을 얹는다.

PAPÁ Mamá, wait–

아빠 어머니, 잠시만요 –

Miguel starts to sing "Remember Me" the way Héctor sang it... softly, from the heart.

미구엘이 "날 기억해줘"를 부르기 시작하는데 마치 헥터가 그 노래를 부르듯… 진심을 다해 부른다.

MIGUEL (singing)
REMEMBER ME
THOUGH I HAVE TO SAY GOODBYE
REMEMBER ME
DON'T LET IT MAKE YOU CRY

미구엘 (노래)
날 기억해줘
난 떠나야만 하지만
날 기억해줘
이것 때문에 울지는 말아줘

MAMÁ Look...

엄마 저것 봐요…

The **glimmer** in the Mamá Coco's eyes grows brighter with every note. Memories flood in, filling the **vacancy** of her expression with life. Her cheeks soften and **plump**. Her lips **arc** into a smile.

코코 할머니의 눈에 희미한 빛이 음정 하나하나에 점점 더 밝아진다. 지난날의 추억들이 밀려들며, 텅 빈 그녀의 표정이 생기로 가득 찬다. 그녀의 뺨이 부드러워지며 포동포동해진다. 미소를 지으며 그녀의 입술이 동글게 된다.

MIGUEL FOR EVEN IF I'M FAR AWAY,
I HOLD YOU IN MY HEART
I SING A SECRET SONG TO YOU
EACH NIGHT WE ARE APART
REMEMBER ME
THOUGH I HAVE TO TRAVEL FAR

미구엘 왜냐하면 내가 멀리 있다고 해도,
난 널 나의 마음속에 간직하고 있으니까
난 너에게 비밀의 노래를 부르네
우리가 떨어져 있는 밤마다
날 기억해줘
내가 비록 멀리 떠나야만 하지만

---

accidentally 우연히, 뜻하지 않게

tap 가볍게 치다

hollow (속이) 빈

ringing (소리가) 낭랑한, 울리는

resonate (깊게, 낭랑하게) 울려 퍼지다

come to a realization 깨닫게 되다, 알아차리다

intervene 개입하다, 끼어들다

place a hand on ~에 손을 대다/얹다

glimmer (희미하게) 깜박이는 빛

vacancy 결원, 공석, (호텔 등의) 빈방/객실

plump 통통한, 포동포동한, 토실토실한

arc 둥근 활 모양, 활 모양을 그리다

Miguel sings gently, with love. Mamá Coco's brows **slope** up,
delighted. The song seems to bring her back to life.
Abuelita can't speak. None of them can.
Brimming, Mamá Coco joins Miguel in song – her voice **scratchy**
with age, his clear with youth.

미구엘이 사랑을 담아 부드럽게 노래한다. 코코 할머니는 기뻐하며, 그녀의 눈썹이 위로 올라간다. 이 노래가 그녀에게 다시 생명을 주는 것 같다. 할머니는 아무 말도 할 수 없다. 그 누구도 아무 말도 할 수 없다. 생기발랄해진 코코 할머니가 미구엘과 함께 노래한다 – 그녀의 목소리는 늙어서 쉰 소리가 나고, 그의 목소리는 젊어서 청량하다.

MAMÁ COCO/MIGUEL   REMEMBER ME
EACH TIME YOU HEAR A SAD GUITAR
KNOW THAT I'M WITH YOU
THE ONLY WAY THAT I CAN BE
UNTIL YOU'RE IN MY ARMS AGAIN
REMEMBER ME.

코코 할머니/미구엘 날 기억해줘
슬픈 기타 소리를 들을 때마다
내가 너와 함께 있다는 걸 알아줘
내가 할 수 있는 유일한 방법으로
네가 다시 내 품에 안길 때까지
날 기억해줘.

Tears stream down Abuelita's face; she's witnessing a **miracle**.
Mamá Coco looks to her daughter, and is **troubled by** her tears.

할머니의 눈에서 눈물이 주룩주룩 흐른다; 그녀는 기적을 경험하고 있다.
코코 할머니가 그녀의 딸을 바라보는데, 딸의 눈물에 마음이 아프다.

MAMÁ COCO   Elena? What's wrong, mija?

코코 할머니 엘레나? 왜 그러니, 얘야?

ABUELITA   Nothing, Mamá. Nothing at all.

할머니 아무것도 아니에요, 엄마. 정말 아무것도 아니에요.

Mamá Coco turns to Miguel.

코코 할머니가 미구엘에게 돌아본다.

MAMÁ COCO   My Papá used to sing me that song.

코코 할머니 우리 아빠가 나에게 그 노래를 불러 주시곤 했단다.

MIGUEL   He loved you, Mamá Coco. Your Papá loved
you so much.

미구엘 그는 당신을 사랑하셨어요, 코코 할머니. 할머니의 아빠는 당신을 정말 많이 사랑하셨어요.

A smile spreads across Mamá Coco's face. She's waited a long time
to hear those words. She turns to her **nightstand**, hand shaking.
She opens a **drawer** and pulls out a notebook.

미소가 할머니의 얼굴에 가득 퍼진다. 그녀는 그 말들을 듣기 위해 오랜 세월을 기다려왔다. 그녀는 침실 탁자 쪽으로 가서, 손을 떤다. 할머니는 서랍을 열고 노트북을 꺼낸다.

MAMÁ COCO   I kept... his letters... **poems** he wrote me...
and...

코코 할머니 나는 간직해 왔지... 그의 편지들과... 그가 나에게 쓴 시... 그리고...

---

slope 경사지다, 기울어지다

brimming 가득 채우다

scratchy (무엇을) 긁는 듯한 소리가 나는

miracle 기적

troubled by ~로 걱정하는/고민하는/시달리는

nightstand 침실용 탁자

drawer 서랍

poem 시

❶ **Tears stream down Abuelita's face.**
할머니의 얼굴에 눈물이 비 오듯 한다.
눈물이 비 오듯 흐른다고 표현할 때 Tears stream down someone's face라고 말합니다. stream이 명사로는 '시내, 개울'이라는 뜻이지만 동사로 쓰일 때는 '줄줄/계속 흐르다'라는 뜻이거든요.

Mamá Coco **leafs through** the book to reveal a **torn scrap of paper**. She hands it to Miguel. It's the missing face from the photo – Héctor's face. Miguel pieces the picture back together, finally seeing Héctor as he was in life, a young, handsome man.

Mamá Coco smiles. **She finds the words slowly,**❶ but she speaks with **fondness** and love.

<u>MAMÁ COCO</u>   Papá was a musician. When I was a little girl, he and Mamá would sing such beautiful songs...

The family **gathers** close to listen.

코코 할머니가 찢어진 종이 한 조각을 보여 주려고 책을 뒤적인다. 그녀가 미구엘에게 그것을 건넨다. 사진에서 찢겨져 사라졌던 얼굴이다 – 헥터의 얼굴. 미구엘이 사진 조각을 모아 다시 붙이자 마침내 헥터의 생전 모습을 볼 수 있다. 젊고 잘 생긴 남자의 얼굴을.

코코 할머니가 미소 짓는다. 할 말을 찾는 데 오래 걸리지만, 그녀는 애정과 사랑을 담아 이야기한다.

코코 할머니 아빠는 음악가였지, 내가 어렸을 때, 아빠와 엄마는 정말 아름다운 노래를 부르셨단다…

가족들이 그녀의 말을 잘 들으려고 가까이 모인다.

---

leaf through (책 등을) 대충 휙휙 넘겨보다

torn 찢겨진, 너덜너덜한 (tear의 과거분사)

a scrap of paper 종이 한 조각

fondness 자애, 좋아함, 애정

gather 모으다, 모이다

❶ **She finds the words slowly.**
그녀는 할 말을 찾는 데 오래 걸린다.
코코 할머니가 연세가 많으셔서 말이나 행동이 매우 느린 점을 위와 같이 표현했네요. 너무 고맙고, 감동적이어서 말로 표현할 수 없다고 할 때도 이 표현을 쓸 수 있어요. 예를 들면,
I can't find the words to thank you.
'너무 고마워서 감사의 말을 찾을 수가 없어'가 있어요.

Santa Cecilia's Greatest Treasure

산타 세실리아의 가장 위대한 보물

🎧 30.mp3

DISSOLVE TO: **EXT. CEMETERY – MORNING**	차차 어두워지다가 밝아지며: **외부. 공동묘지 – 아침**

TITLE CARD: ONE YEAR LATER

표제 카드: 일 년 후

The cemetery is once again filled with families cleaning off head stones and laying flowers.

공동묘지가 묘비를 닦고 헌화하는 가족들로 다시 한 번 가득 찬다.

EXT. DE LA CRUZ'S MAUSOLEUM
Not as many offerings this year, not as many fans. No mariachi band. Someone has hung a sign **"FORGET YOU"**❶ on the **bust** of de la Cruz.

외부. 델라 크루즈의 묘
올해는 예년과는 다르게 제물도, 팬들도 많지 않다. 마리아치 악단도 없다. 델라 크루즈의 흉상에 "꺼져"라고 쓴 표식이 걸려 있다.

바로 이장면!*

TOUR GUIDE (O.S.) And right over here, one of Santa Cecilia's greatest treasures...

관광 가이드 (화면 밖) 그리고 바로 여기에, 산타 세실리아의 가장 위대한 보물 중의 하나인…

EXT. RIVERA WORKSHOP
The tour guide stands in front of the Rivera shoe shop. Tourists **crowd in**, taking pictures of the skull guitar and **framed** letters Héctor wrote to Coco.

외부. 리베라 가족 공방
관광 가이드가 리베라 가족의 양화점 앞에 서 있다. 관광객들이 몰려와서 헥터가 코코에게 썼던 편지를 액자에 넣은 것과 그의 해골 기타의 사진을 찍고 있다.

TOUR GUIDE (CONT'D) The home of the **esteemed songwriter** Héctor Rivera! The letters Héctor wrote home for his daughter Coco **contain** the **lyrics** for all of your favorite songs, not just "Remember Me".

관광 가이드 (계속) 대단히 존경받는 작곡자 헥터 리베라의 집입니다! 헥터가 그녀의 딸 코코에게 보내기 위해 썼던 편지들에는 "날 기억해줘" 뿐만 아니라 여러분이 좋아하는 노래들의 가사가 모두 담겨 있어요.

EXT. COURTYARD
We travel through the courtyard catching glimpses of holiday preparation. Prima Rosa and primo Abel hang papel picado.

외부. 안뜰
안뜰에서 명절 준비를 하는 모습이 잠깐씩 보인다. 사촌 로사와 아벨이 파펠 피카도를 걸고 있다.

---

bust 흉상. 반신상
crowd in 밀려들다
framed 틀에 끼운
esteemed 존중/존경받는
songwriter 작사가 겸 작곡가
contain ～이 들어/함유되어 있다
lyric 노래 가사

❶ **Forget you!**
널 잊겠어!
디즈니 영화에서 욕은 금물이라 F로 시작하는 저속한 욕설을 대신 이 표현을 썼어요. 같은 의미의 표현으로 Screw you!도 있어요. 다른 방법이 있다면 기왕이면 욕설은 쓰지 않는 것이 좋겠죠?

Papá and Mamá work on tamales. Tío Berto sweeps the **cobblestones** as the little cousins play.

MIGUEL (O.S.)   And that man is your Papá Julio...

INT. OFRENDA ROOM
Miguel holds his baby sister SOCORRO (10 months) in his arms and **points out** all of the family members.

MIGUEL (CONT'D)   ...And there's Tía Rosita... and your Tía Victoria... and those two are Oscar and Felipe. These aren't just old pictures – they're our family – and they're **counting on** us to remember them.

Abuelita approaches and smiles to see her grandson passing on the tradition. Then she places a picture frame on the ofrenda, a photo of Mamá Coco. She looks to Miguel who puts his arm around her.

Next to Mamá Coco's picture sits the photo of Kami. Imelda and Héctor, taped back together. **Restored.**

CROSS FADE TO:

EXT. MARIGOLD GRAND CENTRAL STATION
Héctor waits in the departures line nervously.

MIGUEL (O.S.)   (singing)
SAY THAT CRAZY
OR CALL ME A FOOL

DEPARTURES AGENT   Next!

Héctor steps up to the monitor. The agent recognizes him. Héctor chuckles nervously. The monitor scans him. DING!

DEPARTURES AGENT   Enjoy your visit,[1] Héctor!

아빠와 엄마는 타말레를 만들고 있다. 어린 사촌들이 놀고 있는 동안 베르토 삼촌이 자갈을 쓸고 있다.

미구엘 (화면 밖) 그리고 저 남자는 훌리오 할아버지야…

내부. 오프렌다
미구엘이 그의 아기 여동생 소코로(생후 10개월)를 팔에 안고 식구 하나하나를 가리키며 알려주고 있다.

미구엘 (계속) …그리고 저분이 로지타 고모… 그리고 빅토리아 고모… 그리고 저기 두 분은 오스카와 펠리페 삼촌들이야. 이건 그냥 옛날 사진들이 아니란다 – 그들은 우리의 가족이야 – 그리고 그들은 우리가 그들을 기억해 주기를 기대하고 있단다.

할머니가 다가와서 그녀의 손자가 가족의 전통을 전하는 것을 보며 미소 짓는다. 그리고 나서 그녀가 코코 할머니의 사진이 담긴 액자를 제단에 올려놓는다. 그녀가 미구엘이 팔로 그녀를 안는 것을 바라본다.

코코 할머니의 사진 옆에는 카미의 사진이 놓여있다. 이멜다와 헥터의 사진은 다시 테이프로 붙여져 있다. 복원되었다.

화면이 서서히 어두워지다가 다시 서서히 밝아진다:

외부. 금잔화 그랜드 센트럴역
헥터가 출발선에서 초조하게 기다린다.

미구엘 (화면 밖) (노래)
미쳤다고 해도 좋아
아니면 날 바보라고 불러

출발 담당자 다음!

헥터가 모니터로 다가선다. 담당자가 그를 알아본다. 헥터가 불안해하며 빙그레 웃는다. 모니터가 그를 스캔한다. 딩!

출발 담당자 즐거운 여행되세요, 헥터 씨!

---

cobblestone 자갈, 조약돌
point out 가리키며 알려주다
count on someone ~을 믿다/기대하다
restore 회복시키다, 복원하다
cross fade (영화, TV에서) 페이드인과 페이드아웃을 동시에 쓰다

[1] **Enjoy your visit.**
즐거운 방문 되세요.
공항이나 역 등에서 자주 듣고 볼 수 있는 표현입니다. 이와 비슷한 표현 더 소개하자면, Enjoy your trip. Have a safe trip/flight. 등이 있습니다. 여행 떠나는 친구에게 이 표현 꼭 써 보세요.

MIGUEL (O.S.)   (singing)
BUT LAST NIGHT IT SEEMED
THAT I DREAMED ABOUT YOU

미구엘 (화면 밖) (노래)
하지만 어젯밤엔
내가 그대에 대한 꿈을 꾼 것 같아.

Héctor's chest swells.

EXT. FOOT OF THE BRIDGE
Héctor exits from the Marigold Grand Central Station. Mamá Imelda waits on the cobblestones to greet him. They kiss.

Then he hears a familiar voice.

MAMÁ COCO   Papá!

Héctor turns to see his daughter **approaching**. He opens his arms to **give Coco the biggest hug.** ❶

HÉCTOR   Coco!

MIGUEL (O.S.)   (singing)
WHEN I OPENED MY MOUTH
WHAT CAME OUT WAS A SONG
AND YOU KNEW EVERY WORD
AND WE ALL SANG ALONG

Every moment together is a miracle and he holds Coco like he knows it. Soon Coco, Héctor, and Imelda **join hands**. The petals of the bridge glow as they **step forward**. The family crosses together.

MIGUEL (O.S.)   (singing)
TO A MELODY PLAYED
ON THE STRINGS OF OUR SOULS
AND A RHYTHM THAT RATTLED US
DOWN TO THE BONE
OUR LOVE FOR EACH OTHER
WILL LIVE ON FOREVER

핵터가 가슴 벅차한다.

외부. 다리의 하단부
핵터가 금잔화 그랜드 센트럴 역에서 나온다. 이멜다 할머니가 그에게 인사하기 위해 자갈길 위에서 기다린다. 그들이 키스한다.

그러고 나서 그가 귀에 익은 목소리를 듣는다.

코코 할머니   아빠!

핵터가 그의 딸이 다가오는 모습을 보려고 돌아선다. 핵터는 그의 딸을 꼭 안아주려고 팔을 벌린다.

핵터   코코!

미구엘 (화면 밖) (노래)
내 입을 열었을 때
나오는 것은 노래였네
그리고 넌 모든 가사를 알았지
그리고 우린 다 같이 노래를 불렀네

함께 있는 모든 순간이 기적이고 그가 그것을 알고 있었던 듯 코코를 안는다. 이내 코코, 핵터, 그리고 이멜다가 다 같이 서로의 손을 잡는다. 그들이 앞으로 걸어갈 때 다리 위의 꽃잎들이 반짝거린다. 가족이 모두 함께 다리를 건넌다.

미구엘 (화면 밖) (노래)
연주된 멜로디에
우리의 영혼의 줄들 위에
그리고 우리를 흔들어 놓은 리듬
뼛속 깊은 곳까지
서로에게 향한 우리의 사랑은
영원히 계속될 거에요

---

foot of the bridge 다리의 하단부, 맨 아래쪽
approach 다가오다/가다
join hands 손을 맞잡다
step forward 앞으로 나아가다
down to the bone 뼛속까지

❶ **Give Coco the biggest hug.**
코코를 꼭 안아 준다.
Give somebody a hug는 '~를 껴안다, 포옹하다'라는 표현인데, 여기서 the biggest hug는 정말 사랑해서 큰 애정으로 딸을 꼭 안아 준 상황을 묘사했어요. '나를 안아 줘/안아 보자'라고 할 때는 Give a hug, Give me a hug 라고 표현합니다.

IN EVERY **BEAT** OF MY PROUD **CORAZÓN**

Dante and Pepita fly through the night sky in the Land of the Dead. They **alight** on the marigold path and bound across into the Land of the Living.

EXT. STREETS OF SANTA CECILIA
Dante's shadow is cast against a wall. When he rounds the corner, he is just a normal xolo dog, no wings or **vibrant** colors. Pepita's shadow **looms large**, but as she rounds the corner, it **shrinks** to reveal that she is a little **alley cat** in the Land of the Living.

EXT. RIVERA COURTYARD
They enter the Rivera compound. Abuelita greets Dante and tosses him a **sweet treat**. In the courtyard, the family is gathered as Miguel plays his guitar and sings. Dante hops up to give him a lick on the cheek.

MIGUEL   (singing)
　　　OUR LOVE FOR EACH OTHER
　　　WILL LIVE ON FOREVER
　　　IN EVERY BEAT
　　　OF MY PROUD CORAZÓN

Amongst the living Riveras are the spirits of their loved ones, Tía Rosita, Tía Victoria, Papá Julio, Tío Oscar and Tío Felipe, all **present** and enjoying the **reunion**.

MIGUEL   (singing)
　　　AY MI FAMILIA!
　　　OIGA MI GENTE!
　　　CANTEN A CORO!
　　　LET IT BE KNOWN...
　　　OUR LOVE FOR EACH OTHER
　　　WILL LIVE ON FOREVER
　　　IN EVERY BEAT
　　　OF MY PROUD CORAZÓN

모든 박자 속에
나의 자랑스러운 용기에서

단테와 페피타가 죽은 자들의 세상 위의 밤하늘을 날아다닌다. 그들이 금잔화길 위에 내려앉아 살아있는 자들의 땅으로 껑충 뛰어간다.

외부. 산타 세실리아의 거리들
단테의 그림자가 벽에 드리운다. 그가 모퉁이를 돌아 나오자 그는 날개도 없고 강렬한 색깔도 없는 그저 평범한 털 없는 강아지일 뿐이다. 페피타의 큰 그림자가 흐릿하게 나타난다. 하지만 그녀가 모퉁이를 돌고 나니 몸이 작아지고 살아있는 자들의 땅에서 그녀는 작은 도둑고양이다.

외부. 리베라 안뜰
그들이 리베라 단지 안으로 들어온다. 할머니가 단테에게 인사하고 그에게 달콤한 먹이를 던져준다. 안뜰에서는 미구엘이 기타를 치며 노래를 하고 가족이 모인다. 단테가 깡충 뛰며 그의 뺨을 핥는다.

미구엘 (노래)
서로를 향한 우리의 사랑은
영원히 계속될 거예요
모든 박자 속에
나의 자랑스러운 용기에서

살아있는 리베라 가족 사이에는 그들이 사랑하는 사람들, 로지타 고모, 빅토리아 고모, 훌리오 할아버지, 오스카 삼촌과 펠리페 삼촌의 영혼들이 있는데, 모두가 여기에 있고 재회를 즐기고 있다.

미구엘 (노래)
아 나의 가족!
나의 사람들이여!
같이 노래해요!
기억해요…
서로를 향한 우리의 사랑은
영원히 계속될 거예요
모든 박자 속에
나의 자랑스러운 용기에서

---

beat 박자

corazón [스페인어] 용기, 마음, 심장

alight 불붙은, 불타는

vibrant 활기찬, 생기가 넘치는

loom large (거대한 것이) 흐릿하게 나타나다. (걱정, 위기 등이) 크게 다가오다

shrink 줄어들다, 오그라지다

alley cat 도둑고양이

sweet treat 사탕, 과자 등의 단 음식

present 있는, 참석/출석한

reunion (오랫동안 못 본 사람들의 친목) 모임, 동창회

OIGA [스페인어] 듣다, 귀 기울이다 (영어의 hear, listen)

MI GENTE! [스페인어] 나의 사람들! (영어의 my people!)

CANTEN A CORO! [스페인어] 함께 노래하자! (영어의 Sing a chorus!)

let it be known ~임을 알려라/밝혀라

Abel and Rosa accompany Miguel with instruments of their own. Papá **cradles** Miguel's new baby sister as Mamá leans on his shoulder. Abuelita listens proudly to her **grandchildren** while the spirit of Mamá Coco stands beside, arm around her shoulder.

MIGUEL (singing)
AY MI FAMILIA!
OIGA ME GENTE!
CANTEN A CORO!
LET IT BE KNOWN...
OUR LOVE FOR EACH OTHER
WILL LIVE ON FOREVER
IN EVERY BEAT
OF MY PROUD CORAZÓN

The courtyard is full of Riveras, living and dead – Héctor and Imelda stand **arm in arm**, listening to Miguel play. As Miguel sings, the whole family, living and dead, all sing, play and enjoy the music.

The whole family, **brought together by** a song.

아벨과 로사가 그들의 악기로 미구엘과 함께 연주한다. 엄마가 아빠의 어깨에 기대어 있고 아빠는 미구엘의 새 아기 동생을 고이 안고 있다. 할머니는 코코 할머니의 영혼이 그녀의 어깨에 팔을 감고 옆에 서 있는 동안 손주들의 연주를 뿌듯하게 듣고 있다.

미구엘 (노래)
아 나의 가족!
나의 사람들이여!
같이 노래해요!
기억해요…
서로를 향한 우리의 사랑은
영원히 계속될 거예요
모든 박자 속에
나의 자랑스러운 용기에서

안뜰이 살아있는 그리고 죽은 리베라 가족들로 가득 찼다 – 헥터와 이멜다가 서로의 팔짱을 끼고 미구엘의 노래를 들으며 서 있다. 미구엘이 노래를 부를 때, 가족 모두가, 산 사람이나 죽은 사람이나, 모두가 노래하고 연주하며 음악을 즐긴다.

모든 가족이 노래로 인해 함께 모여 있다.

cradle 요람, 아기침대, (아기를) 부드럽게 잡다/안다
grandchildren 손주들
arm in arm 서로 팔짱을 끼고
be brought together by ~에 의해 화합하게/함께 모이게/결속하게 되다

30장면으로 끝내는
스크린 영어회화 – 미녀와 야수

클래스는 영원하다!

국내 유일!
전체 대본 수록

구성
· 전체 대본
· 훈련용 워크북
· mp3 CD

라이언 강 해설 | 332면 | 18,000원

국내 유일! 〈미녀와 야수〉 전체 대본 수록!

디즈니 황금기를 이끈 전설의 애니메이션 〈미녀와 야수〉!
영화 속 30장면만 익히면 영어 왕초보도 영화 주인공처럼 말할 수 있다!

난이도	첫걸음 | 초급 중급 | 고급	기간	30일
대상	영화 대본으로 재미있게 영어를 배우고 싶은 독자	목표	30일 안에 영화 주인공처럼 말하기

〈코코〉의 30장면만 익히면
영어 왕초보도 영화 주인공처럼 말할 수 있다!

영어 고수들은 영화로 영어 공부한다!
재미는 기본! 생생한 구어체 표현과 정확한 발음까지 익힐 수 있는
최고의 영어 학습법! 영화 한 편으로 영어 고수가 된다!

하루 한 장면, 30일 안에 영화 한 편을 정복한다!
필요 없는 장면은 걷어내고 실용적인 표현이 가득한 30장면만 공략한다!
30일이면 영어 왕초보도 영화 주인공처럼 말할 수 있다!

디즈니 명작으로 지금 현지에서 쓰는 표현을 익힌다!
디즈니-픽사의 흥행 계보를 잇는 명작 〈코코〉 대본으로
지금 미국 현지에서 쓰는 신선한 표현을 익힌다!

구성 | 스크립트북 + 워크북 + mp3 무료 다운로드   값 18,00

ISBN 979-11-5924-142-0

전 세계 '코코 신드롬'을 일으킨
디즈니-픽사 명작!

30장면으로 끝내는

스크린 영어회화

Disney · PIXAR
코코

전체 대본과 해설을 실은	30장면 집중훈련	디즈니 추천 성우의	
스크립트북	**워크북**	**mp3 무료 다운로드**	

길벗
이지:톡